국민연금 스튜어드십 코드의 진실

국민연금 스튜어드십 코드의 진실

초판 1쇄 인쇄 2019년 3월 4일
1쇄 발행 2019년 3월 10일

지은이 | 김원식·김정호·김태기·전삼현·조동근·최 광·최준선·황인학
펴낸곳 | 북앤피플
대 표 | 김진술
펴낸이 | 김혜숙
디자인 | 박원섭

등 록 | 제2016-000006호(2012. 4. 13)
주 소 | 서울시 송파구 성내천로37길 37, 112-302
전 화 | 02-2277-0220
팩 스 | 02-2277-0280
이메일 | jujucc@naver.com

ISBN 978-89-97871-38-4 03320

국민연금

스튜어드십 코드의 진실

김원식·김정호·김태기·전삼현·조동근·최 광·최준선·황인학 지음

STEWARDSHIP CODE

북앤피플

발간사

'국민연금 스튜어드십 코드의 진실'을 펴내며

스튜어드십 코드는 기업에 투자한 외부의 소유주로서 기업이 건실하게 운영되고 있는지에 대한 판단과 기업의 가치를 높이기 위한 민간 기관투자자들의 행동 규범이다. 이러한 제도를 2018년부터 정부가 운용하는 국민연금기금이 도입하고 있다. 국민연금은 거의 모든 국민들을 대상으로 운영하는 제도이고 국민연금기금은 거의 모든 은퇴국민들에게 약속된 국민연금의 급여를 제공하기 위한 수단이다. 그리고 이 제도는 일단 도입이 되면 세대 간 연계를 통해서 심각한 재정 불안이 오거나 국가가 망하지 않으면 지속적으로 운용된다. 따라서 국민연금기금이 스튜어드십을 도입하는 것은 단순히 수익률을 제고하는 문제 이상의 장단기적인 신중한 검토가 필요하다.

즉, 국민연금기금은 국민연금제도 자체 못지않게 어떤 다른 정책이나 제도보다 국민생활 및 국민자산과 밀접한 관계를 갖는다. 자본시장에 직접적 영향을 미쳐서 국민들의 금융자산의 가치를 훼손시킬 수 있고 국민들의 노후자산을 불안정하게 한다. 기업에 대하여는 기업 가치를 왜곡시켜서 자본조달을 어렵게 하고, 결국은 기업환경을 불안정하게 해서 투자에까지 영향을 미친다. 정부는 순수한 도덕심과 신의와 성실로 국민연금기금을 운영한다고 하지만 뒤에서는 참여자들과 이익단체들의 이익을 챙기게 하여 자본시장의 효율성을 떨어뜨리고 경제시스템을 마비시킬 수 있다.

피터 드러커(Peter Drucker)는 1976년에 근로자들이 주도하는 연금기금사회주의를 경계해야 한다고 했다.[1)] 국민연금기금을 통하여 정부가 제정한 스튜어드십 코드는 민간 기업들의 소유권을 침해하고 소위 주인 없는 국영·국민기업화하여 사회주의로 가는 수단이 된다.

스튜어드십 코드는 영국에서 처음 만들어졌다. 그런데 영국에는 국민연금기금도 국가기금도 없다. 사적연금이 가장 발달한 국가다. 스튜어드십 코드를 도입해야 한다고 하면서 가장 모델로 하고 있는 나라는 캐나다다. 그런데 캐나다연금의 주식시장 참여정도는 0.5%에 불과하고 정부는 실질적으로 거의 관여하지 않는다. 그리고 순수하게 수익률 극대화를 추구하고 있다. 미국의 사회보장기금은 정부가 보장한 채권에만 투자하고 있어서 민간자본시장과 관련이 없다. 미국의 캘퍼스(Calpers)는 연방정부가 아니고 미국 51개 주의 하나인 캘리포니아주의 독립적 공무원연금이고 성격으로 보면 일부 국민을 대상으로 하는 공적직역연금에 속한다. 스튜어드십 코드를 도입한다고 하는 일본은 정경유착이 가장 심한 나라임에도 불구하고 선언적으로 가입하고 있을 뿐 적용에는 거의 소극적이다. 게다가 우리와 달

1) Drucker(1976)

리 정부는 기업들을 적극적으로 지원하는 관계다.

이와 같이 각국이 주주권의 행사와 함께 스튜어드십 코드의 도입에 소극적인 이유는 정부 기관의 주식 소유가 법률적으로나 실질적으로 정부가 기업의 주인이 되는 것을 의미하기 때문이다. 이는 투자되는 기업이 민간부문에서 정부부문으로 바뀌는 것을 의미한다. 정부기업이 되면 해당 기업은 공공성을 제고해야 한다. 민간기업의 목표는 수익 극대화이고, 국민경제적으로는 고용 창출의 극대화이다. 그래서 정부의 지분이 있는 기업들은 수익률이 낮고, 적자가 많다. 우리가 정부기업의 적자를 감내하는 이유는 이들이 공공성과 공익을 우선한 경영을 하기 때문이다.

우리나라 국민연금기금은 스튜어드십 코드의 적용을 주장하고 있는 관계자들이 모델로 삼고 있는 나라들의 공적연금기금의 운용과 공통되는 성격이 없다. 우리나라는 정부가 국민연금기금을 통하여 주식시장의 주요 주주로서 사실상 주인행세를 하려고 하면서 기업오너를 근로자 편에서 적대시하고, 정부의 역할인 ESG를 강요하면서 정치적으로 이용을 하고, 그리고 실질적으로 지배구조에 간섭하고 문제를 삼고 있다. 게다가 스튜어드십 코드를 도입했다고 기업의 수익률이 오른다는 보장도 없다.

그럼에도 불구하고 정부는 국민연금기금의 주식투자를 늘이면서 스튜어드십 코드를 통한 국민연금기금의 영향력을 더욱 키우는데 주저하지 않고 있다. 이에 따라 스튜어드십 코드는 공정거래위원회와 더불어 정부의 핵심적 기업정책수단이 될 가능성이 높다. 국민들이 수익률 제고를 통한 노후보장을 받기 위하여 선납한 국민연금기금이 정부정책의 수단이 되어서는 안 된다.

특히, 스튜어드십 코드에서 실질적으로 집중하고 있는 지배구조의 문제는 자본주의사회에서 산업 및 경제구조의 바탕에서 기업의 생존 전략으로 결정된 문제이므로 그 다양성을 보장해야 한다. 어떤 나라도 일반 민간기업의 지배구조를 정부가 문제 삼는 나라는 없다. 우리의 기업지배구조는 오늘의 경제성장을 이끈 성공모델로 인정해야 한다. 또한, 배당 확대의 문제 역시 배당의 증가는 배당락의 적용으로 주가가 하락하여 기업 가치에 반영되게 된다. 배당확대는 기업의 생산성 증대와 거리가 있고 기업의 내부유보를 줄여서 투자여력을 낮춘다. 특히, 자본시장의 투명성이 결여된 우리나라에서 내부유보는 기업의 가장 큰 투자 재원이다.

따라서 국민연금기금은 스튜어드십 코드를 도입해서 주주권 행사도 하면 안 된다. 철저하게 투자대상 기업을 분석해서 최고의 수익률을 낳는 투자만 하면 되고, 오히려 이에 앞서 국민연금기금이 최고의 수익률을 극대화할 수 있는 자신의 지배구조를 만드는데 더 집중해야 한다.

국민연금, 그리고 이에 따른 국민연금기금은 경제사회적으로 매우 복잡한 연결고리를 가지고 있다. 따라서, 경제학 뿐 아니라, 경영학, 법학, 그리고 사회복지학 등 모든 학문 분야가 망라되어 논의되어야 하는 문제다. 특히 국민연금기금은 그 파장이 커서 더 그렇다.

본서는 이러한 스튜어드십 코드가 낳을 다양한 문제를 제기하면서 해법을 모색하는 각 부문 학자들의 견해를 모은 것이다. 필진들은 국민연금기금의 주주권 행사 및 스튜어드십 코드의 적용에 대하여 심각한 부작용을 우려하는 전문가들의 다양한 관점에서 서로의 견해를 공유하면서 구성되었다. 1장과 2장은 스튜어드십 코드의 개관을 중심으로 논술하였다. 3장과 4장, 그리고 5장은 국민연금의 관점에서 스튜어드십 코드의 문제점을 분석하였다. 6장과 7장은 스튜어드십 코드를 통하여 우리 현실이 접할 문제들을 제기했다.

제1장에서 황인학 박사는 스튜어드십 코드의 개념과 법률상 수탁자 책임과의 관계를 정리했다. 주주와 경영자 관계에서와 마찬가지로 고객과 기관투자가의 관계는 이해상충 가능성이 잠복되어 있는 주인과 대리인의 관계로 본다. 신탁법, 자본시장법에서 기관투자가에게 수탁자 책임을 지운 것도 이런 이유 때문이다. 집사 이론과 대리인 이론 중에 어느 쪽이 더 현실에 부합하는지는 논란의 여지가 없을 만큼 대리인 이론이 통설이다. 집사 이론은 비영리기관이나 종교단체 또는 소규모 가족회사에 적용 가능한 주변부 이론에 불과하다. 기회만 있으면 이익 실현에 가장 민활하게 움직이며 일반인이 이해하기 어렵고 접근하기 힘든 각종 금융 기법을 동원해서 자신의 이익을 추구하는 금융자본가에게 집사이론을 적용하자는 것은 이상주의적 발상이다.

또한 사실상 대리인으로 행동하는 기관투자가가 집사의 지위를 자임하는 것은 모순이다. 이론적으로 집사의 타이틀은 경영자를 상시 감독, 통제하는 역할을 하는 이사에게 주어져야 하는 것이다. 이러한 논란 때문에 영국에서는 스튜어드십의 1차적 책임은 이사회에 있고, 기관투자가는 이사회의 스튜어드십 책임을 지원하는 역할을 한다고 명시하고 있다. 스튜어드십 코드의 적용은 국민연금이 책임질 수 없는, 책임지게 해서는 안 되는 영역이므로 국민연금기금에 대한 스튜어드십 코드의 적용은 바람직하지 않다.

제2장에서 최준선 교수는 국민연금은 기관투자자이므로 주주로서 주주총회에 참석하여 의결권을 행사할 자격이 없다고 본다. 스튜어드십 코드의 주요 기구(agency)로서 의결권 자문사의 역할이 매우 중요하나 이들은 아무런 규제 없이 활동하고 있다. 의결권 자문회사의 전문성에 대한 신뢰를 담보하기 위하여 첫째, 의결권 자문회사에 대해 신고제를 도입하고, 둘째, 금융위원회가 해당 내용을 공개할 수 있도록 하는 등의 내용으로 자본시장법 개정이 필요하다. 주식 대량보유 신고제도를 철저히 이행하여, 어느 세력이 어느 회사의 주식을 대량매집하여 경영권 간섭을 준비하고 있는지 해당 기업이 알 수 있도록 투명해야 한다.

3장에서 최 광 교수는 그간 국민연금 기금운용에 대한 논의는 문제의 본질을 보지 못하고 표피적 관찰에 의해 진단과 처방이 이뤄져왔다고 보았다. 기금운용의 주체는 국민연금공단이어야 하고 기금운용은 국민연금공단에 맡기고 복지부는 감독만 해야 한다. 국민연금이 공단으로 위탁되어 있으므로 제도운영과 기금운용은 통합 관리되어야 한다. 제도와 기금의 상관관계를 이해하지 못하는 별도 조직에서 기금을 관리할 경우 기금 운용역들은 자금의 원천이 무엇인지를 인지하지 못하고 민간 투자은행과 같은 논리로 연금기금을 인식하게 된다. 기금운용이 정부로부터 독립되어 있지 않은 상태에서 스튜어드십 코드 도입은 그 자체가 문제이기에 폐기되어야 한다. 선진국의 경험으로부터 국가기금의 운용을 배우되 표피만 보고 모방해서는 안 된다.

4장에서 김원식 교수는 국민연금기금은 거의 모든 국민들의 소득에서 징수된 것으로 모든 국민들의 경제생활에 장단기적인 영향을 미쳐서는 안 되며 특히 생산과 관련될 민간자본시장에 영향을 미쳐서는 안 된다고 본다. 더욱이 민간기업에 대한 주식보유는 사실상 공기업과 다르지 않은 정부기업이 되는 것을 의미하고 결과적으로 정부정책의 수단화할 수밖에 없다. 스튜어드십 코드는 원칙에 사회·환경·지배구조(ESG)등 비재무적 요소를 포함하고 있다. 이는 곧 사회적 합의나 합리적 근거도 없이 정부 이념에 따른 기준을 모든 기업에게 적용하겠다는 것을 의미한다. 그리고 거의 모든 민간기업들이 정부의 정책을 수행하는 기구(agency)가 됨을 의미한다. 이를 통하여 우리나라의 민간기업들은 사유재산이 아니라 '국민' 모두의 기업이 된다. 즉, 일찍이 Peter Drucker가 우려한 강경 노동조합 중심의 '연금기금사회주의'가 실현되면서 진정한 기업가는 배제되고 강성 노동조합이 지배하는 사회가 될 것이다.

5장에서 전삼현 교수는 국민연금이 주주권 행사를 적극적으로 하면, 국민들의 노후보장의 최후보루인 연기금을 수익률 보장하는데 주력하지 않고 민간기업을 통제하기 위한 수단으로 경영참여를 강화할 가능성이 높다고 보았다. 이 경우 해당 기업의 경영실패에 대한 책임은 연금가입자들의 몫이 된다. 설령, 법령이나 정관위반이 아닌 경영실패로 인한 손해발생의 경우에 제도적 장치를 대통령이나 장관의 민형사상 책임을 법제화하는 방향으로 마련하는 것은 사실상 어렵다. 따라서 선진 각국은 국가기금을 통한 민간기업 상대 경영참여를 제도적으로 차단할 수 있도록 정부로부터 독립된 연기금의 지배구조를 확립해 왔다. 우리 국민연금의 최고의사결정기구인 기금운용위원회의 위원구성과 관련한 지배구조의 개편이 필요하다. 장기적으로는 기금운용위원회를 보건복지부로부터 독립시키고, 위원들은 지역가입자대표들로 구성된 추천위원회에서 추천하고 위원장이 임명하는 형태로 지배구조를 변경해야 한다.

제6장에서 김정호 교수는 국민연금의 스튜어드십 코드가 직접적 목표로 하고 있는 국내 기업들의 오너경영의 합리성을 주장하고 있다. 한국에서 재벌개혁은 오너 즉 소유경영자가 경영하는 기업들을 타깃으로 하고 있다. 대기업 오너 즉 소유경영자를 무력화하거나 단순히 관리형 혹은 친정부 전문경영자로 대체하려는 것이다. 스튜어드십 코드는 이러한 움직임의 수단이다. 이는 전문경영자가 오너보다 기업과 사회에 더 좋다는 전제로 하는데 이는 매우 심각한 현실적 오류이다. 이에 대한 분석에 따르면 첫째, 전문경영 체제보다 오너 체제의 성과가 높다. 전문경영 체제는 위기 시에 특히 더 취약하다. 둘째, 전문경영 체제는 단기적 성과에 치중한다. 셋째, 전문경영 체제가 오너 체제보다 더 부패하는 경향이 있다. 넷째, 전문경영 체제

는 대중적 이미지가 좋다. 다섯째, 전문 경영 체제는 오너 체제보다 경영권 교체가 순조롭다. 우리나라에서 전문경영 기업은 대중적 이미지와 경영권 교체 비용을 제외한 모든 측면에서 오너 기업보다 경쟁력이 떨어진다. 현실 경제에서 전문경영 기업이 드문 것은 이런 이유 때문이다.

실제의 상황이 이러함에도 불구하고 대부분 정부정책들은 소유경영자의 역할을 전문경영자로 대체하는 방향을 향하고 있다. 이러한 정책이 지속되면 한국 기업들의 성과는 낮아질 것이다. 투자자의 수익은 줄어들 것이고 장기적으로는 노동자의 소득과 일자리 자체도 줄어들 것이다. 전문경영에 대한 환상을 버려야 한다. 오너 경영을 무력화하는 스튜어드십 코드 정책들을 재고해야 한다.

제7장에서 김태기 교수는 정부는 스튜어드십 코드의 순기능을 강조하지만 한국의 현실에서는 역기능이 클 수밖에 없다고 보았다. 기업의 사회적 책임, 경제민주화, 공공성의 강화는 스튜어드십 코드 도입의 명분이 되고 있는데 이 3가지 모두 본래의 취지와 달리 왜곡 또는 변질되어왔다. 국민연금을 둘러싼 국민과 국가의 사회계약을 정부가 깨뜨리는 결과를 초래할 수 있다. 경영 성과가 좋은 기업에 국민연금이 투자해 수익을 올리는 것이 사회계약의 원리에 맞다. 기업의 사회적 책임 강화만큼 정부와 노동조합의 사회적 책임을 높이지 못하면 스튜어드십 코드는 민간 기업도 정권의 전리품으로 만들고 국민에게 기업 부실의 부담을 떠넘길 수 있다.

국민연금기금으로 대기업에 스튜어드십 코드와 노동이사제도를 도입하면 대기업 노동조합의 기득권은 더 강화되고 노사 간 힘의 균형은 더 기울어져 경제민주화가 경제무력화 혹은 경제우민화로 변질될 것이다. 공기업이 공공의 이익보다 구성원의 이익을 앞세웠고 주인 없는 은행이 금융의 공공성을 강조하지만 실제로는 노동조합의 힘만 커지고 고객은 무시당했다. 이런 현실을 고려하면 스튜어드십 코드와 노동이사제도는 노동계의 경영참여에 이용되고 공공의 이익을 희생시킬 가능성이 크다.

제8장에서 조동근 교수는 2019년 2월 1일 국민연금 기금운영위원회가 한진칼(KAL)에 대해 최소한의 '적극적 주주권 행사'를 대한항공에 대해 '비(非)경영 참여적' 주주권 행사를 의결했던 문제를 검토했다. 기업의 탈법과 위법이 있으면 '법의 잣대'를 대면된다. '국민이 맡긴 주주의 소임을 다하겠다'는 문대통령의 발언은 국민이 국민연금에게 기업에 대해 의결권을 행사해 달라고 위임한 적이 없어서 매우 위험한 권한의 행사이다. 스튜어드십 코드 도입은 국민연금의 사회적·경제적 영향력을 극대화시키기 위해 스스로 역할을 자임한 '셀프 도입'이다. 국민연금기금의 주주권 행사는 기업의 생산성과 거리가 있기 때문에 해당기업의 주주가치를 제고시키는 필요조건도 되지 못한다. '인과관계'는 더더욱 존재하지 않는다. 오히려 불확실성을 제고시켜 기업가치를 떨어뜨릴 수 있다. 국민연금기금은 단순한 기관투자가가 아닌 주주로 위장한 이해관계자이다. 일본의 국민연금격인 일본 공적연기금은 주식 운용과 의결권 행사를 100% 민간 위탁하고 있다. 국민연금의 존재 이유는 국민의 노후생활안정이다. 우

리 정치권은 국민연금을 국가의 쌈지 돈으로 크게 착각하고 있다. 정부 손에 칼을 쥐어 준 셈이다.

정부는 기관투자자가 스스로 다양한 스튜어드십 코드를 만들도록 유도하고, 공시하고, 그에 따른 주주권 행사를 포함한 실행도 그들이 득저적으로 적용해서 투자자의 수익을 극대화해야 한다. 국민연금기금은 이들의 스튜어드십 코드를 검토하고 제대로 운영되는지 모니터링하면 된다.

국민연금기금은 불경기와 경쟁력 부족으로 어려운 국내 기업들을 스튜어드십 코드로 가둘 것이 아니라 그들이나 우리 자본시장이 자생적으로 글로벌 시장에 적응할 수 있는 근력을 키울 수 있는 먼저 지배구조를 갖추어야 한다. 70년대 개발독재시의 폐쇄적 경제구조를 가정한 노조중심의 사회주의 스튜어드십 코드가 아니라 글로벌시대에 맞는 다양성 있는 스튜어드십 코드를 기업 스스로 만들어가게 해야 한다. 그래서 우리나라도 세계적 기업인을 배출하고 기업들이 성장할 수 있는 여력을 한껏 키워주어야 한다.

본서는 국민연금기금의 스튜어드십 코드가 정부정책의 수단으로서 기업부문을 사회주의적으로 통제할 수 있다는 우려와 함께 국민연금기금의 지배구조를 개혁하여 스튜어드십 코드를 순수하게 민간중심으로 운영되게 해야 한다는 점을 다시금 제안한다.

필진 일동을 대신하여

김원식

차례

제1장

스튜어드십 코드의 본질과 쟁점

[요 약]

스튜어드십 책임이란 무엇이고 법률상 개념의 수탁자 책임과는 어떻게 다른가? 국민연금기금을 비롯한 기관투자가는 고객의 관점에서 볼 때 집사(steward)일까, 대리인(agent)일까? 집사와 대리인은 지배구조 이론과 정책 실무의 양면에서 무엇이 어떻게 다른가? 단일 주체로서는 한국 주식시장의 가장 큰 손이며 정부가 통제·운영하는 국민연금기금이 스튜어드십 코드를 기반으로 주주관여활동에 적극적으로 나서겠다고 하자 연금사회주의, 기금 고갈 등의 역기능에 대한 우려와 기업지배구조 개선의 순기능에 대한 기대가 충돌하며 논란이 일고 있다.

이와 관련 이 글은 기업지배구조 이론, 영국 사례, 한국형 코드의 세 측면에서 스튜어드십 책임의 본질과 특징, 한계, 그리고 개선과제에 대해 설명한다. 스튜어드십 책임은 투자회사의 중장기 가치와 사회적 책임을 제고하기 위해 기관주주는 의결권을 행사하는 것 외에 이사, 경영자와 소통하고 경영에 관여할 책임이 있다는 취지의 개념이다. 영국에서 최초로 이 개념을 부각한 배경은 기관투자가 행동주의를 통해서 상장회사의 부재지주 경영 및 단기주의 경영행태를 시정하기 위함이었다. 그러나 단기주의 주범이기도 한 기관투자가에게 집사의 지위를 부여한다고 무엇이 달라질까에 대해 회의적인 시각이 많다. 단기 매매를 선호할 수밖에 없는 산업적 특성과 기관투자가 내부의 자산운용구조와 보상 시스템을 바꾸지 않는 한, 다시 말하면 유인 불합치 문제가 근본적으로 개선되지 않는 한, 법적 구속력이 없는 스튜어드십 책임을 강조해도 효과가 없거나 오용될 가능성이 있기 때문이다.

이론적 측면에서도 스튜어드십 이론은 한계가 있다. 주주와 경영자 관계에서와 마찬가지로 고객과 기관투자가의 관계는 이해상충 가능성이 잠복되어 있는 주인과 대리인의 관계로 보는 것이 정상이다. 신탁법, 자본시장법에서 기관투자가에게 수탁자 책임을 지운 것도 이런 이유 때문이다. 집사 이론과 대리인 이론 중에 어느 쪽이 더 현실에 부합하는지는 논란의 여지가 없을 만큼 대리인 이론이 통설이다. 집사 이론은 비영리기관이나 종교단체 또는 소규모 가족회사에 적용 가능한 주변부 이론이다. 기회만 있으면 이익 실현에 가장 민활하게 움직이며 일반인이 이해하기 어렵고 접근하기 힘든 각종 금융 기법을 동원해서 자신의 이익을 추구하는 금융자본가에게 집사 이론을 적용하자는 것은 순진하거나 이상주의적의 발상일 것이다.

또한 사실상 대리인으로 행동하는 기관투자가가 스스로 집사 역할을 자임하는 것은 모순의 여지가 있다. 이론적으로 집사 타이틀은 경영자를 상시 감독, 통제하는 역할을 하는 이사에게 가장 적합하다. 이런 논란 때문에 영국에서는 스튜어드십의 1차적 책임은 이사회에 있고, 기관투자가는 이사회의 스튜어드십 책임을 지원하는 역할을 한다고 명시하고 있다. 그러나 코드의 내용을 보면 기관투자가는 경영 관여를 통해 회사의 방향을 바꾸거나 이사회 결정에 영향력을 행사하도록 되어 있다. 기관투자가의 경영 관여로 회사가 위기에 처하거나 일반주주들이 돌이킬 수 없는 피해를 입게 되면 그 책임은 누가 져야 하는가? 이사는 업무집행지시자로서 법적 책임을 져야 하지만 기관투자가는 코드에 정한 대로 했기 때문에 면죄부를 줘야 하는가? 경영 관여에 상응하는 책임을 물을 수 없다면 스튜어드십 코드는 기회 실현에 재빠른 기관투자가에 의해 오·남용되는 사례가 많을 것으로 우려된다.

스튜어드십 코드의 본질과 쟁점

황인학

1. 들어가는 글

기관투자가는 자금운용을 맡긴 고객의 관점에서 볼 때 집사(steward)일까, 대리인(agent)일까? 집사와 대리인은 이론과 정책접근의 양면에서 무엇이 어떻게 다른가? 보건복지부와 국민연금공단이 2018년 7월 17일 공청회를 거쳐서 국민연금기금의 스튜어드십 코드(SC: stewardship code) 도입 방안을 확정하자, 상장회사들이 잔뜩 긴장하고 있다. 그도 그럴 것이 국민연금은 기금의 규모가 635조원에 이르고 삼성전자, 현대차를 포함해서 우리나라 대기업의 최대주주이거나 대주주이기 때문이다. 국민연금이 5% 이상의 지분을 보유한 회사만 해도 근 300개이다. 국민연금이 이 막대한 지분의 의결권을 적극 활용한다면 웬만한 대기업이라고 해도 지배권, 경영권의 향방이 바뀔 수밖에 없는 상황이다.

〈표 1〉 최근 5년간 국민연금 국내주식 투자 추이

	2013 (A)	2014	2015	2016	2017 (B)	2013년 대비 (B-A)
국내주식 투자규모(조원)	83.9	83.9	94.9	102.4	131.5	47.6 (+)
전체 주식시장 중 비중(%)	6.43	6.29	6.57	6.78	6.96	0.53%p (+)
지분율 5%(10%) 이상 기업(개)	253(44)	252(57)	271(79)	265(74)	276(96)	23(52) (+)

자료: 국민연금기금 스튜어드십 코드 도입방안(안) 발표자료, 2018.7.17

스튜어드십 코드(SC)란 좋게 보면 기관투자가들이 고객이 맡긴 돈을 자기 재산처럼 여기고 최선을 다해 관리, 운용해야 한다는 원칙이자, 가이드라인이다. 그러나 이런 명분이라면 이미 현행 법률의 수탁자 의무(fiduciary duty)에 반영되어 있다. 예를 들어 신탁법에서는 기관투자가의 선량한 관리의무와 충실의무를 명시하고 있다. 자본시장법에서는 의결권 행사의 내용, 그리고 의결권을 행사하지 않는 경우에는 그 사유 등을 공시하도록 규정함으로써 기관투자가들이 의결권을 적극 행사하도록 유도하고 있다. 국민연금 또한 의결권행사지침에 따라서 의결권을 행사할 수 있고, 일부에서는 소극적이라고 평가하지만 그 동안에도 의결권을 행사해왔다.

기관투자가 SC의 핵심은 명분이 아니라 실질 내용에 있다. 2010년 영국에서 처음 도입한 SC는 스튜어드십 책임으로 투자한 회사에 대해 지속적 감시(monitoring)와 경영관여(management engagement)를 강조한다. 의결권 행사는 기존의 법령과 지침에 이미 반영되어 있기 때문에 SC의 차별되는 특징은 경영관여 활동이다. 여기서 경영관여란 회사의 임원 및 이사 선임·해임, 환경·사회·지배구조 관련 사안 등에 대해 기관투자가들이 폭넓게 목소리를 내고 실질적인 영향력을 행사하는 것을 뜻한다. 따라서 SC는 주주총회에서 기관투자가들이 의결권을 행사하는 지금의 관행을 소극적 대리인의 역할로 보는 한편, 이제부터는 주식을 투자한 회사의 경영에 폭넓게 적극적으로 관여하라고 독려하면서 이를 집사가 마땅히 해야 하는 책임과 역할로 포장한 것으로 볼 수 있다.

우리나라에서는 일반 기관주주와 성격이 다른 국민연금기금이 SC를 도입해서 상장회사들의 경영 관여에 나서면 앞으로 그 파장이 만만치 않을 전망이다. SC는 법상 강제가 아닌 연성규범이지만 한국형 SC는 규제당국이 사실상 주도하는 제도이며, 국민연금기금은 자본시장 점유율이 높고 정부가 직접 운용하는 특수한 지위에 있기 때문이다. 여기에 대해 찬성하는 이들은 연기금이 SC를 바탕으로 회사경영에 관여하면 상장회사의 지배구조를 개선하고 기업 가치를 높이며 연기금의 수익성을 높일 수 있다고 주장한다. 그러나 이를 반대하는 측에서는 국민연금기금은 막대한 영향력에 비해 정치권력과 행정부로부터 자유롭지 못하기 때문에 연기금이 스튜어드십 활동에 나서면 정부가 민간 기업을 사실상 지배하는 '연금 사회주의화'하고, 결과적으로 연기금의 수익성과 안정성도 훼손된다고 주장한다.

국민연금기금 SC 도입의 순기능 기대와 역기능 우려의 논쟁은 앞으로도 계속될 것이다. 이와 관련 이 글은 이름도 생소한 스튜어드십 책임의 의미와 본질은 무엇인지, 그리고 어떤 쟁점과 한계가 있는지에 대해 기업지배구조 이론 및 외국의 경험 사례에 비추어 평가한다. 그리고 이를 바탕으로 한국형 SC 및 국민연금기금 SC의 특징과 한계를 설명한다. 이 글의 순서는 다음과 같다. 제2절에서는 대리인 이론과 집사 이론의 비교를 통해 기관투자가 스튜어드십 책임의 본질과 성격, 양면성을 설명한다. 제3절에서는 영국에서 스튜어드십 책임론이 대두된 배경을 살펴보고 영국 SC 도입을 둘러싸고 벌어졌던 찬반 논쟁을 정리한다. 제4절에서는 한국형 SC의 내용과 특징, 한계를 다른 나라의 사례와 간단히 비교 평가한다. 제5절에서는 SC 도입의 취지를 살리려면 연기금을 비롯한 기관투자가들이 집사임을 주장하기에 앞서 스스로의 지배구조와 경영투명성에 대해 최종 투자자의 신뢰를 얻을 수 있는 개선방안부터 고민해야 함을 지적하며 이 글을 마무리한다.

2. 스튜어드십의 본질: 집사와 대리인

1) 대리인 이론 vs 집사 이론

스튜어드십(stewardship)을 우리말로 표현하면 집사 또는 청지기 역할이다. 2010년에 영국에서부터 SC를 제정하고 기관투자가의 집사 역할을 새삼스레 강조하는 이유와 한계는 무엇인가? 이를 알려면 주식회사의 지배구조에 관한 대리인 이론(agency theory)과 집사 이론(stewardship theory)의 차이부터 이해할 필요가 있다. 주식시장에 상장된 회사들은 대부분이 주식의 소유가 많은 사람들에게 분산되어 있다. 이 때문에 다수의 외부 주주와 회사 경영자 사이에는 언제든 이해상충의 문제가 불거질 가능성이 있다. 이 문제에 대해 대리인 이론은 주주에 의한 경영자 감독, 통제장치가 필요함을 강조하는 반면에 집사 이론은 회사 경영자를 믿고 맡기는 것이 기업가치 제고에 더 바람직하다고 주장한다. 기업지배구조 논의에서 대리인 이론과 집사 이론은 서로 대척점에 있다.

대리인 이론과 집사 이론은 사람의 본성에 대한 시각부터 다르다. 전자는 사람은 누구나 자신의 이익을 추구하는 합리적 경제인으로 보는 한편, 더 나아가서 속임수를 써서라도 자신의 이익을 취하는 기회주의(opportunism) 성향이 있다고 가정한다.[1] 주식의 소유가 널리 분산되어 있는 주식회사에서 외부 주주는 사업의 지밀한 내용과 재무 상태를 회사 경영자만큼 실시간으로 정확히 알기 어렵다. 이와 같은 정보 비대칭 상황에서 경제학적으로 합리적인 경영자는 사익을 위해 주주의 이익을 침해하는 결정을 하거나 또는 주주가치 제고를 위해 최선의 노력을 다하지 않으려는 유인이 있다. 애덤 스미스가 국부론(1776)에서 '남의 돈으로 사업을 하는 주식회사에서는 낭비와 나태가 판을 치기 때문에 자기 책임 하에 사업을 하는 개인 사업자보다 비효율적'이라고 한 것도 이런 이유 때문이었다.

회사의 주주와 경영자를 '주인(principal)-대리인(agent) 관계'로 보는 대리인 이론에서는 대리인의 이해상충, 즉 경영자의 일탈을 막기 위한 사전 장치에 대해 주목한다. 주주가 직접 이사를 선임해서 경영자를 감독하거나 또는 그와 병행해서 경영자에게 사전에 정한 목표

1) 윌리암슨(Oliver Williamson, 1985)에 의하면 기회주의는 속임수를 동반한 자기 이익 추구 성향(self-interesting seeking with guile)이다.

를 달성하면 스톡옵션과 성과급을 지불하는 것이 그런 사례이다. 기업지배구조 이론에서는 이를 주주가 지불하는 대리인 비용(agency costs)이라고 한다(Jensen & Meckling, 1976). 오늘날에는 대리인 이론이 대세이고, 집사 이론을 주장하는 경우는 찾아보기 어렵다. 더욱이 소유와 경영이 분리된 상장회사의 경우라면 이론과 실무의 양면에서 경영자를 대리인으로 보는 게 상례이다.

예를 들어 미국 벅셔 해서웨이 그룹의 워렌 버핏(Warren Buffet), GE의 제프 이멜트(Jeff Immelt) 등이 참여해서 2016년에 제정한 '기업지배구조의 상식적 원칙'을 보자.[2] 이 원칙은 절반 이상이 이사회의 구성과 기능에 관한 내용으로 가득 차 있다. 이는 기관 주주를 비롯한 주주의 입장에서 회사 경영자를 대리인으로 보기 때문이다. 특히 이 원칙은 첫머리에서 '이사는 주주와 회사에 충실해야 하고, 이사회는 CEO나 경영진에 예속되지 않아야 하며 이사회의 과반수는 사외이사로 해야 한다'라고 명시함으로써[3] 이사회가 주주를 대신해서 경영자를 감독하고 통제하는 위치에 있음을 강조한다. 우리나라 국민연금기금의 입장도 이와 다르지 않다. 의결권행사지침에서 국민연금기금은 CEO와 이사회의 분리를 지지한다고 밝히고 있다.

2) Commonsense Principles of Corporate Governance, www.governanceprinciples.org, 2016.7.22

3) Directors' loyalty should be to the shareholders and the company. A board must not be beholden to the CEO or management. A significant majority of the board should be independent under the New York Stock Exchange rules or similar standards.

이러한 대리인 이론과 달리 집사 이론에서는 사람은 착하고 정직하며 성실하다고 가정한다. 인간 본성은 선하다는 맹자의 성선설(性善說) 또는 맥그리거(D. Mcgregor, 1960)의 Y-이론과 비슷한 가정이다.[4)] 따라서 집사 이론에 의하면 회사 경영자를 상시 감독하고 통제하는 것보다 믿고 맡기는, 다시 말하면 감독과 계약을 통해 CEO의 동기를 유발하는 것보다 CEO를 믿고 권한을 위임하는 것이 기업 성과와 주주가치 제고에 더 낫다. 이를 기업지배구조와 결부시켜 설명하면 CEO와 이사회 의장을 분리하는 것보다 한 사람이 겸임하는 게 더 효과적이라는 의미이다.

집사 이론을 뒷받침하는 연구는 드물지만 없지는 않다. Donaldson-Davis(1991)은 337개 미국 회사를 대상으로 대리인과 집사 이론 중 어느 것이 현실에 더 부합하는지를 알아보기 위한 실증분석을 했다.[5)] 이들 회사 중 CEO가 이사회 의장을 겸직하는 경우는 76%에 이른다. 분석 결과, 겸직 회사의 자기자본 수익률(ROE)이 CEO와 이사회 의장이 분리된 회사의 ROE보다 높았다. 반면에 CEO에 대한 장기보상은 ROE와 유의미한 관계가 없었다. 이 결과에 대해 연구자들은 대리인 이론에 기초한 CEO의 동기 유발보다는 집사 이론에 기초한 권한 위임이 주주에게 더 높은 수익률을 창출한 것으로 해석한다.

기업지배구조 이론과 실무, 그리고 정책의 모든 면에서 경영자를

---

4) McGregor, D., *The Human Side of Enterprise*, McGraw Hill: New York, 1960

5) Donaldson, Lex and James Davies, "Stewardship Theory or Agency Theory: CEO Governance and Shareholder Returns", *Australian Journal Of Management*, 1991

대리인으로 보는 관점이 대세인 상황에서 Donaldson-Davis(1991)의 실증 연구는 희소성이 높고, 기업지배구조에 유일무이한 정답은 없다는 교훈을 일깨운다는 점에서 중요한 의미가 있다. 그러나 집사 이론은 현재의 기업지배구조 논의에서 주변부 이론에 머물고 있다. 또한 집사 이론은 주주가치를 넘어서 인류의 공동 번영과 지구 자연의 지속가능 책임까지 의도하고 주주와 종업원의 사회적 책임까지 거론하는 등 철학적·종교적 거대 담론으로 흐르는 경향마저 있기 때문에 실용성에 한계가 있다. 집사는 좁게 정의하면 '다른 사람의 재산을 돌보는 사람'이지만 자연 자산의 보전을 논할 때도 스튜어드십 용어를 사용하는 경우가 많다(Reisberg, 2011). 스튜어드십의 이와 같은 폭넓고 애매한 개념 때문에 기관투자가 SC에서 환경과 사회에 대한 책임을 포함시키는 문제를 놓고 영국에서 SC를 처음 제정할 당시에도 논란이 있었다. 대리인과 집사 이론의 특징과 차이점에 대한 이상의 논의를 요약하면 〈표 2〉와 같다.

〈표 2〉 대리인 이론과 집사 이론 비교

구 분	대리인 이론	집사 이론
인간 본성	합리적 경제인 기회주의 성향(opportunism)	성선설(性善說) Y-이론 (McGregor, 1960)
조직 목적	주주가치 극대화 기업가치 제고	공동체 번영 환경·사회 가치 구현
주주와 경영자 관계	주인과 대리인(agent) 감독·통제의 대리비용	주인과 집사(steward) 확약과 신뢰
	계약적 관계: 동기 부여 Contractual relationship	견제와 균형: 권한 위임 Check and Balance
이사회	CEO와 이사회 의장 분리 지지	CEO와 이사회 의장 겸임 지지

2) 국민연금기금은 집사인가, 대리인인가?

지금까지는 주주와 경영자 관계에 대해 대리인과 집사 이론이 대립하고 있음을 살펴봤다. 여기에 기관투자가 역할을 추가하면 기관투자가는 최종 투자자나 연기금 가입자의 관점에서 볼 때 대리인일까, 집사일까? 기관투자가는 개인 또는 법인들의 여유자금을 주로 유가증권에 투자해서 수익을 내는 법인형태의 투자가이다. 은행, 증권회사, 보험회사, 투자 금융회사, 연기금 등이 여기에 해당한다. 기관투자가들이 직접 또는 위탁 형태로 주식에 투자하면 기업지배구조 현안은 '최종 투자자(고객 또는 연금·보험 가입자) ⇔ 기관투자가(자산보유사↔자산운용사) ⇔ 상장회사 경영자'로 최소한 한 단계 더 확장된다. 그래서 질문을 바꿔서 다시 하면 기관투자가를 통해 주식에 간접 투자했을 때 '최종 투자자 ⇔ 기관투자가' 그리고 '기관투자가 ⇔ 회사 경영자' 관계는 대리인과 집사 이론 중 어느 쪽이 현실에 더 적합한가? 기관투자가 SC는 첫 번째와 두 번째 관계에 대해 각각 어떤 입장을 취하는가?

결론부터 말하면 SC는 첫 번째(최종 투자자 ⇔ 기관투자가) 관계에서 기관투자가에게 집사의 지위를 부여한다. 그리고 두 번째(기관투자가 ⇔ 회사 경영자) 관계에서는 경영자를 기회주의적인 대리인으로 본다. 스튜어드십 코드란 달리 말하면 기관투자가들이 집사의 완장을 차고 주주의 대리인인 회사 경영자를 더 면밀하게 감독하고 적극적으로 간섭하라는 내용이다. 기관투자가에게 아무런 구속 없이 집사의 완장을 채워주면 이전과는 달리 집사의 역할을 제대로 이행할까? 최근에 기관투자가는 단기이익 실현에 주력하면서 기업의 장기가치 지향 투자를 저해하고, 분기 자본주의(quarterly capitalism)을 확산시키는 주범으로 지목되기도 하고 고객에 대해서는 수탁자의 책임을 충실하게 이행하지 않는다는 비판을 받고 있다. 기관투자가 자체의 대리인 문제가 심각하다는 비판이다. 이 문제를 개선하려면 기관투자가의 지배구조와 자산운용 투명성 개선 등의 논의가 필요하다. 그러나 SC는 이에 대한 언급은 없이 기관투자가의 위상을 대리인에서 집사로 변경하고 있다. 결과적으로 SC는 최종 투자자와 기관투자가 사이에는 집사 이론을, 기관투자가와 회사 경영자 사이에는 대리인 이론을 적용하는 매우 특이한 제도이며, 비판적 관점에서 보면 비대칭적인 모순을 내포하고 있는 것으로 평가된다.

3. 영국 스튜어드십 코드의 배경과 쟁점

1) 스튜어드십 책임론의 배경

기관투자가 책임에 관한 SC의 효시는 2010년 7월, 영국 재무보고위원회(FRC: Financial Reporting Council)가 발표한 '영국 SC(The UK Stewardship Code)'이다. FRB는 SC 도입이 필요한 이유로 '기관투자가의 효과적인 주주 관여 활동을 통해서 상장회사의 지배구조와 경영성과를 개선하고 자본시장의 효율성을 개선하는 한편, 기관투자가의 고객에 대한 투명성과 책임성을 높여서 금융시스템의 신뢰를 개선하는 효과를 거둘 수 있을 것으로 기대되기 때문'으로 설명한다.

〈그림 1〉 미국 기관투자가 비중 및 평균 주식보유기간의 변화

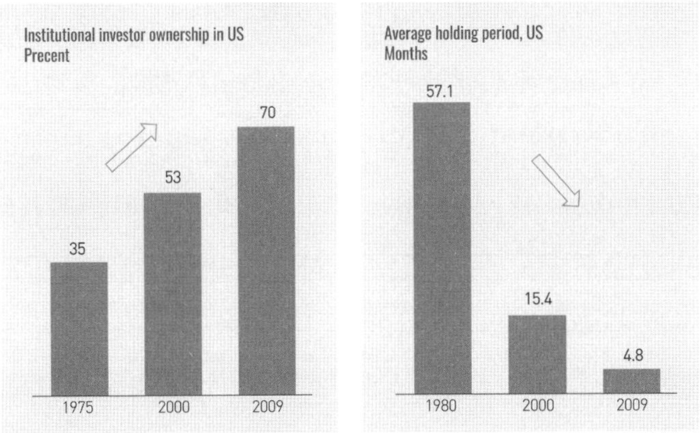

자료: Wong(2010)에서 전재

그러나 근본적인 이유는 기관투자가 중심으로 주식거래 회전율이 증가하면서 주인 없는 회사 경영과 단기 자본주의 문제점이 갈수록 커져가고 있었기 때문이었다. 단기주의는 투자자와 경영자 등이 회사의 장기 발전보다는 단기 실적에 치중하는 경향을 의미하며, 상장회사가 1년에 4번씩 분기 실적보고서를 발표하는 주기에 따라서 이익 극대화 전략을 추구한다고 해서 분기 자본주의(quarterly capitalism)라고도 불린다. 이 단기주의를 초래한 주범의 하나가 헷지펀드를 비롯한 기관투자가들이다. 주식시장에서 기관투자가의 비중은 크게 늘어난 반면에 이들의 주식보유기간은 갈수록 단기화되는 경향이 강하다. 미국의 경우를 보면, 기관투자가의 비중은 1975년 35%에서 2000년 53%, 2009년 70%로 확대되었다. 반면에 이들의 평균적인 주식보유기간은 1980년 57.1개월에서 2000년 15.4개월

로 줄었고, 2009년에는 4.8개월로 갈수록 급감했다(그림 1 참조).[6)]

물론 모든 기관투자가들이 단기 투자를 지향하는 것은 아니다. 벅셔 해서웨이 그룹의 워렌 버핏(Warren Buffet)은 멀리, 길게 보고 투자하는 것으로 정평이 있다. 일부 연기금이나 지수 투자 펀드는 상대적으로 주식을 장기 보유한다. 그러나 헷지 펀드처럼 단기간에 높은 수익을 추구하는 경우가 있는가 하면 최근에는 컴퓨터 알고리즘을 이용해 하루에도 같은 회사의 주식을 여러 차례 사고팔며 초단기 시세차익을 추구하는 기관투자가도 있다. 그 결과 전체적으로는 〈그림 1〉에서 보듯이 주식 평균보유기간이 짧아진 게 사실이다. 이러한 단기 투자자의 영향력이 커지면 회사 경영자로서는 모험적인 투자나 자본의 회임기간이 긴 투자 전략을 추진하기 어렵게 되고 장기적으로는 회사의 생산성과 경쟁력을 약화시키고 국민경제 발전에도 악영향을 미치게 된다. 영국에서 글로벌 금융위기를 계기로 기관투자가의 '스튜어드십 책임(stewardship responsibility)'을 부각한 이면에는 이러한 문제인식이 있었다.

이러한 배경에서 보듯이 스튜어드십 책임의 핵심은 주식의 장기 보유와 그에 기초한 경영 관여 활동이다. 영국은 오래 전부터 주주의 경영관여를 지지하고 권장하는 태도를 취해왔다. 예를 들어 1992년에 발표된 캐드베리 보고서(Cadbury Report)는 기업지배구조 개선

6) Simon Wong, 'Why Stewardship Is Proving Still Illusive for Institutional Investors?', *Butterworths Journal of International Banking and Financial Law*, July/August 2010.

을 위한 조치로 이사회의 통제 및 보고, 감사의 역할에 주안점을 두고 있는데, 다른 한편에서는 기관투자가에게 경영진과 대화하고 의결권 행사정책을 공개하라고 권고한 바 있다. 그리고 2006년 회사법을 개정할 때는, 법 개정의 취지에서 회사의 장기 발전을 뒷받침하기 위해 주주 관여와 장기투자 문화를 조성할 필요성이 강조하기도 했다. 영국 FRC에서 기관투자가에게 스튜어드십 책임이라는 이름으로 새로운 임무를 부여한 것도 이러한 맥락에서 이해할 수 있다. FRC는 스튜어드십은 최종 투자자에게 이익이 되는 방향으로 회사의 장기 발전을 지향하며, 이를 통해서 회사의 가치와 투자자의 이익 증진, 그리고 국민경제 발전의 세 마리 토끼를 잡겠다는 의지를 밝히고 있다.[7)]

영국에서 스튜어드 책임에 관한 논의가 본격화된 것은 2008년 9월, 미국의 투자은행 리먼 브라더스의 파산으로 글로벌 금융위기가 확산되면서부터였다. 위기가 발생하자, 영국에서는 문제의 원인이 은행 및 금융회사의 위험관리 부실에서 비롯되었고, 이 과정에서 기관투자가들이 주주로서의 제 역할을 하지 못했다는 비판이 강하게 일었다. 핵심주주가 경영일선에 참여하는 우리와 달리 영국의 금융 및 상장회사들은 주인 없는 회사(ownerless corporation)처럼 경영했고 기관투자가들은 단기 이익에 집중하며 사태가 악화되는 것을 방관하며 마치 부재지주(absentee landlord)처럼 처신했다는 비판이었다. 기

7) FRC(2012): Stewardship aims to promote the long term success of companies in such a way that the ultimate provider of capital also prosper. Effective stewardship benefits companies, investors and the economy as a whole.

관투자가에 대한 이러한 문제인식은 2009년 7월 12일자 영국 신문(the Observer)에 게재된 다음의 내용에서 엿볼 수 있다.

'(영국의) 신용 위기는 소유권 공백의 시스템 결함이 큰 원인이었다. 은행 및 일반 회사 경영자들이 무모한 결정으로 파멸에 이르는 길로 가도 대규모 펀드를 운용하는 기관투자가들은 책임 있는 주주로서의 역할을 하지 않고, 수수방관했다.'[8]

이에 영국 정부는 금융자본가에게 자율규제 방안을 마련하라고 주문했다. 대책반 책임자는 모건 스탠리 회장을 역임했던 데이비드 워커 경(Sir David Walker)이었다. 워커는 대책반 구성 후 불과 9개월 만인 2009년 11월에 보고서를 작성, FRC에 제출하였다.[9] 그리고 워커 보고서는 영국 회사들의 소유권 공백과 단기주의 문제를 치유하기 위해서는 기관투자가들이 '수수방관(hands-off approach)' 태도를 바꾸어 기관 주주가 경영에 관여하는 '개입주의(hands-on approach)' 태도로 전환할 필요성이 있음을 강조하며 영국 기관투자가 협의회에서 기존에 제정했던 '기관투자가의 책임에 관한 코드'를 FRC 주도

---

8) One of the systemic flaws laid bare in the credit crunch is an ownership vacuum: the big institutional holders of shares - pension and insurance funds, investing on behalf of their members - failed to act as responsible, engaged owners, but stood by while executives at banks and other companies embarked on a journey of reckless destruction.(R. Sutherland, 'A Plea to Sir David: Save Our Schools, Jobs and Pensions from Britain's Timid Investors', *Observer*, 12 July 2009)

9) Sir D. Walker, *A Review of Corporate Governance in UK Banks and Other Financial Industry Entities: Final Recommendations*, November 26, 2009

하에 스튜어드십 코드로 이름을 변경해서 시행할 것을 권고하였다.

영국 FRC는 워커 보고서의 권고를 수용하여 2010년 7월에 '영국 스튜어드십 코드(The UK Stewardship Code)'를 확정, 발표하게 된다. 영국 SC 도입의 배경과 의의를 이해하려면 다음의 두 가지를 추가적으로 감안할 필요가 있다. 첫째, 워커 보고서는 '스튜어드십 의무(duty of stewardship)'를 강조하고 있다. 의무는 법상 강제의 의미가 있으며 책임보다 한 단계 더 강한 개념이다. 주식을 많이 보유한 대주주는 법에서 보장하는 유한책임의 특혜를 누리기 때문에 그에 상응해서 스튜어드십 의무를 당연히 부담해야 한다는 것이 워커의 논리였다. 주식회사의 유한책임 제도를 예외적 특혜로 봐야 하는가는 기업의 사회적 책임에 관한 논의에서도 해묵은 논쟁거리였다. 워커는 책임 대신에 의무라는 표현을 사용했지만 다행히도 스튜어드십 코드를 법률상 의무로 하자고 주장하지는 않았다. 그러나 워커 보고서에서 스튜어드십 코드를 공공기관(FRC)에서 주관하도록 권고한 이면에는 주주의 유한책임을 특혜로 보는 워커의 인식과 무관하지 않은 것으로 보인다.

둘째, 영국 SC는 영국 기관주주위원회(ISC)에서 만든 일종의 자율협약에서 파생된 것이다. ISC는 2002년에 '기관주주 및 대리인의 책임에 관한 원칙'을 만들었고, 2009년에는 이 원칙을 바탕으로 '기관투자가 책임에 관한 코드'를 발표했다. 1년 뒤에 워커 보고서는 ISC 코드를 스튜어드십 코드로 이름을 바꿔 공공기관(FRC)이 주관해서 시행하라고 권고한 것이었다.[10] 결과적으로 최종 투자자의 대리인으로서 책임을 다하지 못했다는 비판과 함께 규제 압력의 궁지에 몰렸던 기관투자가 또는 금융자본은 워커 영국 SC를 계기로 집사의 새로운 타이틀을 달고 재기한 셈이다. 단기 자본주의 확산의 주범이자, 금융위기의 주요 원인으로 몰리던 영국 기관투자가는 스튜어드십 코드를 계기로 비판에서 벗어났을 뿐 아니라 단독 또는 공동으로 그들이 투자한 회사의 경영에 깊숙이 관여할 수 있는 권한과 책임까지 부여받았다. 따라서 영국 SC는 기관투자가들에게 전화위복(轉禍爲福)이자, 금융자본의 설득과 영향력이 주효한 결과로 평가할 수도 있을 것이다.

2) 영국 코드의 특징과 쟁점

영국 SC는 7개 원칙과 각 원칙을 설명하는 지침(guidance)으로 구성되어 있다. 7개 원칙의 내용은 ①스튜어드십 정책의 수립·공개, ②이해충돌방지 정책의 수립·공개, ③투자대상회사의 지속 점검·감시, ④스튜어드십 활동(경영관여) 원칙 수립, ⑤다른 투자자와 공동 관여·대화, ⑥의결권 정책의 수립·공개, ⑦스튜어드십 및 의결권 활동의 주기적 보고 등이다. SC는 앞서 설명했듯이 기관투자가들이 반드시 도입해야 하는 의무 사안이 아니라 선택할 수 있는 일종의 연성규범

10) ISC(Institutional Shareholder Committee), *The Responsibilities of Institutional Shareholders and Agents: Statement and Principle*(2002); *Code on the Responsibilities of Institutional Investors*(2009)

이다. 기관투자가는 SC의 각 원칙과 지침을 '그대로 준수하거나 그렇지 않으면 이유를 설명하는(comply or explain)' 방식으로 자신의 목적과 성격에 맞춰 스튜어드십 책임의 내용을 정할 수 있다.

〈표 3〉 각국의 기관투자자 책임 원칙 제정 동향

국가	주관처	연도	명칭	구성	비고
영국	FRC (정부)	2010	The UK Stewardship Code	7개 원칙 세부지침	Financial Reporting Council
캐나다	CCGG (민간)	2010	Principle for Governance Monitoring, Voting and Shareholder Engagement	5개 원칙 세부설명	Canadian Coalition for GOOD GOVERNANCE
네덜란드	EUMEDION (민간)	2011	Best Practices for Engaged Share-Ownership	10개 규범 세부지침	EUMEDION (Good Guardian)
남아 공화국	IoDSA (민간)	2011	Code for Responsible Investing	5개 원칙 세부설명	Institute of Directors Southern Africa
스위스	Ethos (민간)	2013	Guidelines for institutional investors, governing the exercising of participation rights in public limited companies	5개 원칙 세부설명	Ethos: 민간재단
이탈리아	ASSOGESTIONI (민간)	2013	Italian Stewardship Principles for the exercise of administrative and voting rights in listed companies	6개 원칙 세부제안	ASSOGESTIONI: 민간협회
일본	FSA (정부)	2014	Principles for Responsible Institutional Investor	7개 원칙 세부지침	Financial Services Agency
말레이시아	MSWG (정부)	2014	Code for Institutional Investor	6개 원칙 세부지침	Minority Shareholder Watching Group
홍콩	SFC (정부)	2015	Principles of Responsible Ownership	7개 원칙 세부설명	Securities and Futures Commission

영국에서 SC를 도입하자, 여러 나라에서 이를 본 따 기관투자가 책임에 관한 원칙을 제정하는 사례가 이어졌다. 캐나다(2010), 네덜란드(2010), 남아공화국(2011), 이탈리아(2013), 일본(2014) 등이 그런 사례들이다. 〈표 3〉에서 보듯이 네덜란드는 '주주 관여 모범사례'라는 이름으로 민간기구에서 주관하고, 일본은 '책임 있는 기관투자자 원

칙'이라는 이름으로 공공기관이 주관하는 등 나라마다 차이가 있다. 그러나 기관투자가의 책임과 경영관여를 강조하는 취지와 요지는 영국 SC와 엇비슷하다. 참고로 우리나라에서는 금융당국 주도 하에 2015년 3월에 한국형 SC 제정을 추진해서 2015년 12월에 초안을 발표한 바 있고, 2016년 12월에 확정했다.

여러 나라에서 기관투자가의 스튜어드십 책임 원칙을 도입했지만 그 원전은 영국에서 2010년에 처음 제정한 SC이다. 따라서 영국 SC를 도입했을 당시에 제기되었던 쟁점을 통해 SC의 특징과 한계를 몇 가지 살펴보면 다음과 같다. 먼저 이론적 측면에서 기관투자가에게 특별히 집사의 지위를 부여하고 스튜어드십 책임을 요구하는 것이 옳은가에 관한 논쟁이 있었다. 앞서 제2절에서 언급한 바와 같이 크게 보면 스튜어드십은 인류의 번영, 환경·사회의 건강성을 궁극의 목적으로 삼고 주주, 이사, 기타 이해관계자들이 회사의 장기적이고 지속가능한 발전을 위해 영향력을 행사하는 과정이다.[11] 그럼에도 주인(주주)을 대신해서 대리인(경영자)을 감독, 통제하는 이사회와 개인 대주주에게는 왜 집사의 지위와 스튜어드십 책임을 부여하지 않는가? 이러한 비판적 문제제기에 대해 영국 SC는 스튜어드십의 주된 책임은 이사회에 있으나 기관투자가도 이를 공유하는 것으로 정리하

11) Tomorrow's Company (2009): "Stewardship is the process through which shareholders, directors and others seek to influence companies in the direction of long term, sustainable performance that derives from human progress and the wellbeing of the environment and society."

였다.[12)]

두 번째 쟁점은 기관투자가들이 스튜어드십 책임의 명분으로 회사의 환경, 사회, 지배구조(ESG) 정책에 적극 관여하고 영향력을 행사하는 것이 주주 자본주의 원칙 또는 전체 주주의 이익과 부합한다는 보장이 있는가에 관한 것이다. 기관 주주에게 좋은 것이 전체 주주에게 반드시 좋은 것이 아닐 수 있다. 우리나라의 비근한 예로 국민연금공단이 대여한 주식을 가지고 기관투자가들이 투기적인 공매도(short selling)에 나서는 행위에 대해 일반 투자자들은 반대하는 경향이 높다.[13)] 주식회사는 법인격을 가지고 있기 때문에 ESG 사안에서도 법률이 정한 기준을 반드시 준수하는 것은 당연하다. 그런데 만약 SC를 명분으로 어떤 기관투자가가 공공선을 표방하며 회사 경영자에게 준법 경영의 차원을 넘어서 지구 온난화를 예방하고, 사회 불평등을 해소하는데 앞장서라고 요구하면 전체 주주의 가치는 어떻게 되는가?

SC를 통해 ESG에 경영 관여하는 것을 찬성하는 이들은 ESG를 잘하는 회사가 경영성과가 좋다고 주장한다. 그러나 기업의 사회책임

---

12) Stewardship and the Code 2: The primary (stewardship) responsibility rests with the board of the company, …. Investors in the company also play an important role in holding the board to account for the fulfillment of its responsibilities.

13) 경실련과 희망나눔 주주연대가 2018년 10월 22일, 리얼미터에 의뢰해 국민연금 주식대여 금지에 대한 국민여론을 조사한 결과, '찬성'(매우 찬성 47.7%, 찬성하는 편 28.4%) 응답이 76.1%로 집계됐다. '반대'(매우 반대 3.1%, 반대하는 편 10.0%) 응답은 13.1%에 불과했다

(CSR)에 국한해 봐도 CSR이 경영성과를 높이는지 아니면 경영성과가 좋은 회사가 기왕에 이미지를 높이기 위해 CSR을 활용하는지, 어느 한쪽이 옳다고 단언할 수 없는 상태이다. 게다가 시카고 자유주의 학파를 이끌었던 밀튼 프리드만(M. Friedman)은 회사 경영자가 사회적 책임을 운운하며 환경문제나 사회 불평등을 해결하겠다고 나서는 것은 '위선 아니면 정신분열증이며, 자의든 타의든 결과적으로 사회주의 사상의 꼭두각시 역할을 하는 것이고 자본주의 근간을 흔드는 위험천만한 발상'이라고 혹평한 바도 있다.[14)]

기관투자가 ESG 관여에 대해 많은 논란이 일자, 영국 SC는 원칙 2에서 기관투자가에게 이해상충 방지 정책의 수립 및 공개를 요구하는 한편, 환경과 사회 문제 등에 대해서는 적극적으로 언급하지 않는 것으로 정리했다. 영국 SC의 이러한 태도는 2014년에 제정된 일본 SC에서도 관찰된다. 이에 비해 한국형 SC는 뒤에서 설명하겠지만 ESG 경영관여를 별도의 스튜어드십 책임으로 크게 강조하며, 이러한 특징은 2018년 7월에 확정된 국민연금기금 SC에도 그대로 반영되고 있다. 예를 들어 국민연금기금 SC의 원칙 3(투자대상회사 주기적 점검)을 보면, 기금본부에서 정한 ESG 52개 지표를 바탕으로 투자대상회사를 연 1~2회 점검 및 평가를 실시하도록 하고 있다. 더 나아가 국민연금기금 SC는 ESG에 문제가 있는 경우 사실관계의 확인 및 개선대책 등을 요구하는 비공개 주주활동을 진행하고, 사안이 중대

14) Milton Friedman, 'The Social Responsibility of Business Is to Increase Its Profits', *New York Times Magazine*, September 13, 1970.

하다고 판단되면 수탁자책임전문위원회 의결을 거쳐 즉각적인 공개 주주활동을 하겠다고 명시하고 있다.

세 번째 쟁점은 기대효과에 관한 논란이다. 다시 말하면, 지금까지 단기주의를 부추겨왔던 기관투자가들이 SC를 도입했다고 해서 회사의 중장기적 발전을 지향하는 주인 의식을 제대로 발휘하겠느냐는 것이다. 기관 주주들이 SC에서 정한 대로 투자대상회사의 지속적 감독과 점검, 의결권 행사, 경영 관여 활동에 나서려면 무엇보다 주식을 오래 보유해야 한다. 그러나 〈그림 1〉을 다시 보면 기관투자가들이 주식을 보유하는 기간은 평균 5개월도 되지 않는다. 주식을 평균 반년도 보유하지 않는 기관주주들이 상당한 비용과 수고를 부담해야 하는 스튜어드십 코드를 실효성 있게 이행하기에는 유인 불합치(incentive incompatibility) 문제가 심각하다. 주식을 단기간 보유하는 기관 주주들이 마치 장기 주주인양 적극적으로 경영 관여에 나서겠다고 하면 오히려 그 이면에 숨은 의도를 의심해봐야 할 것이다. 현행 제도에서는 기관 주주가 경영 관여를 통해 자신의 주장을 관철하고는 해당 회사의 주식을 매각해도 아무런 문제가 되지 않기 때문이다.

소를 물가에 끌고 갈 수는 있어도 억지로 물을 먹일 수 없듯이 기관투자가들이 SC를 도입하는 것과 스튜어드십 책임 활동을 제대로 하는 것은 다른 문제이다. 자산운용 실무 면에서도 유인 불합치성 문제가 있기 때문에 기관투자가의 스튜어드십 활동은 기대에 미치지 못할 것이라는 비판적 평가도 설득력이 있다.[15] 그 이유를 열거하면

15) Simon Wong(2015) 참조

첫째, 자산운용사 또는 기관투자가 법인 안에서 자산을 운용하는 이들의 평가와 보상은 길면 1년, 짧게는 분기 실적에 연동되어 있기 때문에 이들이 투자한 회사의 장기 가치에 관심을 가질 이유가 많지 않다. 둘째, 대부분의 펀드는 위험 분산을 위해 많은 종목에 분산 투자하는 것이 일반적이다. 펀드의 포트폴리오 구조상 자산운용사가 모든 회사를 모니터링하고 경영 관여활동을 하기 어렵다. 셋째, 기관투자 산업은 여러 단계로 분절되어 있으며, 2중, 3중의 복대리인 문제를 안고 있기 때문에 진전한 주인 의식을 갖기 어려운 구조이다. 연기금을 보면, 연기금 펀드투자자문사모태펀드자산운용사에 이르기까지 연금 가입자와 투자 대상 회사 사이에 4단계 복대리인 문제가 개재되어 있다. 넷째, 주식을 비교적 장기간 보유하는 패시브/지수투자(passive/index investment) 비중이 계속 증가하는 추세는 SC 적용에 유리한 환경인 듯 보인다. 그러나 코스피 200 사례에서 보듯이 지수 투자 대상에 편입된 종목이 워낙 많기 때문에 자산운용사로서는 투자회사 각각을 지속 감독하고 의결권 행사의 방향을 정하는 등 깊은 관심을 기울이기 어려운 면이 있다. 다섯째, 경영 관여 과정에서 내부자거래, 담합 등의 법 위반 혐의가 발생할 가능성이 있고, 여타 주주와 이해상충 문제로 소송에 휘말릴 위험이 있기 때문에 기관투자가의 스튜어드십 활동은 소기의 성과를 내기 어려울 수 있다.

끝으로 네 번째 쟁점은 스튜어드십 책임의 기본가정이 과연 옳은가 이다. 영국 SC에서 기관 주주의 적극적인 경영 관여를 권장하는 까닭은 주주 행동주의(shareholder activism)가 사회적 편익 면에서 바람직하다고 가정했기 때문이다. 영국 캠브리지 대학의 체핀스(B. Cheffins) 교수는 워커 보고서가 당연시한 이 가정이 문제라고 비판한다.[16] 돌이켜보면 기관투자가의 경영 관여, 행동주의는 금융위기의 해법이 아니라 원인의 한 축이었다. 기관투자가들은 자기자본이익률(ROE)을 부풀리기 위해 금융권 차입을 부추겼고, 고배당, 자사주 매입 후 소각 등을 요구함으로써 자본을 고갈시켰다. 기관 주주의 행동주의가 회사의 장기적 성과를 통계적으로 유의미하게 개선시켰다는 실증 연구도 없다. 따라서 기관투자가의 경영 관여가 바람직하다는 SC 도입의 기본가정은 재고해야 한다는 것이 체핀스 비판의 요지이다.

기관 주주의 경영 관여가 회사의 중장기 가치를 견인하기는커녕 몰락을 재촉한 사례는 많다. 산업은행이 관리하는 대우조선해양의 대규모 회계부정 사건은 그 중에 하나이다. 최근에 파산을 신청한 미국 시어스 백화점도 비슷한 사례이다. 시어스는 업력이 126년에 이르고 19세기 말에 미국의 대기업 시대를 주도했던 회사이다. 1973년에 건설한 시어스 타워는 110층에, 높이 443m로 시카고를 대표하는 명물이었다. 그런 시어스 백화점이 2018년 10월 15일, 뉴욕 법원에 파산신청서를 냈다. 2004년에 에드워드 램퍼트가 자신의 투자회사 ESL 인베스트먼트를 앞세워 시어스 홀딩스 지분 50%를 확보하고, 램퍼트 본인이 시어스 회장으로 경영에 참여한지 14년 만에 벌어진 일이다. 파산의 원인으로는 경영능력의 한계, 디지털 시대에 월

16) Brian Cheffins, "The Stewardship's Achilles' Heel," *The Modern Law Review*, 2010

마트 및 아마존과의 경쟁에서 패배 등이 거론된다. 그러나 이 글의 주제와 관련해 주목할 부분은 ESL 인베스트먼트의 역할이다. ESL은 시어스로부터 꾸준히 높은 배당을 요구해서 챙겼고, ESL의 지분가치를 위해 2005~2012년까지 시어스는 60억 달러의 자사주를 매입해야 했다. 시어스의 경쟁력 제고와 시어스의 일자리 유지를 위해 재투자될 수 있었던 60억 달러가 기관 주주(ESL)의 이익을 위해 자사주 매입에 투입되고, 회사는 결국 파산 신청에 이르게 된 것이다.

기관투자가의 행동주의가 거꾸로 회사의 중장기 가치 제고에 도움이 된 사례도 있을 것이다. 그러나 시어스 백화점의 경우처럼 반대 사례도 부지기수로 존재한다는 사실은 기관투자가의 경영 관여가 항상 바람직하다고 보는 SC의 기본가정에 문제가 있음을 방증한다. 이런 이유로 기관투자가가 고객과 투자자의 이익을 위해 수탁자 책임을 제대로 못하는 게 문제의 본질이라면 투자대상회사의 ESG에 대해 적극적인 경영 관여를 촉구하기에 앞서 기관투자가가 운영하는 펀드의 목적과 철학, 투자 기준, 수수료, 펀드 매니저에 대한 보상 구조 등의 정보를 자세히 공개하도록 해야 한다는 주장도 제기된다. 그러나 영국 SC는 기관투자가의 한계와 기회주의, 그리고 역기능에 대해서는 언급이 없이 기관투자가를 그저 믿고 맡겨도 좋은 충실한 집사(steward)로 포장하고 있다는 점에서 특징적이다.

4. 한국형 스튜어드십 코드의 특징과 한계

한국형 스튜어드십 코드는 제정 과정에서 다소 곡절이 있었다. 정부(금융위)가 코드를 도입하겠다고 계획을 처음 밝힌 시기는 2014년 11월이었다. 그 이후 금융위 주도 하에 2015년 3월에 스튜어드십 코드 제정 위원회를 구성해서 2015년 12월 공청회에서 초안을 발표했다. 그리고 코드 제정의 주체와 코드의 내용에 대해 논란이 일자, 정부는 민간 중심의 자율성과 전문성을 높이겠다며 2016년 8월에 한국기업지배구조원을 중심으로 2차 스튜어드십 코드 제정 위원회를 재구성해서 두 번째 초안을 만들게 하고 2016년 12월 16일에 한국형 SC를 최종 확정했다.

〈표 4〉 주요국 스튜어드십 코드 비교

원 칙	영국	일본	말레이	홍콩	한국
수탁자 책임 정책 제정·공개 (Stewardship Policies)	원칙 1	원칙 1	원칙 4	원칙 1	원칙 1
이해상충 방지 정책 제정·공개 (Managing Conflicts of Interest)	원칙 2	원칙 2	원칙 4	원칙 7	원칙 2
투자대상회사 주기적 점검 (Monitoring)	원칙 3	원칙 3	원칙 2	원칙 2	원칙 3
스튜어드십 활동 지침 제정 (Management Engagement)	원칙 4	원칙 4	원칙 3	원칙 3	원칙 4
공동 관여·대화 (Collective Engagement)	원칙 5	-	△3.4	원칙 5	-
의결권 행사 정책 제정·공개 (Voting Activity)	원칙 6	원칙 5	원칙 6	원칙 4	원칙 5
스튜어드십· 의결권 활동 보고 (Reporting)	원칙 7	원칙 6	-	원칙 6	원칙 6
역량과 전문성 확보	-	원칙 7	-	-	원칙 7
지속가능성에 대한 고려 (Sustainability Consideration)	-	-	원칙 5	원칙 2-17	

한국형 SC는 영국의 선례를 따라 7개 원칙으로 구성되어 있으며 원칙의 내용도 대동소이하다. 다만 영국 SC에서 기관투자가들이 서로 협력해서 경영에 관여할 수 있도록 한 원칙 5를 제외하고, 그 대신에 기관투자가의 역량과 전문성을 갖출 것을 요구하는 일본형 코드의 원칙 7을 추가해서 제정했다. 한국형 코드를 정부 주도하에 코드를 제정했던 영국, 일본, 말레이시아, 홍콩과 비교, 정리하면 〈표 4〉과 같다.

한국형 코드의 제정 과정에서 곡절이 있었던 이유는 코드 제정의 목적이 영국과 달랐기 때문이었다. 1차 초안에서 스튜어드십 책임은 수탁자 책임으로 표현했을 뿐, '투자대상회사의 중장기적인 가치 향상과 성장을 추구함으로써 고객과 (최종적인) 수익자의 중장기적인 이익을 도모할 책임'으로 정의한 내용은 동일했다. 그러나 영국 SC는 부재지주 경영 또는 주인 없는 회사(ownerless corporations) 경영의 문제를 시정하기 위함인데 반해 한국형 코드는 '대규모 기업집단의 부실 경영, 지배구조·오너 리스크 관련한 문제점 부각으로 국내 자본시장에 대한 국제적 신뢰도 하락'을 강조하는 등 재벌 구조와 지배주주(core owners)를 점검하고 통제할 목적이 있음을 숨기지 않았다. 다시 말하면 주식의 장기 보유를 기반으로 회사의 중장기 가치 제고에 기여하고 최종 투자자에게 이익이 되는 방향으로 기관투자가의 경영 관여를 권장하기 위해 SC를 제정한다는 원래의 취지와는 다른 목적을 너무 앞세웠다.

더 나아가 영국은 논란 끝에 ESG 관여에 신중한 입장을 취한데 반해 한국형 1차 초안에서는 원칙 4(경영 관여)에서 이 부분을 과도하게 기술했다. 즉 경영전략, 재무구조와 성과, 임원 보수 등 주요 경영사항과 지배구조, 환경·사회 측면의 요소에 관해 투자대상회사와 공감대 형성에 노력해야 한다면서 추가 정보·자료의 요구, 이사회 또는 경영진과의 회의 추가 개최, 주주제안 및 (사외)이사·감사 후보의 추천, 주주총회 소집 청구, 문제 있는 이사의 연임 등에 반대 의결권 행사, 주주소송 제기 등을 자세하게 열거했다. 기관투자가의 경영 관여 범위와 방향까지 구체적으로 장황하게 기술한 것은 스튜어드십 코드를 제정한 여러 나라 중에서 한국이 유일했다. 특히 신중하고 사려깊게 절제된 표현으로 구성된 일본형 코드에 비하면 한국형 1차 초안의 내용은 거칠고, 코드를 재벌개혁의 수단으로 삼고 있는 것은 아닌가 의심할만한 대목이 많았다.[17]

이처럼 논란이 일자, 한국기업지배구조원 중심으로 2차 제정 위원회를 구성해서 한국형 코드를 다시 제정하는 절차를 밟은 것이다. 최종 확정된 코드는 1차 초안과 비교하면, 7개 원칙의 구조와 내용은 엇비슷하다. 다만 오해의 소지가 있었던 열거주의를 피하고 일본형 코드에서처럼 일반 원칙 중심으로 압축 표현했다는 차이가 있다. 예를 들어 원칙 4(경영 관여)의 수정된 안내 지침을 보면, '기관투자자는 중장기 회사가치 제고를 지향하고, 투자 및 수탁자 책임에 관한 정책 등을 바탕으로 주요 재무·비재무 경영사항에 관해 투자대상회사와 공

17) 한국형 1차 코드의 내용과 특징에 대한 자세한 설명은 황인학(2016) 참조: 기관투자자의 책임에 관한 스튜어드십 코드(Stewardship Code)의 본질과 쟁점

감대를 형성하도록 노력할 필요가 있다'고 간단하게 설명하고 있다. '기관투자자는 회사의 전향적인 대응이 미흡해 충분한 대화 이후에도 주요 쟁점에 관해 회사와 의견 불일치나 우려사항이 존재하는 경우 다음과 같은 보다 적극적인 활동에 나설지를 검토해야 한다'며 10가지 활동을 열거했던 1차 초안의 내용과는 사뭇 달라진 결과이다.

그렇다면 한국형 SC는 회사의 중장기 가치와 투자자 수익을 제고하겠다는 소기의 목적 달성에 얼마나 효과가 있을까? SC의 본질과 기대효과에 대한 쟁점은 앞 절에서 설명한 바와 다르지 않기 때문에 재론하지 않는다. 여기서는 영국과 우리나라 기관투자가의 주식투자 주기와 비중을 비교함으로써 SC 성과 도출에 어느 나라 환경이 더 나은지를 살펴보기로 한다. 어느 나라든지 코드가 소기의 성과를 내려면 일단은 기관투자가들이 주식을 장기간 보유해야 한다. 장기 주식 보유는 코드의 성과 도출에 충분조건은 아니지만 필요조건이다. 기관 주주가 1년에 몇 번씩 특정 회사의 주식을 사고 팔 경우에는 그 회사의 중장기 가치 제고를 위해 수고와 비용, 위험이 따르는 경영 관여 활동에 나설 유인이 없을 것이다.

그런데 세계은행에서 발표한 주식거래 회전율은 한국이 연간 106%로 중국(243), 터키(178), 미국(164), 사우디(119), 일본(109)에 이어 세계에서 여섯 번째로 단기투자 성향이 높다(2014년 기준). 영국의 주식 거래 회전율은 50% 미만이다. 주식 보유의 단기성에 의한 유인 불합치(incentive incompatibility) 문제는 영국보다 한국이 더 심하면 심했지 덜 하지 않은 것이다. 기관투자가의 영향력은 주식시장에서 점하는 비중에 비례하는데, 이 부분도 우리나라는 영국보다 열위에 있다. 영국에서는 외국인 비중이 40%, 기관투자가 비중이 30%이다. 반면에 우리나라에서는 외국인 비중이 35%로 가장 높고, 금융기관 전체의 비중은 17%에 불과하며, 계열 출자가 많은 구조적 특징 때문에 일반법인 등이 주식을 보유하는 비중은 28%에 이른다(2013년 기준). 이는 모든 기관투자가들이 SC를 도입한다고 해도 그 영향력은 영국에 비해 크게 떨어질 수밖에 없음을 의미한다.

〈그림 2〉 우리나라 투자자 유형별 거래 회전율

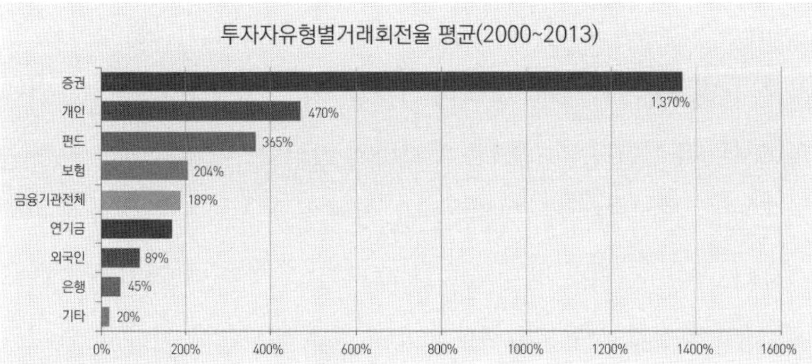

자료: 자본시장연구원(2015)

한편 기관투자가별로 주식시장 점유율을 보면 펀드 약 5%, 연기금 4.2%, 은행 3.9%, 보험 3.0%, 증권 0.9% 정도이다. 이 중에 그나마 비중이 높은 편에 속하는 펀드와 연기금의 거래회전율은 〈그림 2〉에서 보듯이 각각 365%, 167%로 단기투자 성향이 높다. 이와 같이 기관투자가들의 단기투자 성향이 계속되는 한 이들에게 SC에 기초해서 투자대상회사의 장기적 가치를 위해 스튜어드십 책임을 이행하라고 요구하는 것은 심하게 말하면 연목구어(緣木求魚), 나무에서 물고기를 얻기를 기대하는 것과 다르지 않을 수 있다.

끝으로 2018년 7월 17일 공청회를 거쳐 제정한 국민연금기금 SC에 대해 몇 가지 사안만 간단히 짚고 넘어간다. 첫째, 연기금 SC는 공적 연금의 특성을 적절하게 반영하지 않았다. 국민연금은 모든 국민이 의무적으로 가입하고 정부가 직접 운영하는 특성상 정치권력으로부터 자유롭지 못한 한계가 있는데 연기금 SC는 이 문제와 관련 독립성과 책임성을 어떻게 강화할지에 대해 언급이 없다. 둘째, 원칙 2(이해상충 방지)에서 연기금 SC는 주주권을 행사하는 과정에서 정부, 사용자 및 근로자 단체, 내·외부 담당자의 이해상충 가능성을 언급하면서도 뚜렷한 방지 대책을 제시하지 않는다. 이와 관련 스위스 연기금 협회 등이 참여해서 민간 자율로 제정한 스위스 코드를 참조할 필요가 있다. 스위스 코드는 '기관투자가는 그 어떤 정치적 잣대나 제3자의 지시로부터 독립적으로 주주권을 행사해야 한다'고 명시하고 있다.

셋째, 국민연금기금이 모든 국민 가입자를 위해 스튜어드십 역할을 자임하겠다면 전체 자산을 대상으로 운영 원칙을 제정·공개하고 실적을 주기적으로 투명하게 공개해야 한다. 그러나 연기금 SC는 전체 자산의 20% 남짓한 주식 투자에 대해서만 스튜어드십 책임을 언급하고 있다. 넷째, 연기금 SC는 한국형 코드 1차 초안에서 강조되었다가 2차 제정 위원회에서 수위를 낮춘 ESG 경영 관여를 재차 부각하고 있다. 독립성을 결여한 국민연금기금이 주관적 가치 판단이 작용하는 ESG 문제에 관여하는 것은 부당한 경영 간섭으로 이어질 수 있기 때문에 신중할 필요가 있다. 다섯째, 스튜어드십의 주요 목적 중 하나는 주식의 장기 보유를 기초로 투자대상회사의 중장기 가치를 제고하는 것이다. 그러나 연기금 SC는 배당 중시 정책을 확대하겠다고 밝힘으로써 스튜어드십의 본래 취지와 상충될 여지가 있다. 이 밖에 국민연금기금 SC 관련 자세한 내용은 이 책의 다른 부분에서 다룰 것이다.

5. 마치며

스튜어드십 책임은 투자대상회사의 중장기 가치와 사회적 책임을 효과적으로 제고하기 위해 주주는 의결권을 행사하는 것 외에 ESG 등의 비재무적 요소에 대해 이사, 경영자와 소통하고 경영에 관여할 책임이 있다는 취지의 개념이다. 영국에서 최초로 이 개념에 기초해서 스튜어드십 코드를 제정한 이유는 기관투자자의 행동주의를 촉구해서 영국 상장회사, 특히 금융회사의 구조적 문제점으로 알려진 부재지주 경영 및 단기주의 문제점을 시정하기 위함이었다. 그러나 단기주의를 부추긴 책임이 있는 기관투자가에게 스튜어드십의 새로운 지위를 부여한다고 해서 무엇이 달라질 수 있을 지에 대해서는 회의적인 시각이 많다. 기관 주주가 단기 매매에 치중할 수밖에 없는 산업적 특성과 기관투자가 내부의 자산운용구조와 보상 시스템이 바

꿔지 않는 한, 다시 말하면 유인 불합치 문제가 근본적으로 개선되지 않는 한, 법적 구속력이 없는 연성 규범 형식으로 스튜어드십 책임을 강조하는 것은 구두선(口頭禪)에 그치거나 오용될 가능성이 적지 않기 때문이다.

이론적 측면에서도 기관투자가 스튜어드십은 한계가 있다. 주주와 경영자의 관계에서와 마찬가지로 최종 투자자 또는 고객과 기관투자가 사이는 이해상충 가능성이 잠복되어 있는 주인(principal)과 대리인(agent)의 관계로 보는 것이 정상이다. 신탁법, 자본시장법 등에서 기관투자가에게 수탁자 책임을 지운 것도 이런 이유 때문이다. 대리인 이론은 기관투자가를 자신의 이익을 위해 기회주의적 행동을 하는 경제주체로 보지만 집사 이론은 기관투자가를 고객과 같은 주인 의식을 갖고 고객을 위해 자신을 희생하며 충직하고 성실하게 일하는 경제주체로 본다. 어느 이론이 기업지배구조 현실에 더 적합한지는 논란의 여지가 없을 만큼 대리인 이론이 통설이다. 집사 이론은 비영리기관이나 종교단체 또는 소규모 가족회사에 적용 가능한 주변부 이론이다. 이를 기회만 있으면 이익 실현에 가장 민활하게 움직이며 일반인이 이해하기 어렵고 접근하기 힘든 각종 금융 기법을 동원해서 이익을 추구하는 금융자본가에게 적용하자는 것은 순진한 발상 아니면 이상주의적 태도일 것이다.

더 나아가 최종 투자자에게는 기관투자가를 집사로 보자고 하고, 기관투자자는 투자대상회사의 이사와 경영자를 대리인으로 보는 관점에서 경영에 관여하라고 촉구하는 스튜어드십 코드는 이율배반적인 모순의 여지가 있다. 만약 이런 논리라면 집사의 타이틀은 이사회 안에서 경영자를 상시 감독, 통제하는 이사에게 가장 적합하다. 이런 문제점 때문에 2010년에 제정된 영국 SC에서는 스튜어드십의 1차적 책임은 이사회에 있고, 기관투자가는 이사회의 스튜어드십 책임이 원활하게 행사될 수 있도록 지원하는 역할을 한다고 명시한 바 있다. 그럼에도 한국형 스튜어드십 코드에서는 기관 주주로 하여금 재무적 성과 뿐 아니라 비재무적 사안에 대해서도 경영 관여를 통해 회사의 방향을 지시하거나 이사회 결정에 영향력을 행사하도록 권고하고 있다. 만약에 기관투자가의 경영 관여로 회사가 중대한 위기에 처하게 되면 이사는 업무집행지시자로서 법적 책임을 져야 하지만 기관투자가는 코드에서 정한 대로 관여했기 때문에 면죄부를 줘야 하는가? 기관투자가의 경영 관여에 상응하는 책임을 물을 수 없다면 스튜어드십 코드는 기회 포착과 자기 이익 실현에 민활한 기관투자가에 의해 오·남용되는 사례가 많을 것이다.

스튜어드십 책임론을 제기한 의도와 취지는 누구나 십분 공감할 것이다. 회사의 가치 제고 뿐 아니라 일자리 창출과 경제성장을 위한 장기 투자에 걸림돌이 되는 단기주의 문제를 기관투자가가 나서 해결할 수 있다면 그만한 다행이 없을 것이다. 그러나 단기 자본주의를 부추겨 왔던 기관투자가의 유인 불합치 문제를 그대로 둔 채 집사의 완장을 채워 준다고 해서 이들이 단기주의 해결사로 변신하지는 않을 것이다. 소를 물가에 끌고 갈 수 있어도 억지로 물을 먹게 할 수 없는 것과 같은 이치이다. 단기주의를 극복하기 위해 스튜어드십 책임을 강조한 당초의 취지를 살리려면 투자자들로 하여금 주식의 장기 보유를 유인하는 것이 올바른 방법이다. 개인 투자자든 기관 투자자든 회사 경영 상태를 주기적으로 점검하고 관여하려면 일단은 주식을 장기 보유해야 한다. 한 가지 대안은 장기 주주와 단기 주주를 달리 대우하는 것이다. 예를 들면 프랑스에서 하듯이 주식을 2년 이상 보유한 주주에게 1주당 2개의 의결권을 부여하는 방안이 있다. 2015년 OECD/G20 기업지배구조 원칙, 그리고 유럽의회법무위원회(European Parliament Legal Affair Committee)에서도 단기주의 폐해를 막기 위해 장기 주주를 우대하는 방안을 지지하고 있는 만큼 우리나라에서도 이 방법을 긍정적으로 검토할 필요가 있다.

〈참고 문헌〉

보건복지부·국민연금공단, '국민연금기금 스튜어드십 도입방안(안) 발표자료,' 2018.7.17.

스튜어드십 코드 제정위원회, "한국 스튜어드십 코드: 기관투자자의 수탁자 책임에 관한 원칙", 2016.12.16

자본시장연구원, "주식시장의 구조적 변화: 거래회전율 감소의 원인 분석", 2015

한국기업지배구조원·자본시장연구원, "스튜어드십 코드 도입방안 공청회", 2015. 12.12

황인학, '국민연금기금 스튜어드십 도입방안 공청회' 토론 자료, 2018.7.17

황인학, 『기관투자자의 책임에 관한 스튜어드십 코드의 본질과 쟁점』, 2016

Cheffins, Brian R., "The Stewardship Code's Achilles' Hee1", *The Modern Law Review, 2010*

Chiu, Iris H.-Y, "Stewardship as a Force for Governance: Critically Assessing the Aspirations and Weaknesses of the UK Stewardship Code", *European Company Law 9*, No. 1, 2012

Commonsense Principles of Corporate Governance, www.governanceprinciples.org, 2016.7.22.

Donaldson, Lex and James H. Davies, "Stewardship Theory or Agency Theory: CEO Governance and Shareholder Returns", *Australian Journal Of Management*, 1991

Financial Reporting Council, *The UK Stewardship Code*, July 2010

Jensen and Meckling, Theory of firm- managerial behaviour, agency costs and ownership structure, *Journal of Financial Economics*, 1976

Karns, Gary L. "Stewardship: a new vision for the purpose of business", Corporate Governance: The International journal of business in society, vol. 11(2011): 337-347

Kluvers, Ron and John Tippet, "An exploration of stewardship theory in a Not-For-Profit organization", *Accounting Forum 35*(2011): 275-284

OECD, 『G20/ OECD Principles of Corporate Governance』, 2015

Reisberg, Arad, "The notion of stewardship from a company law perspective", *Journal of Financial Crime*, Vol. 18, No.2, 2011

Sir D. Walker, *A Review of Corporate Governance in UK Banks and Other Financial Industry Entities: Final Recommendations*, November 26, 2009

Tomorrow's Company, T*omorrow's Owners - Defining, Differentiating and Rewarding Stewardship*, London, 2009

Williamson, Oliver, *Economic Institutions of Capitalism*, Free Press, 1985

Wong, Simon C.Y., "Why stewardship is proving still elusive for institutional investors", *Butterworths Journal of International Banking and Financial Law*, 2010

Wong, Simon C.Y., "Is Institutional Investor Stewardship Still Elusive? *Harvard Law School Forum on Corporate Governance and Financial Regulation*, 2015

제2장

스튜어드십 코드의 시행과 기관투자자의 역할

[요 약]

국민연금은 기관투자자이다. 기관투자자란 무엇인가, 그 개념을 파악해 본다. 기관투자자는 과연 주주로서 주주총회에 참석하여 의결권을 행사할 자격이 있는가? 그 근거를 찾아 본다. 만약 자격이 있다면 의결권 행사 방향과 그 한계를 설정해 보고자 한다. 기관투자자의 의결권 행사의무는 민간 기관투자자의 신인의무에서 유래하는 것이고, 이 신인의무는 「자본시장과 금융투자업에 관한 법률」에 규정되어 있다. 국민연금, 공무원연금 및 군인연금 등 공적 기관투자자의 경우에도 마찬가지로 법률에 딱히 신인의무를 규정하고 있지는 않다. 다만, 국민연금, 공무원연금 및 군인연금과 같은 공적 연금기금에 적용되는 「국가재정법」에 유사한 규정이 있을 뿐이다. 나아가 법률은 민간 기관투자자나 공적 기관투자자 모두에게 직접적, 간접적으로 '의결권 행사의무'를 부과하고 있다. 공적 기관투자자들도 「국가재정법」 제64조(의결권 행사의 원칙)에 따라 의결권을 행사할 의무를 부담한다.

다음으로 영국에서의 스튜어드십 코드 제정, 한국에서의 도입경과와 그 법적 성격, 주요 내용을 살펴보았고, 스튜어드십 코드의 시행으로 인한 예상되는 부작용을 탐구했다. 스튜어드십 코드의 시행에 있어서는 의결권 자문사의 역할이 매우 중요한데, 현재는 아무런 규제 없이 활동하고 있다. 의결권 자문회사의 전문성에 대한 신뢰를 담보하기 위하여 (i) 의결권 자문회사에 대해 신고제를 도입하고, (ii) 금융위원회가 해당 내용을 공개할 수 있도록 하는 등의 내용으로 자본시장법 개정이 필요하다고 보았다.

결론으로 국민연금이 투자한 주식의 의결권은 동일 회사별로 5% 이내로 제한되어야 한다는 김종석 의원의 '국민연금법 일부개정안'을 적극 지지한다. 반면에 상호출자제한 기업집단 계열사인 금융·보험회사가 행사할 수 있는 의결권은 3%를 넘어 행사하지 못하도록 규정한 제윤경의원의 '독점규제 및 공정거래에 관한 법률 일부개정법률안'에는 반대한다. 스튜어드십 코드의 시행은 기관투자자들의 자율에 맡겨야 한다. 자유한국당 김승희 의원은 의결권 자문업에 대한 신고제 도입 등을 내용으로 하는 자본시장법 개정안을 발의하였는데 이 법안에 찬동한다. 헤지펀드들의 의결권 행사를 10% 이내로 제한하는 현행 자본시장법을 유지해야 하므로, 자본시장법 개정안 중 이 부분에 대한 개정에는 반대한다. 주식 대량보유 신고제도를 철저히 이행하여, 어느 세력이 어느 회사의 주식을 대량매집하여 경영권 간섭을 준비하고 있는지 기업이 알 수 있도록 해야 한다.

스튜어드십 코드의 시행과 기관투자자의 역할

최준선

1. 서 언

본장에서는 기관투자자의 개념과 법적 권리 및 의무에 대해 먼저 정리함으로써 기관투자자의 주주권 행사의 중요성과 적극적인 주주권 행사의 필요성 여부를 검토하고자 한다. 다음으로 한국에서 기관투자자의 주주권 행사가 현실적으로 잘 이루어지고 있는지 살펴본다. 특히 2016년 말에 도입된 스튜어드십 코드 제도의 개념·등장배경·법적 효력에 대해 개괄적으로 짚어본다. 그리고 국민연금이 적극적으로 스튜어드십 코드에 가입하였고, 국민연금의 자산운용위탁사에게도 스튜어드십 코드의 시행을 권고함에 따라 한국의 자본시장은 국민연금의 휘하에 들어가는 문제가 발생할 수 있으므로 이에 대해 전망하면서 바람직한 의결권 행사 방향과 그 한계를 설정해 보고자 한다.

2. 기관투자자의 개념

기관투자자의 정의를 규정한 한국 법률은 존재하지 않는다. 일반적으로 기관투자자란 '타인(개인 또는 법인)의 자금을 위탁받아 이를 전문지식을 토대로 주로 유가증권에 대규모로 투자하는 기관으로서 대체로 법인형태를 취하고 있는 기관'[1] 또는 '고객 등 타인으로부터 수합한 자금으로 대규모로 투자를 하는 은행, 보험, 투신 등의 기관',[2] '개인투자자에 대비되는 개념으로서 전문적인지식을 가지고 타인의 자금을 위탁 받아 대규모로 주식 등에 투자하는 기관',[3] OECD의 기관투자자의 정의로서 '저축을 집합하여, 이들 자금을 시장에 공급하는 주체(CollectingSavings and Supplying Funds to the Markets)'[4] 등으로 정의된다.[5]

이와 같이 기관투자자의 정의 규정은 없지만, 기관투자자의 종류 또는 기관투자자로 볼 수 있는 범위에 관한 규정이 법인세법에 있다.

---

1) 이제원, "상장회사에 있어서 기관투자자의 역할", 「상사법연구」, 제17권 제1호, 한국상사법학회, 1998, 163면.

2) 권기범, "기관투자자의 의결권행사에 관한 연구", 「상사법연구」, 제14권 제2호, 한국상사법학회, 1995, 125면.

3) 김택주, "기관투자자의 경영관여 - 사외이사선임에 있어서 기관투자자의 역할을 중심으로-", 「법과 기업 연구」, 제4권 제1호, 서강대학교 법학연구소, 2014, 46면.

4) 신보성·김준석, "기관투자자가 자본시장 발전에 미치는 영향 및 과제", 자본시장연구원, 2014, 9면.

5) 윤희연, "기관투자자의 주주권 행사에 관한 법적 연구- 스튜어드십 코드에 관하여 -", 성균관대학교 석사학위문, 2017, 7면.

법인세법 제161조 제1항 제4호에는 주식 등 변동상황명세서 제출대상 관련 규정을 두고 있는데, "은행, 투자매매업자 및 투자중개업자, 종합금융회사, 상호저축은행, 보험회사, 집합투자업자, 연기금, 공제회 등"을 기관투자자로 규정하고 있다.[6]

민간기구인 금융투자협회는 「증권 인수업무 등에 관한 규정」을 제정했는데, 그 제2조 제8호에서 기관투자자의 범위를 "은행, 보험회사, 금융투자업자(투자매매업자, 투자중개업자, 집합투자업자), 종합금융회사, 여신전문금융회사, 상호저축은행, 한국주택금융공사, 신용보증기금, 기금, 공제사업자, 집합투자업자 · 투자회사, 국민연금공단, 우정사업본부, 투자일임회사 등을 포함"하는 것으로 규정한다.[7]

그러나 학문적으로나 실무적으로 기관투자자의 개념이 반드시 필요한 것은 아니다. 기관투자자란 개인투자자에 대비되는 개념으로서 '타인으로부터 대규모의 투자재원을 조달하여 그 타인의 위탁을 받아 주식 등에 투자하는 기관' 정도로 이해하면 충분할 것으로 본다.

기관투자자를 공적부문에서 관리·운영하는 공적 기관투자자(국민연금, 공무원연금 등 공적 연기금)과 민간기관투자자(자산운용회사, 신탁회사, 보험회사 등)로 구분할 수 있겠으나,[8] 본고에서는 이를 특별히 구분하지 않기로 한다.

---

6) 한국상장회사협의회, "주주권 행사 대응 실무해설", 상장협자료 2017-19, 2017, 6면; 윤희연, 상게논문, 7면.

7) 정윤모, "기관투자자의 수탁자책임과 스튜어드십 코드의 도입", 연구보고서 16-03, 자본시장연구원, 2016. 10면; 윤희연, 상게논문, 7면.

8) 윤희연, 상게논문, 8면.

3. 기관투자자의 신인의무와 의결권 행사의무

1) 기관투자자의 신인의무와 충실의무

기관투자자는 직접 자기 돈으로 투자하는 직접투자자가 아니라 남의 돈으로 투자하는 일종의 '중계투자(Intermediary Investor)'이다. 그러므로 기관투자자에게는 개인주주와 달리 특유한 의무를 부과할 필요가 있다고들 주장한다.[9] 즉, 기관투자자는 고객의 이익을 최우선으로 하여 고객자산을 충실하게 관리하고, 아울러 고객에게 이익이 되도록 신의에 따라 성실하게 고객자산을 관리하여야 하는 '신인의무(fiduciary duty)' 또는 '수탁자의무'를 부담한다고 보는 것이 일반적인 견해이다.[10]

이런, 어쩌면 괴상한[11] 사고방식에 따라 한국 법률은 이미 신인의무를 아주 상세하게 규정해 두고 있다. 아마도 신인의무나 충실의무에 관한 입법례로서 한국이 가장 상세하게 규정하고 있는 것으로 보인다. 이처럼 법률에 충분히 규정하고 있는데 그럼에도 불구하고 신

9) 이중기, "국민연금공단과 국민연금기금의 법적 성격과 손해전보체계", 「BFL」 제77호, 서울대학교 금융법센터,2016, 13-14면.

10) 鈴木裕,"スチュワードシップ·コ-ドへの対応と受託者責任, 社会的責任投資の関わぃ一重なり合いながらも時に対立する三つの概念-", 「大和總硏」, 2014; 윤희연, 전게논문, 14면.

11) 필자가 '어쩌면 괴상'하다고 한 이유는 우리 중 어느 누구도 기관투자자에게 돈을 맡기면서 돈을 벌어 달라고 했을 뿐, 그 기업의 주주로서 그 기업의 체질을 바꾸라고 요구한 적이 없는데도 불구하고 기관투자자는 당연히 우리 투자자에 대하여 그런 의무가 있다고 가정하는 구조이기 때문이다.

인의무를 기초로 하는 스튜어드십 코드를 도입한다는 것이 과연 바람직한가 의문이다. 이미 법률에 기관투자자들의 신인의무를 규정하고 있고, 이것은 강제 적용되는데, 자율규범에 불과한 스튜어드십 코드를 도입한다는 것이 무슨 효과가 있을지 의문인 것이다. 이하에서 법률의 내용을 살펴보기로 한다.

2) 민간 기관투자자의 신인의무와 충실의무

민간 기관투자자의 신인의무에 관하여는 「자본시장과 금융투자업에 관한 법률」(이하 자본시장법이라 한다) 제37조(신의성실의무 등) 제1항은 "금융투자업자는 신의성실의 원칙에 따라 공정하게 금융투자업을 영위하여야 한다"고 규정한다. 이어 제2항은 "금융투자업자는 금융투자업을 영위함에 있어서 정당한 사유 없이 투자자의 이익을 해하면서 자기가 이익을 얻거나 제삼자가 이익을 얻도록 하여서는 아니 된다"고 규정하고 있다. 조문의 표제는 '신의성실의무 등'으로 되어 있으나 한국에서는 신인의무는 선관주의의무와 충실의무를 포함하는 개념으로 사용된다.[12] 한국에서는 영미법상의 신인의무를 신의성실의무와 거의 동의어로 사용하고 있다. 신인의무는 선관주의의무에 충실의무까지 더한 것으로 보려는 학설도 존재한다. 그러나 동질설에 따르면 충실의무와 선관주의의무를 서로 엄밀하게 구분하기 어렵다고 하므로,[13] 신인의무는 바로 선량한 관리자의 주의의무, 즉

12) 최준선, 「회사법」, 제13판, 2018, 527면.

13) 최준선, 상게서, 526면.

선관주의의무를 말하고 이것을 신의성실의무로 표현한 것이다. 본조 2항에도 바로 충실의무를 규정하고 있으므로 제1항에서 규정한 '신의성실의무'와 합하면 결국 조문의 표제에도 불구하고 동질설에서[14] 말하는 신인의무(선관주의의무)를 규정한 것으로 볼 수 있다.

3) 집합투자업자의 신인의무와 충실의무

집합투자업자에 관하여도 자본시장법 제79조(선관의무 및 충실의무) 제1항은 "집합투자업자는 투자자에 대하여 선량한 관리자의 주의로써 집합투자재산을 운용하여야 한다"고 정하고, 제2항에서는 "집합투자업자는 투자자의 이익을 보호하기 위하여 해당 업무를 충실하게 수행하여야 한다"고 규정한다.

4) 신탁업자의 신인의무와 충실의무

신탁업자에 관하여도 자본시장법 제102조(선관의무 및 충실의무) 제1항은 "신탁업자는 수익자에 대하여 선량한 관리자의 주의로써 신탁재산을 운용하여야 한다"고 규정하고, 동 제2항에서는 "신탁업자는 수익자의 이익을 보호하기 위하여 해당 업무를 충실하게 수행하여야 한다"고 규정하여 같은 취지를 정하고 있다.

선관주의의무의 정의에 관하여는 보통 "채무자의 직업, 그가 속하는 사회적 지위 등에 있어서 일반적으로 요구되는 정도의 주의"라는

14) 최준선, 상게서, 526면.

정의가[15] 일본과 우리나라의 정설로 통하고 있다.[16] 구체적으로는 통상의 일반인이 기울이는 합리적인 주의, 평균적 주의로 해석한다. 이 의무를 위반한 것을 과실(추상적 경과실)이라 하고, 그것을 심하게 위반한 것을 중과실이라 한다.

'충실의무(duty of loyalty)'는 1998년 개정상법에 처음 규정되었다. 이것은 "이사는 법령과 정관의 규정에 따라 회사를 위하여 그 직무를 충실하게 수행하여야 한다"(제382조의 3)고 규정한 것인데, 이는 영미법상의 신인의무(信認義務, fiduciary duty)를 모범으로 한 것이다. 이사의 충실의무를 명문화한 입법례로는 미국모범회사법(MBCA) §8.30(a) (General Standards for Directors),[17] 일본회사법 제355조 등이 있다. 이것을 기관투자자의 의무와 관련지어 생각해 보면, 기관투자자의 권한남용을 방지하기 위하여 수탁자에게 오로지 수익자의 이익을 위하여서 행동할 것을 요구하고, 수익자의 이익에 반하는 행동을 하는 것을 금지하는 법리를 말한다. 특히 수익자의 이익에 반하여 자기 또는 타인의 이익을 우선하는 이익충돌행위 또는 이익상반행위를 허용되지 않는다는 의미이다.

위의 각 조문의 표제에서 보듯이 같은 자본시장법 내에서도 어떤

15) 我妻榮, 「新訂 債權總論」, 1964, 26면.

16) 이철송, "선관주의의무와 충실의무에 관한 이론의 발전과 전망", 「비교사법」, 제22권 제1호, 2015, 4면.

17) 이에 관한 州法으로는 California회사법(Corporation Code) §309(a), New York 회사법(Bus. Corp. Law) §717(a) 등에서 "성실하게"(in good faith) 직무를 수행할 것을 규정하고 있다.

조문은 '신의성실의무', 어떤 조문은 '선관의무 및 충실의무'로 조문의 표제를 달고 있다. 이것은 법률상 개념이 달라서가 아니라 자본시장법 전문가라고 자처하는 입법자들이 자본시장법을 입법하고 개정법안을 만들면서 무책임하고도 부주의하게도 생각나는 대로 아무렇게나 표제를 달았기 때문이다. 외국에서 이 법률을 번역하다보면 동일 내용을 달리 표현하는 조문을 어떻게 이해하고 해석할지 딱해 보인다.

5) 공적 기관투자자의 신인의무와 충실의무

국민연금, 공무원연금 및 군인연금 등 공적 기관투자자의 경우에도 마찬가지로 법률에 딱히 신인의무를 규정하고 있지는 않다. 다만, 국민연금, 공무원연금 및 군인연금과 같은 공적 연금기금에 적용되는 「국가재정법」 제62조(기금관리·운용의 원칙) 제1항은 "기금관리주체는 그 기금의 설치목적과 공익에 맞게 기금을 관리·운용하여야 한다"고 규정하고 있어서 신인의무 비슷한 내용을 담고 있다. 또한 동법 제63조(기금자산운용의 원칙)는 제1항에서 "기금관리주체는 안정성·유동성·수익성 및 공공성을 고려하여 기금자산을 투명하고 효율적으로 운용하여야 한다.", 제2항 "기금관리주체는 제79조의 규정에 따라 작성된 자산운용지침에 따라 자산을 운용하여야 한다"고 규정하여 '자산운용지침' 작성의무까지 규정하고 있다. 국민연금기금의 경우에도 「국민연금법」에서 기금운용자의 신인의무에 대해 명문의 규정을 두고 있지는 않지만, 이를 부정하기는 어려운 분위기이다.

4. 법률상 기관투자자의 의결권 행사의무

1) 공적 기관투자자

법률은 민간 기관투자자나 공적 기관투자자 모두에게 직접적, 간접적으로 '의결권 행사의무'를 부과하고 있다. 먼저, 「국가재정법」 제64조(의결권 행사의 원칙)는 "기금관리주체는 기금이 보유하고 있는 주식의 의결권을 기금의 이익을 위하여 신의에 따라 성실하게 행사하고, 그 행사내용을 공시하여야 한다"고 규정함으로써 의결권 행사 및 공시의무를 부과하고 있다.[18] 그리고 「국민연금기금운용지침」과 「국민연금기금 의결권 행사지침」에 의결권 행사에 관한 규정을 두고 있다. 「국민연금기금운용지침」 제17조의2 제2항에서는 "기금의 의결권행사는 국민연금 가입자 및 수급자에게 이익이 되도록 신의에 따라 성실하게 이루어져야 한다"고 규정하고, 제3항에서는 "기금의 의결권행사는 장기적으로 주주가치 증대에 기여하는 방향으로 이루어져야 한다"고 정하고 있다. 또한 「국민연금기금 의결권 행사지침」 제3조에서도 '기금은 국민연금 가입자·가입자이었던 자 및 수급권자에게 이익이 되도록 신의에 따라 성실하게 의결권을 행사한다'고 정하고 있다.[19]

이에 따라 공적 기관투자자들은 실제로도 민간기관투자자(자산운용사 등)에 비해 적극적으로 주주권을 행사하고 있는 것으로 보인다.

---

18) 윤희연, 전게논문, 15면.

19) 윤희연, 전게논문, 16면.

물론 법률상 의결권 행사 의무규정이 없다손 치더라도 신인의무의 내용은 기관투자자가 고객자산으로 취득하여 보유하고 있는 주식에 대한 주주권을 적절히 행사하는 것까지 포함한다고 보는 것이 일반적인 견해이므로,[20] 이와 같은 일반적인 견해에 따르면 법률에 의결권 행사에 관한 직접적인 규정이 있든 없든 주주권의 일환으로 의결권 행사의무가 있다고 보아 이에 따르고 있는 실정으로 보인다.

2) 민간 기관투자자

민간 기관투자자의 의결권 행사의무에 관하여 「자본시장법」 제87조(의결권 등)에는,

"① 집합투자업자(투자신탁이나 투자익명조합의 집합투자업자에 한한다. 이하 이 조에서 같다)는 투자자의 이익을 보호하기 위하여 집합투자재산에 속하는 주식의 의결권을 충실하게 행사하여야 한다."

고 규정하여 의결권 행사의무를 규정하고 있다. 아울러 동조 제8항에는 다음과 같이 공시의무를 규정하고 있다.

"⑧ 집합투자업자는 집합투자재산에 속하는 주식 중 대통령령으로 정하는 주식(제9조 제15항제 3호 나목에 따른 주권상장법인의 경우에는 주식과 관련된 증권예탁증권을 포함한다)의 의결권 행사 내용 등을 다음 각 호의 구분에 따라 공시하여야 한다. 이 경우 공시 방법 등에 관하여 필요한 사항은 대통령령으로 정한다.

1. 제2항 및 제3항에 따라 주요의결사항에 대하여 의결권을 행사

20) 정윤모, 전게 보고서, 3면.

하는 경우 : 의결권의 구체적인 행사내용 및 그 사유

2. 의결권공시대상법인에 대하여 의결권을 행사하는 경우 : 제7항에 따른 의결권의 구체적인 행사내용 및 그 사유

3. 의결권공시대상법인에 대하여 의결권을 행사하지 아니한 경우 : 제7항에 따른 의결권을 행사하지 아니한 구체적인 사유"

또 자본시장법 제112조(의결권 등)에서도 신탁업자의 의결권 행사 의무들 부담시키는데,

"① 신탁재산으로 취득한 주식에 대한 권리는 신탁업자가 행사한다. 이 경우 신탁업자는 수익자의 이익을 보호하기 위하여 신탁재산에 속하는 주식의 의결권을 충실하게 행사하여야 한다."고 규정하면서,

"⑦ 신탁업자는 합병, 영업의 양도 · 양수, 임원의 선임 등 경영권의 변경과 관련된 사항에 대하여 제2항에 따라 의결권을 행사하는 경우에는 대통령령으로 정하는 방법에 따라 인터넷 홈페이지 등을 이용하여 공시하여야 한다."

고 규정하여 의결권 행사 공시의무를 부과시키고 있다. 이와 같이 의결권행사 기록유지와 공시를 통하여 간접적으로 의결권 행사를 이행할 것을 촉구하고 있고 볼 수 있다.[21] 이것으로 자본시장법은 민간기관투자자들에 대하여 이미 과도한 간섭이거나 자유로운 의사결정권을 침해하고 있다. 이에 더하여 스튜어드십 코드의 이행을 강요하여 더욱 강력한 공시의무와 의결권행사지침 작성의무를 부여하는 것

21) 자본시장법 제87조 제7항 · 제8항 · 제9항, 제186조 제2항, 동법 시행령 제91조 제2항 참조.

은 민간 기업에 대한 과도한 간섭이며 민간의 자율성을 침해하는 것이다.

3) 소 결

외국의 경우에는 기관투자자에게 의결권 행사의무를 지우는 사례는 찾기 어렵다. 1974년 미국 '종업원퇴직소득보장법(Employee Retirement Income Security Act, ERISA)'에도 충실의무와 선관주의의무 등을 부과하고 있으나, 의결권 행사에 관한 직접적인 규정은 없고, 노동성해석통달로 연금자산운용에 관한 수임인의 행위에는 보유주식의 의결권행사도 포함되어 있다는 사실을 밝히고 있다.[22] 영국과 일본도 대체적으로 신인의무를 인정하고는 있으나, 의결권행사를 구체적으로 의무화하고 있지는 않다. 의결권을 행사하든 말든 자유가 아니겠는가. 이것을 의무와 책임이라는 프레임을 씌워 강요한다면 이것은 자유자본주의시장이 아니다.

그러나 한국의 경우는 위에서 살펴본 바와 같이 이미 법률로 기관투자자에게 스튜어드십 코드 이상의 신인의무, 의결권 행사의무, 공시의무를 각각 부담시키고 있다. 이것만으로도 기관투자자들의 의결권 행사의무는 거의 완벽하게 규정되어 있고 과도한 간섭이라고 할 수 있다. 그럼에도 기관투자자들에게 의결권 행사 외에 경영진과 대화, 주주제안, 이사추천 등의 경영관여 활동에 적극 나서도록 촉구하

22) 곽관훈, "기관투자자의 신인의무(fiduciary duty)", 「비교사법」, 제22권 제2호, 한국비교사법학회, 2015, 574면. 윤희연, 전게논문, 17면.

는 스튜어드십 코드를 도입한 이유는 이들의 자본시장 내 높은 비중을 활용하여 기업지배구조를 바꾸기 위한 의도가 아니겠는가 하는 합리적 의심이 존재하는 것이다.[23)]

5. 기관투자자들의 의결권 행사현황

1) 한국 상장회사의 주주총회 성립 문제

한국 주식시장은 대체로 3분되어 있다. 한국 주식시장 구조를 보면, 2016년 기준 외국인 투자자의 비중은 12.6%, 일반법인의 비중 36.9%, 개인 투자자 비중 50.1% 정도이다. 국내 기관투자자 비중이 36.9%에 불과하다. 그런데 한국 상장기업의 경우 매년 주주총회 때문에 어려움을 겪는다. 주주들이 총회에 참석을 하지 않는 것이다. 외국인은 외국에서 직접 주주총회 참석이 어려워 그렇다고 하더라도 기관투자자와 개인주주도 도무지 총회에 참석하려고 하지 않는다. 그러므로 한국 기업의 주주총회에는 결의요건이 성립되지 않아 법률상 반드시 총회 결의로 하여야 할 것도 결의하지 못하는 일이 흔히 발생하였다.

이에 정부 당국은 1991년 섀도보팅제도를 도입했다. 그런데 이 제도가 지배주주측에게 유리하게 작동되는 폐단이 있고, 이 제도 때문에 회사가 주주총회 성립에 노력을 게을리 한다는 이유로 그 폐지

23) 황인학, "기관투자자의 책임과 역할에 관한 스튜어드십 코드(Stewardship Code)의 본질과 쟁점", 한국경제연구원 대외세미나, 「기관투자자 스튜어드십 코드의 쟁점과 한계」, 2016. 7. 19., 3면.

를 검토하던 중 2014년 말 이 제도를 폐지하기로 했었다. 폐지론자들은 "섀도보팅과 유사한 제도를 찾아볼 수 없는 다른 나라의 경우도 일반적인 의결권 행사 · 확보수단으로 큰 무리 없이 주주총회를 운영하고 있다"며, "최근 국내외적으로 기관투자자들이 적극적으로 의결권을 행사하는 추세여서 과거에 비해 주주총회 결의에 필요한 주식 수를 확보하는 게 크게 어렵지 않다"고 했다.[24] 이것이 거짓인 것은 금방 들통이 났다. 2019년 감사를 선임하지 못할 회사 수가 199개사에 이를 것으로 추정되고 있다. 2020년에는 224개사로 늘어갈 것으로 추정된다.

기관투자자들이 적극적으로 의결권을 행사하는 추세라는 주장은 앞으로 스튜어드십 코드가 정착되면 가능한 일일 수도 있을 것이나, 아직은 도래하지 않은 사실이다. 기관투자자들은 실질적 주주가 아닌 투자자의 대리인들로서, 수십, 수백 종목에 투자를 하며 투자 기업을 모니터링 하는데 많은 비용이 들어가고 실익이 적기 때문에 의결권 행사에 소극적일 수밖에 없다. 또한 이 일부견해는 "섀도보팅의 폐해는 무엇보다 주주와 주총에 대한 기업들의 안일한 태도"라며, "섀도보팅제 폐지가 현실로 다가오자 주주총회를 활성화시키고자 하는 스스로의 노력은 도외시한 채 섀도보팅 폐지유예나 새 제도 도입 등을 요구하는 것은 너무 무책임한 태도"라고 강조했다.[25] 이는

24) 윤승영, "섀도보팅제도 폐지의 당위성과 그 대안", 「CGS 리포트」, 제4권 제14호, 한국기업지배구조원, 2014. 8. 19, 3면.

25) 윤승영, 상게 보고서, 3면.

회사가 주주총회 성립을 위한 아무런 노력도 기울이지 않는다는 것인데, 어떤 노력을 해야 할지 의문이다. 전화나 우편으로 설득한다고 해서 주주들이 참석할 리 없다. 참석한 주주들에게 적극적으로 소액의 차비나 우산 등 선물을 지급하는 방법도 있으나,[26] 이 방법은 참석주주에게만 프리미엄을 지급하는 것이기 때문에 주주평등의 원칙에 위반되는 동시에 주주의 권리행사와 관련된 이익공여로서 상법 제467조의2에 위반될 가능성이 크다.[27] 위 일부 견해는 섀도보팅제 폐지 이후의 대안으로, 주총의 전자화 강화, 전자투표제의 적극 이용방안 마련, 의결권 대리행사 권유제도의 활성화 등을 제안하고 있다.[28] 결국 전자투표제도와 의결권 대리행사의 활성화가 대안이라는 것인데, 생각건대 이런 어설프고 근거 없는 추측성 대안은 그다지 효과가 없을 것이 분명하다. 전자투표율은 매년 1%에도 미치지 못했고, 2018년에도 0.61%였다는 사실이 이를 잘 말해주고 있다. 2018년 상반기 전자투표 행사율은 3.96%, 주주수는 3만7천명을 기록했다. 전년 대비 행사주식수 비율은 2.1배 증가한 것으로 나타났고, 총

26) 정성숙, "출석프리미엄을 통한 주주총회 활성화 방안", 「기업법연구」, 제26권 제3호, 2012, 75면 이하.

27) 대법원 2014. 7. 11. 2013마2397 결정. 이 사건에서 법원은, 회사가 주주총회에 참석한 주주에게 1회 골프장 예약권과 20만원 상당의 상품권을 제공한 것이어서, 그 이익공여의 수준이 의결권의 행사에 영향을 미칠 정도로 과도하다고 판단하고, 주주총회결의가 법령위반의 하자가 있다고 보아 결의취소 사유에 해당하는 것으로 판단하였다. 나아가 이 사건은 대법원 2018. 2. 8.선고 2015도7397 판결에서 상품권 등의 제공행위는 주주의 권리행사에 관한 이익공여죄에 해당한다는 확정판결을 받았다.

28) 윤승영, 전게 보고서, 4면 이하.

주주수 대비 행사주주수 비율도 전년 대비 3.8배 증가했지만, 비율은 0.61%로 여전히 미미한 수준이었다.[29)]

어떻든 당국의 섀도보팅제도 폐지 방침에 대해 업계의 총회 불성립 우려가 커지자 당국은 그 폐지를 3년을 더 미루었지만, 결국 2017년 말 완전히 폐지했다. 그러나 이 제도가 폐지됨으로써 당장 2018년 3월에 개최된 주주총회에서 의결정족수 미달로 총회결의가 성립되지 못한 회사가 다수 나타났다. 섀도보팅제도 폐지된 첫 해인 2018년 3월 30일까지 1,933개(유가증권시장 741개사, 코스닥시장 1,192개사) 상장회사가 정기주주총회를 개최하였으며, 이 중 1,857개사가 정상적으로 주주총회를 개최하였으나, 76개사(3.9%)의 경우 의결정족수 부족으로 안건이 부결되었다. 76개사만이 문제가 된 것은 섀도보팅제도 폐지를 예상하고 제도 폐지 전에 미리 임시주주총회 등을 개최하여 안건을 통과시킨 회사가 많았기 때문이다. 의결정족수 부족 76개사의 안건은 각각 감사(위원) 선임 56개사, 정관변경 8개사, 재무제표 승인·임원보수 승인·이사선임 각각 4개사였다.[30)] 이와 같이 섀도보팅제도는 특히 감사 및 감사위원 선임과 관련해서 주로 이용되었는데, 그것을 이용할 수 없다 보니, 역시 예상했던 대로 감사 선임에 문제가 생긴 회사가 많았다. 그만큼 감사(위원)선임에 있어 3% rule이 막대한 영향을 미치고 있는 것이 증명된 것이다.

주주들의 적극적인 의결권행사를 유도하기 위하여 기업이 노력해

---

29) http://www.inews24.com/view/1099801

30) 금융위원회, "보도참고자료 - 2018년 상장회사 정기주주총회 결과", 2018. 4. 8.

야 한다는 것도 백 번 옳은 말이지만, 주주들이 그렇게 하고 싶어 하지 않는다는 데 문제가 있다. 그렇게 하고 싶지 않은 이유는 명백하다. 투입하는 노력과 시간 대비 얻는 것이 없기 때문이다. 그리고 본인이 출석한다고 해서 달라질 것도 없고, 주주총회에 참석하지 않는다고 해서 불이익할 것도 실제로는 거의 없다. 총회 불참으로 주주의 이익이 침해되는 일은 거의 없다는 것이 주요 요인인 것이다. 설사 회사에 심각한 문제가 발생하고 그것이 문제 된다면 나 아닌 누군가가 나서서 주주총회 결의금지 가처분, 결의사항 집행금지가처분, 주주총회 결의하자에 관한 訴나 대표소송을 제기하여 임원의 책임을 물을 것이기 때문에 불참으로 인한 손해(damage)는 거의 없다는 태도가 만연해 있는 것이다. 이른바 free riding의 기회가 충분하기 때문인데, 그러한 인식이 불출석의 주요 요인이다.

2) 스튜어드십 코드의 강행과 주주총회 성립의 용이성

스튜어드십 코드의 강행으로 기관투자자들의 의결권행사 비율이 높아질 것으로 보는데, 의결권을 행사하기 위해 기관투자자들이 주주총회에 참석하는 비율이 높아질 것이 분명하기 때문이다. 직접 참여가 어려우면 전자투표와 위임장을 활용하여 참가할 것으로 예상된다. 이로 인해 주주총회 성립이 용이해 질 것은 틀림없다.

다만, 스튜어드십 코드의 강행이 한국의 건전한 기업문화 발전에 얼마나 도움이 될지는 두고 봐야 할 일이다. 스튜어드십 코드로 인해 기관투자자들은 준강제적으로 의결권을 행사하겠지만, 글로벌 의결권 행사 자문사인 ISS (Institutional Shareholder Services)나 한국기업지배구조원 등 자문기관의 report에 의존할 가능성이 크다. 막대한 인력과 조직을 운영하느니 간단하게 report를 구매하여 기계적으로 의결권을 행사할 개연성이 매우 높다. 아래 표에서 보는 바와 같이 이미 다수의 기관이 의결권 자문사의 의결권 서비스를 이용하고 있다. 이것이 진정 기업의 지속적인 성장과 기업가치 제고에 무슨 도움이 될 것인가. 정력과 인력의 낭비만 가져오고 결국은 투자자들의 주머니를 가볍게 만들 뿐일 것임이 틀림없다. 무언가 열심히 하기는 했는데, 결국은 기업들은 주주총회에서 기관투자자들이 어떤 행동을 할지 몰라 그들의 동향 파악에 일손을 놓고 예민하게 반응해야 하고, 기관투자자들에게 자금을 맡긴 투자자들도 기관투자자들이 지급해야만 할 법규준수비용을 고스란히 안아야 하므로 결국 고비용 저효율의 투자수익을 얻을 수밖에 없게 된다. 과연 스튜어드십 코드가 누구를 위해 존재하는지 알 수 없는 지경이 된다.

〈표 1〉 의안분석 자문기관 현황 2017. 12. 기준

	기관명	담당 인력	고객수	분석 주총수	유료서비스 개시일	비 고
국내	한국기업지배구조원	14	11	643	2015	
	서스틴베스트	11	6	185	2013	
	대신경제연구소	13	7	433	2013	
국외	ISS	1,100	1,900	1,300	1985	글로벌 MS: 61%
	Glass Lewis	360	1,300	900	2003	글로벌 MS: 37%

(고객 수 = 기관투자자 수, 고객당 비용 1억원 정도 지급)

의결권 자문사는 회사나 고객이 아닌 주주들에 대해 어떠한 의무

도 부담하지 않으며, 의결권 행사로 발생하는 위험에 대해서도 아무런 책임지지 않는다. 결국 주주가 아닌 사람에 의해 주주총회가 좌지우지 될 수 있다. 이렇게 되면 한국 기업은 기관투자자들의 의지도 아닌, 스튜어드십 코드 관장기관 또는 의결권 자문사들의 의지에 따라 진로가 결정된다.

기관투자자들이나 스튜어드십 코드 관장기관 또는 의결권 자문사들이 과연 회사의 장기적인 발전과 국부(國富)의 증가에 이바지할 수 있는 존재인가에 관해서는 검증된 자료가 없다. 기관투자자들의 속성은 최대한 단기간 내에 최대한 이익을 남겨 투자자에게 배분하는 것이다. 기관투자자들이 경영의 달인이나 전문가도 아니면서 기업에게 이래라 저래라 간섭하는 것은 어불성설이다. 그들은 투자수익률 제고가 본질이므로 그 이상을 그들에게 요구하는 것은 어색할 뿐 아니라 무리이기도 하다. 스튜어드십 코드 관장기관 또는 의결권 자문사들이라는 것도 얼마나 전문성이 있는 기관인지 의문이다. 경제와 국부의 향상에 관한 무슨 대단한 비전과 전략이 있는지, 국가나 기업에 대한 철학이 있는지도 검증된 바 없다. 반도체, 항공운송 등 고도의 전문분야에서 수 십 년 간 노하우를 쌓아 책임경영을 하는 최대주주인 경영자를 의결권 자문사라는 비전문적 기관이 몰아내는 것이 과연 정의인가.

3) 한국의 주주구성과 주식회전율

미국의 경우 기관투자자의 비중이 1975년의 35%에서 70%로 두

배나 증가했으나 이들의 주식평균보유기간은 1980년대 57개월에서 2009년에는 약 5개월로 급감했다. 한국은 개인주주가 상당히 많은 편이다. 주주 수로는 99%가 개인주주이다. 보유주식 수에서는 50.1%에 이른다.

〈표 2〉 2016년 결산 상장법인 실질주주 형태별 분포 (단위: 명, 주, 개, 주)

구 분	주주수	(비율)	보유주식수	(비율)	평균보유종목	평균보유주식
개 인	4,887,444	99.0%	33,811,796,164	50.1%	3.71	6,918
법 인	20,475	0.4%	24,873,781,982	36.9%	11.12	1,214,837
외국인	17,031	0.3%	8,541,370,339	12.6%	10.36	501,519
기 타*	14,515	0.3%	296,607,522	0.4%	-	20,435
합 계	4,939,465	100.0%	67,523,556,007	100.0%	3.75	13,670

주: * 실명번호가 불명확한 주주
자료: 한국예탁결제원 보도자료, "16년 12월 결산 상장법인 주식투자자(실질주주) 현황", '17.3.16

그런데 이들 주주를 과연 회사의 주인이라 할 수 있을지 의구심이 든다. 현대의 주식투자의 기본은 '소유'가 아니라 '거래'이다. 한국 주식투자자의 매매 회전율은 2016년 기준 유가증권시장 208.33%, 코스닥시장 444.09%였으며, 2017년 기준으로도 유가증권시장 163.40%, 코스닥시장 391.749%로 매우 높다. 3~6개월이 지나면 매도하고 시장을 떠나는 주주들에게 회사의 중요결정에 참여시킬 큰 실익과 중대한 명분이 있는지 의문이다. 주가차액이 목적이지 지배구조의 개선 등에는 관심이 없다. 이와 같이 한국의 개인투자자의 회전률이 너무 높아 3월 주주총회에서는 이미 주주가 바뀐 후인 경우가 많다. 이미 주주가 아닌 의결권 행사권자가 주주총회에 참석할 이유가 별로 없을 것이다. 그러므로 주주총회가 겉돌 수밖에 없다.

〈표 3〉 시장별 상장주식회전율 현황

시장구분	'17년	'16년	'15년
유가증권	163.40%	208.33%	286.99%
코스닥	391.74%	444.09%	521.99%

자료: 한국예탁결제원 보도자료, "2017년 상장주식회전율(유가증권시장 및 코스닥시장", '17.10.30.

2016년 World Federation of Exchanges Members 자료에서 보듯이 한국 주식시장의 회전율은 1위인 중국 심천거래소(374.2%), 2위 중국 상해거래소(192.4%), 3위 타이페이 거래소(191.0%), 4위 이스탄불 거래소(168.5%)에 이어 129.0%로서 5위 정도로서 비상하게 높다.[31]

기관투자자도 다르지 않다. 적극적으로 주주권을 행사하려는 유인도 부족하다. 기관투자자들 역시도 상당히 단기투자 성향을 보인다.[32] 금방 팔고 나갈 주식에 대해 의결권을 비롯한 주주권을 적극적으로 행사할 이유가 없을 것이다. 주식을 보유하는 짧은 기간 동안 주주권 행사를 하기에는 시간적으로도 무리가 있고, 상당한 노력과 비용을 치러야 하는 반면, 주주권 행사를 통한 투자대상회사의 기업가치 제고로써 기대할 수 있는 효익이 즉각적으로 나타나지 않을 수도 있기 때문이다.[33]

주식회전률이 높은 한국에서 총회 당일에는 이미 주주가 아닌 자

31) 최준선, "주주총회 의결권제도 개선방안", 증권법연구, 제19권 제1호, 2018, 1~32면 참조.

32) 송민경, "기관투자자의 의결권 행사 활성화 방안", 「KRX market=증권 · 파생상품」, 제78호, 한국거래소, 2011, 4면.

33) 송민경, 상게논문, 4면.

들의 출석을 기대할 수 없으므로, 출석한 주주만이 가장 밀접한 이해관계자라고 할 수 있다. 이러한 점을 감안한다면 주주총회의 결의는 출석한 주주들이 중심이 되어 결의하는 것이 맞다. 그렇다면 출석한 주주의 의결권의 과반수, 또는 3분의 2 이상 찬성이 가장 바람직한 대안이다. 회전률 1위와 2위인 중국은 이미 출석 의결권의 과반수로써 결의한다. 예컨대 발행주식 총수의 4분의 3이 불출석한 경우 출석하지 않은 주주의 의결권을 기권으로 볼 수 있고, 그렇게 보면 출석한 의결권의 4분의 1의 과반수로써 결의하면 충분할 것이다. 그런데 이 불출석 의결권 4분의 3을 반대표로 평가하면 안 된다. 왜냐 하면 여기다 출석의결권의 단 하나라도 반대에 가담하면 4분의 1 이상의 찬성을 얻지 못하여 현행 상법상 보통결의가 이루어질 수 없기 때문이다. 보통결의는 발행주식총수의 1/4 이상과 (+) 출석의결권의 1/2 이상으로써 하는 결의이기 때문이다.

이와 같이 현행 상법상 불출석의결권 수가 반대표로 평가되는 수가 있는데,[34] 이렇게 되면 결과적으로 총회에 출석하여 적극적으로 의사를 개진한 주주가 상대적으로 무시된다. 이러한 제도를 정의로운 제도라고 할 수도 없을 것이다.

4) 소 결

34) 물론 발행주식총수의 60%가 출석하지 않고 나머지 40%가 출석하여 그 중 25%가 찬성한 경우, 불출석한 발행주식총수의 60%가 반대표로 계산되지는 않는다. 현행법상 25% 미만이 출석한 경우 불출석자는 반대표에 가담하게 되는 결과가 된다.

위에서 살펴 본 바와 같이 한국은 자본시장법 및 국가재정법에서 기관투자자가 지켜야 할 선관주의의무와 충실의무를 내용으로 하는 이른바 신인의무를 명문으로 규정하고 있다. 또한 신인의무의 일환으로서 보유 주식에 대한 의결권 행사 의무에 대해서도 법률에서 직접 구체적이고 명시적인 규정을 두고 있고, 보유 주식의 의결권 행사에 대한 기준과 절차를 담고 있는 자산운용지침까지 작성하도록 규정하고 있다. 이와 같이 한국 법률은 이미 기관투자자의 신인의무와 의결권 행사의무에 대해 명확하고 상세하게 규정하고 있고, 이러한 입법례는 다른 곳에서는 발견하기 어렵다.

이처럼 기관투자자의 신인의무와 의결권행사의무를 강행법률로 충분히 규정하고 있는데, 강제력도 없는 것으로 주장되고 있는 스튜어드십 코드라는 자율규범으로써 개선해 보겠다는 것은 실효성이 매우 떨어지는 군더더기가 아닌가 생각된다. 강력한 법률로서도 실행되지 아니하는 것을 강제력이 없는 자율규범으로써 해결하고자 한다는 것은 도무지 설득력이 없다. 본래 자율규범이란 특정 업계에 소속된 자들이 자치적으로 만든 규범을 말하는데, 한국형 스튜어드십 코드 제정과정을 보면 금융위원회가 주도한 것이고, 사단법인인 한국지배구조원이 이를 작성하였으며, 한국지배구조원이 그 실행을 모니터링하고 나아가 유료 의결권 자문까지 하고 있는 일련의 과정을 보면, 한국형 스튜어드십 코드는 자율규범이라기보다는 반 강제규범의 성격을 띠고 있고, 그 실행도 반 강제로 이루어지지 않을까 하는 우려가 나온다. 자본시장법 및 국가재정법에서 이미 강행법률로 신인의무와 의결권행사의무를 규정하고 있는데, 반강제적 가짜 자율규범인 스튜어드십 코드가 시행된다고 해서 달라질 것이 있을지 의문이다. 굳이 의미를 둔다면 스튜어드십 코드의 시행으로 그동안 기관투자자의 의결권 행사에 대해 무관심했던 기업과 기관투자자 및 일반투자자들의 주의를 환기시키고 이를 의식한 기업들이 배당률과 대내적 지배구조 등에 주의를 기울이면서 주주에 대한 서비스를 강화한다는 긍정적인 효과가 있을 수 있는 한편, 헤지펀드 등에게는 자신들의 주주행동주의자(activist)로서의 활동 근거를 확보하여 합법적이고 강력한 경영권 개입의 근거가 되고 있다는 점에서 부정적인 효과도 공존하는 것으로 평가할 수 있다.

오히려 정부가 스튜어드십 코드를 도입하여 이 코드에 따라 기관투자자들에게 의결권 행사 외에 경영진과 대화, 주주제안, 이사추천 등의 경영관여 활동에 적극 나서도록 촉구함으로써 이들의 자본시장 내 높은 비중을 활용하여 기업지배구조를 바꾸기 위한 의도가 아니겠는가 하는 합리적 의심이 존재하는 것이다.[35]

6. 스튜어드십 코드 도입과 문제점

1) 스튜어드십 코드의 개념과 도입 배경

스튜어드십 코드(Stewardship Code)에 대한 정의 겸 설명은 도처에 발견되나, 잘 알려진 것은 "기관투자자(자산소유자 및 자산관리자)의 책

35) 황인학, 전게논문, 3면.

임과 역할에 대한 원칙을 의미한다"는 것으로 간략히 정의할 수 있다. 다른 정의는 "스튜어드십 코드는 기관투자자들이 투자한 대상회사 보유주식의 의결권을 어떻게 행사할지에 대한 기준 등 수탁자로서의 책임을 정한 자율규제 형식의 연성규범을 말한다"고 설명하기도 한다.[36] 스튜어드십 코드는 자산의 수탁자로서 연기금·은행·보험사·자산운용사 등 기관투자자가 투자 대상기업에 대해 의결권을 행사할 때 기업 가치의 상승 혹은 위탁고객 내지 투자자의 최대이익을 위한 방향으로 의결권을 행사해야 한다는 지침이다.[37]

이것은 기관투자자들에게 기업과의 대화(engagement)를 통해 기업의 중장기적인 성장을 촉진시키는 방향으로 의결권을 비롯한 다양한 주주활동을 하도록 하는 것이다.[38] 스튜어드십 코드에 따라 기관투자자들은 투자 대상회사 보유주식에 대해 의결권을 행사함으로써 당해 기업의 경영이나 지배구조의 개선에 적극적으로 관여해야 할 책임을 부담한다고들 주장한다. 이것이 과연 옳은 명제인가? 기관투자자들이 기업의 지배구조를 조언할 능력이나 있는 것일까? 지배구조에는 정답이 없다고들 말한다. 대중으로부터 얼마간의 자금을 모집했다는 이유로, 그 돈으로 특정 기업의 주식을 일정 량 매집했다는 이유로 그 기업의 지배구조까지 바꾸겠다고 덤비는 것이 과연 옳은

36) 성승제, "스튜어드십 코드의 문제점과 개선방안", 「현안분석」, 2016-1, 한국법제연구원, 2016, 13면; 윤희연, 전게논문, 38면.

37) 송호신, "스튜어드십 코드와 기관투자자의 의결권행사", 「법과 정책연구」, 제17권 제2호, 한국법정책학회, 2017, 201면; 윤희연, 전게논문, 38면.

38) 곽관훈, 전게논문, 578면.

일인가? 그 기업이 마음에 들지 않고 수익력이 없다고 판단되면 주식을 던지면 간단할 텐데, 효과도 불분명하고 시간도 오래 걸리는 지배구조를 개선한다고 나서는 것 자체가 non-sense이다.

아무튼 스튜어드십 코드(Stewardship Code)는 2010년 영국에서 제정한 U.K. Stewardship Code에서 유래한 것이다.[39] 그런데 스튜어드십 코드가 만들어진 직접적인 이유에 관하여는 다음과 같은 스토리(story)가 전해진다.

즉, 스튜어드십 코드가 제정된 직접적인 계기는 2008년 미국발 금융위기이다. OECD기업지배구조위원회(OECD Steering Group on Corporate Governance)는 2008년 금융위기 직후 글로벌 금융회사를 중심으로 기업지배구조상 내재된 문제점들이 글로벌 금융위기 초래의 주요한 원인의 하나로 분석했다.[40] 그런데 영국에서는 금융기관 경영진이 지배구조문제의 중심이라는 견해가 지배적이었고, 금융위기도 금융기관의 지배구조가 부실하였기 때문이며, 이는 경영진이 문제라고 분석되었다.[41] 금융기관 지배구조의 실패와 취약성 그리고 소액주주들의 무관심으로 금융회사의 심각한 부실을 가져왔고, 이것

39) 영국의 스튜어드십 코드 제정배경에 관하여는 대신경제연구소, "한국형 스튜어드십 코드 도입 추진에 대한 제언", 2015, 14면.

40) 주 OECD 대한민국 대표부 http://overseas.mofa.go.kr/oecd-ko/brd/m_20809/view.do?seq=987255&srchFr=&amp%3BsrchTo=&amp%3BsrchWord=&amp%3BsrchTp=&amp%3Bmulti_itm_seq=0&amp%3Bitm_seq_1=0&amp%3Bitm_seq_2=0&amp%3Bcompany_cd=&amp%3Bcompany_nm=&page=171

41) 지인엽, "기관투자자의 수탁자 책임에 관한 원칙", 「기관투자자 스튜어드십 코드의 쟁점과 한계 토론문」, 한국경제연구원 대외 세미나 자료집, 2016. 7. 19., 39면.

이 금융위기의 원인이 되었다는 것이다. 이에 따라 영국은 연기금 등 기관투자자의 역할과 책임을 강조하게 되었고, 연기금 등 기관투자자의 역할과 책임을 제고하는 방안을 모색하게 되었다.[42] 이에 영국은 기관투자자로 하여금 신인의무자 또는 수탁자로서의 충실의무나 선관주의의무와 같은 의무를 부담시키고 이러한 의무를 적극적으로 이행하도록 촉진하기 위해 스튜어드십 코드를 제정·도입하는 방법을 택했다는 것이다.[43]

영국 자본시장의 민간협의체인 기관투자자 위원회(Institutional Shareholder Committee, ISC)에서 2009년에 만든 자율규약(Responsibilities of Institutional Investors)을 영국 재무보고위원회(Financial Reporting Council, FRC)가 채택했는데, 여기에는 Morgan Stanley International 회장을 역임했던 Sir David Walker 보고서의 권고가 중요한 역할을 했다고 알려진다.[44] 다만 영국 스튜어드십 코드는 기관투자자에게 부과되는 기존의 신인의무(fiduciary duty)와 구분하기 위해 '스튜어드십 책임(stewardship responsibility)'이라는 새로운 개념을 채택하고 있다는 것이 잘 알려진 스튜어드십 코드 도입을 결정하게 된 배경을 설명하는 스토리이다.

영국에서의 이와 같은 스토리는 일견 자연스러운 것처럼 보이기도 하나, 실은 금융위기의 책임을 묻기 위해 금융권에 강력한 감독을

42) 송호신, 전게 논문, 202면.

43) 일본의 스튜어드십 코드 도입에 관하여는 대신경제연구소, 전게 보고서, 16면.

44) 황인학, 전게 「기관투자자 스튜어드십 코드의 쟁점과 한계」, 11면.

명하는 법안이 만들어지기 전에 기관투자자들이 자율규범을 만들어 정부를 설득함으로써 강행법에 의한 골치 아픈 정부의 간섭을 회피하기 위한 정부에 대한 선제적 대응이라는 방식이 아니었나 라는 의심이 더 합리적인 것으로 보인다. 영국은 개인투자자의 수가 적고 개인투자자들은 대개 기관투자자들에게 자금을 위탁하는 형식, 즉 간접투자자 일반적이어서 기관투자자들이 자본시장의 주역이다. 이런 나라에서는 시장규율(Market Discipline)이 먹힌다. 만약 기관투자자들의 스스로 높은 전문성과 도덕성을 유지하기 위한 자율규범이 없으면 금융감독당국의 강력한 강행법규가 쏟아질 것이 당연하다. 이것은 금융시장의 자율성을 해치는 조치가 되고 금융산업의 후퇴를 가져올 것이 틀림없다. 그러므로 영국 스튜어드십 코드의 제정 배경과 경과를 보면,[45] 2008년 글로벌 금융위기 직후에 영국 금융회사의 문제를 진단한 Walker 보고서(2009)는[46] 기관투자자 협의체인 ISC의 '기관투자자 책임에 관한 자율규범'을 '스튜어드십 코드'(Stewardship Code)로 변경할 것을 권고했던 것이다.[47] 말하자면 정부로부터의 강력한 제재를 회피하기 위한 선제적 대응이 스튜어드십 코드라는 것이다. 이것이 진짜 스토리(real story)라고 할 수 있다. 물론, 그렇다 하

45) 영국 Stewardship Code 채택의 자세한 과정은 심영, "영국의 스튜어드십 코드이 제정과 운영의 시사점", 한국기업법학회 2016년 춘계학술대회-기업경쟁력 강화를 위한 입법 노력, 2016. 5. 13. 참조

46) Sir D. Walker, A Review of Corporate Governance in UK Banks and Other Financial Industry Entities: Final Recommendations , November 26, 2009.

47) 황인학, 전게논문, 7면.

더라도 모범규준(code)라는 자율규범 방식은 기관투자자들이 자본시장을 주도하는 영국이기 때문에 가능한 방식임은 부정할 수 없다.

이와 같이 영국이 스튜어드십 코드 도입의 정당성을 금융위기를 가져온 금융업 지배구조에서 찾을 것이 아니라, 위에서 말한 real story가 배경이라는 강력한 근거가 있다. 즉, 영국의 경우, 부채비율을 높여서 ROE를 높이고 배당과 자사주 매입을 요구하여 자본잠식을 초래했던 주주가 위기를 초래 했다는 것이다. 이 주주란 바로 주주행동주의자들을 말하는 것이다.[48] 영국의 금융위기의 원인은 지배주주가 없는 틈을 타 주주행동주의자들이 경영자에게 과도한 위험을 감수하여 고수익을 올리기를 요구하였던 구조적 문제를 지적할 수 있다는 것이다.[49] 즉, 지배주주가 존재하지 않는 영국적 상황에서 헤지펀드들의 강력한 요구에 굴복한 전문경영인들이 과도한 배당에 응하는 등 회사의 중장기 가치를 훼손함으로써 기업이 위기에 빠지고 장기적 성장동력을 상실하여 결국은 국가적 금융위기에 이르렀기 때문에 이를 억제하기 위한 제도, 말하자면 '회사의 중장기적 가치 제고'를 위한 것이 영국의 스튜어드십 코드라는 것이다. 따라서 코드 도입으로 경영관여가 더 심해진다면 경영자의 무모한 경영행태가 더 심각해 질 수 있는 모순적 상황이 발생할 수도 있다고 본다.[50] 이와 같은 비판은 코드 자체의 태생적인 결함을 지적하는 것으로서 일리

48) Cheffins, 2010 Modern Law Review; 지인엽, 전게 토론문, 39면.

49) Armour and Gordon 2014 Journal of Legal Analysis; 지인엽, 전게 토론문, 40면.

50) 지인엽, 전게 토론문, 40면.

가 있다. 그러므로 영국에서 스튜어드십 코드의 도입이 금융위기에 대한 제대로 된 처방이 아니고 금융권의 책임회피 차원에서 만들어진 것이라는 주장이 힘을 얻는다. 영국에서는 지배주주가 없는 것이 문제라고 보는 것이다.

한편 미국과 같은 고도의 자본주의국가, 고도의 자유시장에서는 기관투자자들이라고 해도 기업의 활동을 감시하는 역할은 각자가 알아서 할 일이고 그런 것까지 시장참여자들이 의견을 모아 공동 대응할 시장규율이 비교적 약하다. 그러므로 미국은 2010년 금융개혁법(Dodd-Frank Rule)을 입법해 임원보수나 이사선임결의에 대한 권한의 부여 등 주주들의 권리를 강화함으로써, 기관투자자들의 역할이 증대될 수 있는 기반을 마련하는데 그쳤다.[51] 2018년에 와서야 스튜어드십 코드를 도입하기는 했으나 시장에서는 거의 누구도 관심을 두지 않는다.

미국 시장의 특징은 주주행동주(activist)의 활동에 많이 의존한다는 것이다. 미국에서는 '스튜어드십 코드'라는 모범규준은 그다지 의미가 없고, 주주행동주의자들이 투자 수익의 극대화 및 기업가치 증대가 우선이라는 관념이 지배하고, 주주행동주의자들이 그들의 이해관계에 따라 먼저 나서서 적극적으로 의결권을 행사한다. 한국자본시장도 미국 자본시장과 유사하다. 한국에서도 투자 수익의 극대화 및 기업가치 증대가 우선이다. 다만, 한국에서는 지금까지 주주행동주의자로 치부되는 기관투자자가 많지 않았다. 그 이유는 한국 정부

51) 송호신, 전게 논문, 202면.

가 펀드의 활동에 대해 강력하게 규제하고 있기 때문이다. 이에 관하여는 후술한다.

일본도 영국의 모델을 따라 스튜어드십 코드를 도입했는데, 영국의 경우에는 금융기관의 지배구조의 취약성과 기업 경영진에 대한 감독책임을 기관투자자에게 부과하는 방식을 채택한 것인데 비해 일본은 정부의 '일본 경제의 재생'을 도모한다는 차원에서 범정부적으로 접근하였다는 점에서 차이가 있다.[52] 그러므로 일본에서도 정부기관인 금융청 주도로 스튜어드십 코드 제정위원회가 만들어지고 관변 기관들이 주도하고 있다. 그러므로 일본에서도 표면적으로는 '스튜어드십 코드'가 잘 작동되고 있다고 하지만, 일본의 학계에서는 스튜어드십 코드는 '관에서 주도한 가짜 자율규범'이라는 비판적 시각이 많다.[53]

영국은 본래 주식시장에서 기관투자자들의 역할이 크고 기관투자자들의 자율규범이 발달한 나라이다. 이에 비하여 미국은 같은 영미법계 국가이긴 하지만 개인투자자들이 많고 개인주의가 극도로 발달한 나라이기 때문에 기관 간에 협의와 같은 자율규범이 발달하기 어려운 구조이다. 과거에는 일본에서도 주거래은행제도가 있어서 은행들이 주식의 대부분을 소유하고 있었으며 자율규범이 발달할 수 있었지만 현재는 주거래은행 개념이 매우 약화되었으며, 미국과 한국

52) 정윤모, 전게논문, 55면.

53) 宮島司(마야지마 츠카사), "지금까지의 일본 회사법 개정" 및 尾崎安央(오사키 야스히로), "회사법 개정과 '소프트로'를 둘러싼 최신동향", 2018년 제12회 한일법학회 발표자료 참조.

처럼 개인투자자들이 많아지면서 자율규범이 발달하지 않고 있다.

영국에서의 2015년까지의 운용성과를 보면 2010년 제정 이후 코드에 가입한 기관(signatories)은 외형적으로 꾸준히 증가했으나 효과는 기대에 크게 미치지 못하는 것으로 평가되었다. 2011년 34개 → 2012년 259개 → 2013년 290개 → 2015.11. 306개사에 불과했다.[54] 그리고 코드에 가입한 약 300개 중에 코드를 충실하게 준수한 기관투자자는 약 30개에 불과하다고 알려져 있으며, 코드를 주관하는 FRC에서도 2014년 보고서에서 코드에 가입한 기관투자자들 대부분이 코드 준수에 실패하고 있다고 진단했다고 한다.[55] 세계적으로 기관투자자의 주식 보유기간이 단기화하는 경향이 있으며, 이러한 단기투자성향 때문에 기관투자자들로 하여금 기업의 장기가치 추구를 지원하는 역할을 하도록 하자는 스튜어드십 책임(stewardship responsibility) 취지의 달성이 더욱 어려워진다.

영국에서 스튜어드십 코드 전부를 다 이행하고 있는 기관투자자의 수는 약 10%에 지나지 않는다고 알려져 있다.[56]

이에 대한 반론도 존재한다. 영국의 경우 SC 도입 이후 주주 관여활동의 범위, 양 및 질 측면 모두에서 상당 한 개선이 있었다는 것이 조사에 참여한 공식적인 기관들의 전반적인 평가라고 한다.[57] 투자

54) 황인학, 전게논문, 11면. 2015년 1월 기준으로 295사가 참여했으며 asset managers 201개사, asset owners 81개사, service providers 13개사임.

55) 황인학, 전게논문, 11면.

56) 황인학, 전게논문, 34면.

57) FRC, 2016, Developments in Corporate Governance and Stewardship 2015;

협회(IA)의 조사에 답한 자산운용사의 90%는 관여의 결과, 회사의 반응성(responsiveness) 등에 만족을 표시했다고 하며, 최근 일부 연구는 대상회사 이사회와의 대화 등 비공식 주주활동이 투자수익에 끼치는 영향을 분석했는데, 그에 따르면 성공적인 비공식 ESG 주주활동은 양(+)의 초과수익으로 이어지며 실패하더라도 손실을 입지는 않음을 확인했다고 한다.[58)]

그러나 영국이 규정중심 방식을 취하는 것은 영국의 경우 기업의 지배주주가 존재하지 않다는 점, 즉 ownerless company이어서 매우 세부적인 지침을 통해 기관투자자의 자율적인 부분을 축소하려는 것으로 보인다. 앞에서 언급한 것처럼 기관투자자들이 주인 없는 회사의 경영진을 압박하여 이에 경영진이 휘둘린 결과 2008년 영국의 금융위기가 왔다고 볼 수 있기 때문에 오히려 기관투자자들의 무분별한 행동을 억제하는 것이 목적이기 때문이다. 이와 반대로 한국의 경우는 대규모 기업집단에 속하는 상장회사를 비롯하여 다수의 기업들이 지배주주가 있고 이 지배주주들의 전횡이 문제라는 데서 출발하기 때문에 영국과는 정반대의 상황인데도 처방은 동일하게 영국의 모델을 지향하여 스튜어드십 코드와 스튜어드십 책임의 도입으로 해결한다는 것이 과연 옳은 처방인지 의문인 것이다.[59)]

박경서, 스튜어드십 코드 교육자료, 2018, 5면.

58) Dimson, Elroy et al., 2015, Active Ownership, Review of Financial Studies, Vol. 28 No. 12.; 박경서, 전게 교육자료, 5면.

59) 황인학, 전게논문, 34면.

아무튼 이후 세계 여러 나라에서 기관투자자의 책임과 역할을 강화, 확대하는 내용의 코드 또는 원칙의 채택이 잇따랐다. 이들 중 정부 주도 하에 코드를 제정한 나라는 영국, 일본, 말레이시아, 홍콩 등이다. 이 경우에도 코드의 채택 및 준수 여부는 각 기관투자자의 자율 선택(comply or explain)에 일임되며, 관련 내용을 공개 또는 보고하게 되어 있다. 캐나다, 네덜란드, 남아공화국, 스위스, 이탈리아 등은 민간이 주도했다. 현재 스튜어드십 코드 도입 국가는 2017년에도 5개국이 증가하여 모든 대륙에서 총 20개 국가에 이른다.

(기존 도입 국가 15개국) 영국(2010, 2012), 네덜란드(2011), 스위스(2013), 이탈리아(2015, 2016), 덴마크(2016)(이상 유럽), 캐나다(2010), 브라질(2016)(이상 아메리카), 일본(2014, 2017), 말레이시아(2014), 홍콩(2016), 대만(2016), 싱가포르(2016), 한국(2016), 태국 (2016)(이상 아시아), 남아프리카공화국(2011)(아프리카)

(2017년 신규 도입 국가 5개국) 미국, 호주, 인도, 카자흐스탄, 케냐.[60]

2) 한국의 스튜어드십 코드 도입 과정

한편 한국 기업의 이사회가 기능을 제대로 발휘하지 못한다는 지적은 새롭지도 않다. 한국 기업의 이사회는 전문성과 독립성이 부족해 그 역할을 제대로 수행하지 못하고 있다는 것이다.[61] 그러나 한국

60) 박경서, 전게 교육자료, 2018.

61) 강윤식·위경우, "국민연금기금의 효율적 주주권 행사 방안", 「CGS 기업지배구조 리뷰」, 2015년 제2호, 한국기업지배구조원, 2015, 3면.

기업의 지배구조가 잘못되었다고 하는 전제가 과연 맞는 것인지 의문이다. 한국 최고의 기업집단 삼성그룹의 경우 혁신적인 전자제품으로 세계를 제패했다. 지배구조가 나쁜 기업이 어떻게 세계를 제패할 수 있다는 것인지, 그 자체가 모순이 아니겠는가. 기업은 사회사업이나 하는 단체가 아니다. 기업은 최고의 수익을 창출하여 주주에게는 부(富)를 제공하고, 근로자에게는 안정된 일터를 제공하며, 국가에는 납세로서 봉사하는 조직이다. 모든 것의 바탕에는 이윤 창출에 있다. 세계 최고의 이익과 수익성을 창출하는 회사에 대해 지배구조가 나쁘다고 비판하는 것은 어불성설이다.

아무튼 한국은 이와 같은 잘못된 전제 위에 이사회 제도를 개선한다는 명목으로 어느 입법례에서도 찾아볼 수 없는 강력한 사외이사제도를 상법에 규정하고 있다. 사외이사 수를 의무적으로 일정 비율 이상 유지해야 한다는 입법례는 한국이 제일 먼저 시행하였다. 최근에는 일본이 이와 유사한 시도를 하고 있다. 그러나 사외이사는 그 역할이 제한적일 수밖에 없는 것으로 평가되고 있다. 한 달에 고작 한 두 번 회사에 나와 두, 세 시간 머물다 가는 사외이사에게 도대체 무엇을 기대할 수 있다는 것인지, 그 자체가 comedy 이다. 그런데 비판론자들은 이러한 제도의 본질을 무시하고 엉뚱한 이야기만 한다. 즉, 사외이사의 역할이 제한적일 수밖에 없는 이유는 사외이사 선임과정에서부터 최대주주 내지 지배주주의 영향력이 미치기 때문으로 본다. 이 때문에 사외이사조차도 경영진과 긴밀한 관계를 유지하는 경우가 많다고 본다. 그러므로 이사회 등 내부 지배구조의 작동을 감독하기 위해 기관투자자가 적극적인 역할을 해야 할 필요가 점점 커지고 있다고 주장하는 것이다.[62] 과거와는 달리 오늘날에는 기관투자자들의 주식보유 비중이 계속 늘어 현재 국내 기관투자자들은 다수의 기업에서 주요주주[63] 또는 최대주주의 지위에 있기 때문이라고 한다.

지금까지는 기관투자자들은 다수의 기업에서 주요주주 또는 최대주주의 지위에 있기는 하지만 기업의 경영이나 지배구조 개선을 위한 역할 수행에는 여전히 소극적이었다.[64] 그 이유는 지배구조의 개선이나 의결권 행사와 같은 것이 기관투자자의 수익과 직결되지 않고, 기관들이 투자한 기업의 지배구조까지 변경해 가면서 투자를 유지하려면 지나치게 장기간이 소요되어 매몰되는 기회비용이 너무 크므로 차라리 그 기업의 주식을 매각하여 더 나은 지배구조를 가진 기업에 투자하는 것이 가장 빠르고 확실한 방법이기 때문이다. 스튜어드십 코

62) 이시연, "금융회사 지배구조 개선을 위한 기관투자자의 역할 강화 방안", 금융 VIP 시리즈 2011-09, 한국금융연구원, 2011, 2면.

63) '주요주주'란 자신의 계산으로 법인의 의결권 있는 발행주식총수 10퍼센트 이상의 주식 또는 이와 관련한 증권예탁증권을 소유한 형식적인 주요 주주와 임원의 임면 등 방법으로 법인의 중요 경영 사항에 사실상의 영향력을 행사하는 실질적 주요 주주를 모두 포함한다. 실질적 주요 주주는 다시 두 유형으로 나뉘는데, 하나는 주요 출자자로서 단독으로 또는 다른 주주와의 합의·계약 등에 따라 대표이사 또는 이사의 과반수를 선임한 주주이고, 다른 하나는 경영전략 · 조직 변경 등 주요 의사결정이나 업무집행에 지배적인 영향력을 행사한다고 인정되는 자로서 금융위원회가 정하여 고시하는 주주를 말한다(자본시장법 시행령 제9조 제1호 및 제2호). 안수현, "한국형 스튜어드십 코드인 '기관투자자의 수탁자책임에 관한 원칙안'의 법적 쟁점과 과제",「BFL」제77호, 서울대학교 금융법센터, 2016, 64면.

64) 강윤식·위경우, 전게 논문, 6면.

드 도입을 주도한 정부는 이러한 사실은 일단 도외시하고 주요주주인 기관투자자들의 바람직하다고 생각되는 역할 재정립을 설정하기로 했으며, 그 방법으로 마침 영국에서부터 불기 시작한 스튜어드십 코드를 도입하여 의결권 행사에 소극적인 기관투자자를 압박하여 기관투자자를 통한 기업 지배구조 개혁을 단행하고자 했던 것이다.

또한 한국에서는 주주행동주의자인 기관투자자가 별로 없어서 주주행동주의자들에게 기관투자자의 적극적 주주권 행사를 기대할 것이 없다는 주장도 있다.[65] 그러므로 정부 등이 전면에 나서서 스튜어드십 코드라는 모범규준을 만들고 이행하도록 하는 체제를 구축함으로써, 비록 법적 구속력이 없는 모범규준 형태이지만 기관투자자에 대한 사실상의 영향력은 강한 이러한 방식이 필요하다고 보는 것이다.[66]

그러나 이러한 주장은 이제 더 이상 타당하지 않을 것으로 본다. 금융위원회는 2018년 9월 27일 금융위원회는 사모펀드 제도 개편 방안을 발표했다. 이 방안에 따르면 장차는 사모펀드에게 가해졌던 대부분의 규제가 풀리고 미국의 헤지펀드와 같은 정도의 자유로운 투자와 의결권 행사가 보장되게 된다. 그때에도 한국에는 주주행동주의자인 기관투자자가 별로 없어서 주주행동주의자들에게 기관투자자의 적극적 주주권 행사를 기대할 것이 없다는 주장이 가능할지 의문이다.

아무튼 상기와 같은 여러 이유로 정부는 2015년부터 스튜어드

---

65) 정윤모, 전게 논문, 55면.

66) 정윤모, 전게 논문, 55면.

십 코드 도입 논의를 시작하였다. 추진과정을 보면, 금융위원회는 2015년 4월부터 한국기업지배구조원과 자본시장연구원 등 유관기관과 함께 스튜어드십 코드 도입방안 검토를 위한 TF를 운영하였고, 2015년 12월 2일 스튜어드십 코드 도입 공청회를 실시하였다.[67) 2016년 8월에는 금융위원회 중심의 1차 제정위원회를 민간 중심의 2차 제정위원회로 개편하였는데, 이는 민간 중심의 자율적인 코드 제정이라는 취지를 명확히 하기 위한 것으로 보인다. 2차 제정위원회는 수차례의 간담회를 통해 다양한 이해관계자의 의견을 수렴한 것으로 알려지고 있다. 이 후 2016년 11월 한 달간의 공개 의견수렴 절차를 거쳐 2016년 12월 16일, 한국 스튜어드십 코드인 「기관투자자의 수탁자 책임에 관한 원칙」이 제정되었고, 12월19일 이를 공표, 시행하였다.[68)]

이와 같은 과정을 거쳐 도입된 한국 스튜어드십 코드인 「기관투자자의 수탁자 책임에 관한 원칙」은 2018년 12월 14일 기준으로 71사가 그 참여를 공표했고, 참여 예정임을 밝힌 기관투자자는 38개사이다. 71개사의 세부 내역은 연기금 1개사, 보험사 2개사, 자산운용사 26개사, PEF운용사 26개사, 증권사 2개사, 투자자문사 2개사, 서비스기관 3개사, 은행 1개사, 기타 8개사로서 합계 71개사이다.[69)]

67) 김영주, "스튜어드십 코드 도입의 쟁점", 「예탁결제」, 제98호, 한국예탁결제원, 2016, 25면.

68) 기업지배구조원, 스튜어드십 코드 제·개정 세부추진경과 참고. http://www.cgs. or.kr.

69) http://sc.cgs.or.kr/participation/investors.jsp.

3) 스튜어드십 코드의 법적 성격

스튜어드십 코드는 연성규범(soft law)인 모범규준으로 법적 구속력은 없지만 '공시(disclosure)'라는 수단을 통해서 시장규율을 작동시켜 기관투자자가 수탁자로서의 의무를 성실히 이행하도록 유도하는 방식이다.[70] 이와 같이 스튜어드십 코드는 기관투자자에게 투자한 고객의 이익을 위해 기관투자자들이 투자대상 회사의 지배구조 개선에 적극 나서도록 한다는 것이 핵심 아이디어이다. 그러나 그 방법에 있어서는 법률상 강제가 아닌 일종의 가이드라인 성격의 'comply or explain'에 기초한다. 이와 같이 사적인 규범으로서 자발적·자율적인 것이라는 점에서 자발적 명령(spontaneous order, private ordering) 혹은 자율규제(self-regulation) 등으로 불리는 규범을 연성규범이라 한다.

연성규범이 무엇이며 어떠한 성격을 가지는가에 대한 명확한 정의를 정립하여 설명하기는 어렵지만, 일반적으로 '직접적인 법적 구속력을 갖지 않으나, 간접적으로 사회구성원의 행위에 실질적인 영향력을 미치기 위하여 만들어진 행위규범의 일종'이라는 정의가 있는데,[71] 이를 수긍할 수 있다. 연성규범이란 국가의 강제가 보증되고 있는 통상의 경성규범(hard law)에 해당하지 않는 법규범을 총칭한다. 즉, 연성규범은 "사적 기관(private institution)이 선언한 기준(standard),

70) 정윤모, 전게 논문, 54면.

71) 최난설헌, "연성규범(Soft Law)의 기능과 법적 효력 - EU 경쟁법상의 논의를 중심으로-", 「법학연구」, 인하대학교 법학연구소, 제16권 제2호, 2013, 92~93면; 윤희연, 전게논문, 43면.

원칙(principle), 규정(norms) 등의 집합체로서, 사실상의 구속력은 가지지만 그 구속력이 국가의 강제로 지지되지 않는 것"을 의미한다.[72] 가장 쉬운 예로 민간부문의 개별기업이나 조직화된 전문단체 또는 동업자 단체가 주체가 되어 일정한 행동강령(code of conduct)을 마련하고, 그 구성원 혹은 단체의 행위를 규율하는 경우 그 행동강령이 바로 연성규범에 해당한다.[73] 이 경우 연성규범 자체가 법적 의무를 발생시키지 않기 때문에 그 위반에 대하여 법원에 호소 할 수 없고 자체적인 징계절차에 따르게 되는데, 이것이 바로 전형적인 연성규범이다.

전통적으로 연성규범은 국제법이나 행정법 등의 공법분야에서 주로 활용되었으나, 최근 들어 연성규범은 사법분야(私法 分野), 특히 기업계 금융권에서 점차 다수 도입되고 있다. 예컨대 금융회사 지배구조 모범규준이 있었는데, 이것은 2015년 '금융회사 지배구조에 관한 법률'로 입법되었다. 경성규범과 비교하여 연성규범은 제정절차의 간이성이 장점이다. 일반적으로 경성규범의 경우에는 그 법적인 강제력을 염두에 두고 제정되기 때문에 연성규범의 경우보다 신중한 입장에서 제정 작업을 하여야 하지만 연성규범의 경우에는 법적 강제력이 없다보니 상대적으로 규범관련 당사자들에게 위험이 적으므로 경성규범에 비하여 용이하게 수용될 수 있다. 개방성도 장점이다.

72) Melvin A. Eisenberg, The Architecture of American Corporate Law: Facilitation And Regulation , 2 Berkeley Business Law Journal 167, 182 (2005).

73) 김유환, 「행정법과 규제정책」, 2012, 232~233면.

연성규범은 그 형성과정에서 관심이 있는 광범위한 사인(私人) 또는 집단의 참여가 가능하며, 이러한 개방성은 민간 분야의 활발한 참여를 제고시켜서 투명성을 보장하게 되고 그러한 규범의 보급을 용이하게 한다. 끝으로 탄력적인 해석 · 적용의 가능성이 장점이다.[74] 강제력이 없는 규범에 대하여는 준수하지 아니하는 경우에 제재할 수 있는 방법이 없기 때문에 실효적이지 않다고 볼 수도 있다. 그러나 오히려 강제력이 없기 때문에 광범위하고 느슨한 합의를 하는 데 용이하다는 이점이 있다. 연성규범은 다양한 법체계와 조화를 이룰 수 있음은 물론이고 급속하게 변화하는 변화가 심한 사회적 환경에서도 신속한 적용이 가능하다는 것도 장점이다.

스튜어드십 코드의 효용성을 매우 강하게 주창하는 분들은 이 스튜어드십 코드가 '연성규범(soft law)'임을 강조한다. 연성규범은 자율규범이고 강제성도 없다는 것이다. 그러나 한국형 스튜어드십 코드는 진정한 의미의 연성규범인지에 관해서는 의구심이 있다. 한국형 스튜어드십 코드는 제정주체가 국가기관인 점에서 진정한 의미에서 연성규범이라 할 수 없다. 한국형 스튜어드십 코드는 금융위원회의 주도로 도입되었다. 금융위원회의 2015년 4월 15일 자본시장 개혁을 위한 정책추진방안으로서 발표한 과제 중 "기관투자자의 스튜어드십 코드"의 제정이 이에 포함되어 있었다. 한국형 스튜어드십 코드는 제정과정상 개방성이 부족할 뿐만 아니라 현행 법체계보다 강한 요구를 함으로써 성문법과의 충돌도 우려된다. 한국은 성문법 국

74) 최난설헌, 전게논문, 88면.

가이면서도 법령에 직접적인 근거규정이 없더라도 행정지도를 통하여 할 일은 다 하는 국가이다. 여기다 모범규준을 만들고 “준수하지 못하면 설명하라”(comply or explain)는 요구를 사실상 강제 내지 법적 구속으로 인식하게 될 것이 틀림없다.

예컨대 한국에서 회계기준은 2011년 이전에는 미국식 GAAP를 채택하여 ‘한국채택 GAAP’, 즉 K-GAAP를 사용했다. 그러다가 2011년 전격적으로 국제회계기준(IFRS)을 채택하여 K-IFRS를 사용하고 있다. GAAP는 규정중심 방식(Rule based approach)이지만 IFRS는 원칙중심 방식(Principle based approach)이다. 규정중심 방식은 지침의 내용이 매우 세부적이고 구체적이어서 재무제표 작성을 기계적으로 통제하지만 원칙중심 방식은 구체적인 내용을 장부작성자인 기업에게 많은 부분을 위임하고 있어 재량적인 영역을 인정한다. 이와 같이 한국은 2011년 새로운 회계기준이 도입되었으나 감독 당국의 감독은 여전히 규정중심이다. 그 때문에 삼성바이오로직스는 IFRS에 맞게 재무제표를 작성했지만 감독당국은 삼성바이오로직스가 과실, 중과실, 고의에 의한 분식회계를 저질렀다면서 처벌했다. 한국에서는 자율규범도 이와 유사한 형태로 운용될 가능성이 매우 크다.

스튜어드십 코드가 연성규범의 형식을 띠게 된 것은 기존의 법리로는 자본시장에 참여하는 모든 자들을 포섭하기 어렵고, 금융상품 · 전략 · 시장상황 · 고객이나 수익자 등 매우 다양한 요인에 따라 운용방식이 달라질 수밖에 없는 기관투자자를 대상으로 동일한 기준의 스튜어드십 코드를 강제할 경우 비효율성이 발생할 수밖에 없다는 인식에서 연성규범의 형태로 제정되었다는 설명이 있다.[75] 이러한 설명은 사후적인 해석이 그렇다는 것이고, 본래는 금융위기를 맞은 영국 금융권이 정부로부터의 강력한 강행법적 규율을 회피하고자 이러한 방식을 취한 것으로 보는 것이 타당할 것이다. “오히려 한국의 스튜어드십 코드는 ‘지배주주 견제’를 숨은 목적으로 하는 것으로 해석 될 수도 있다.”는[76] 견해를 귀담아 들어야 한다. 그렇다면 무조건 지배주주는 나쁘다는 전제에서 벗어나, 지배주주 견제와 기업성과의 관계를 규명하는 노력이 선행되어야 할 것이다.[77]

최근의 경향을 보면 회사법의 패러다임이 사법(私法)으로서의 회사법이 아닌 경제정책법으로서의 회사법으로 전환될 위기에 있다.[78] 특히 행정(行政)에 의한 규제강화가 문제이다. 금융회사지배구조 코드,[79] 기업지배구조 코드, 스튜어드십 코드 등이 그것이다. 본래 자율규범은 업계의 필요에 따라 발생되고 관습처럼 굳어져서 관습법에 이르지는 못할 때, 업계의 총의(總意)를 모아 자율적 형식(自治法 形式)으로 발달되는 것이 정상(正常)이다. 그런데 한국에서는 실정이 다르다. 위에서 말한 코드들은 정권이 도입하기로 결정했고, 정권이 관청에 도입을 지시했으며, 관청은 그 산하에 있는 민간기구로 하여금 학

75) 대신경제연구소, “한국형 스튜어드십 코드 도입 추진에 대한 제언”, 2015, 11면.

76) 지인엽, 전게 토론문, 40면.

77) 지인엽, 전게 토론문, 40면.

78) 최준선, “하나의 뿌리로부터 점점 커지는 間隔 - 韓國會社法의 變遷”, 2018년 제12회 한일법학회 발표자료.

79) 이것은 2015년 ‘금융회사지배구조에 관한 법률’로 입법되었다.

자들을 동원해 작품을 만들어 내는 식이다. 그간에 외국의 사례가 동원되기도 하고, 공청회도 개최하지만 대개는 원안대로 결정된다.

기업지배구조 코드, 스튜어드십 코드, 노동이사제, 여성임원할당제 모두 외국에도 존재하는 제도이다. 물론 외국법을 참조하는 것 자체는 바람직하나, 외국에서 어떤 제도가 시행된다고 하더라도 환경이 판이하게 다를 수 있고 그것을 보완하는 각종의 장치가 있을 수도 있으므로 조심하여야 한다.[80] 단지 외국에서는 어떻게 한다는 것을 무슨 이론(理論)이라고 주장할 수 없다. 아무런 논거(論據)도 될 수 없고, 자칫 행정청이 노리는 목표에 이용당할 수 있다. 예컨대 스튜어드십 코드 역시 처음 태어난 영국에서 2008년 금융위기에 대한 책임을 모면하고자 기관투자자들이 정부에 제안한 자율규범이었다는 것을 말하지 않는다. 무엇보다 영국은 개인주식투자자의 비중이 매우 적고 기관투자자가 대부분인 점도 말하지 않는다. 그리고 영국 주식시장은 한국처럼 hedge fund들이 활개 칠 정도로 어리석은 시장도 아니라는 점도 말하지 않는다. 노동이사제도의 경우도 독일 공동결

---

80) 예컨대 제주도는 무비자제도를 이용하여 2018년 7월까지 무비자로 제주도에 입국하여 불법 체류자가 된 사람이 1만 1,979명에 이른다. 미국도 외국인이 무비자 제도를 시행하고 있으나 외국인이 방문을 신청하면 자동으로 미 국경세관 단속청의 ATS 시스템과 TECS 시스템으로 신원 조회가 이루어지는데, ATS 시스템은 테러리스트 체크 시스템과 인터폴 데이터를 기반으로 추가 보안 검사가 필요한지 점검한다. TECS 시스템은 미 연방수사국(FBI) 데이터베이스를 기반으로 무비자 신청자가 미국을 여행할 자격이 있는지, 잠재적 위험성은 없는지 등을 검사한다. 또 교통보안국은 여행자 관련 데이터를 입국 심사 정보 시스템으로 보내 입국 심사에 빈틈이 없도록 한다. 이런 사정을 무시하고 외국 무비자제도를 어설프게 따라했다가 낭패를 보는 경우가 한국이다.

정법과 이원적 이사회제도가 무슨 대단한 근거인 것처럼 거론하면서도, 독일에서 공동결정제도를 수용한 기업은 2016년 12월 기준 80만개 독일 소재 기업 중에서 고작 641개뿐이라는 사실,[81] 이 제도를 수용하지 않는 경우 아무런 처벌이 없다는 점에 대해서는 말하지 않는다.

스튜어드십 코드는 지난 정권에서 대통령 지시사항으로 추진되어 이번 정권에서 완성되었다. 한국에서는 금융위원회 주도로 2015년 3월 '스튜어드십 코드 제정 위원회'가 구성되었고, 동 위원회는 수차례 공청회 등을 거쳐 2016년 12월 19일 한국 스튜어드십 코드 최종안인 '기관투자자의 수탁자 책임에 관한 원칙'을 공표했다. 2017년 6월 한국기업지배구조원은 '한국 스튜어드십 코드 제1차 해설서'를, 금융위원회는 '스튜어드십 코드 관련 법령해석집'을 각각 발간·배포했다. 'comply or explain 방식'으로서 강제력은 없다면서도, 준수율(遵守率)을 체크하고 평가하므로 결국은 법률과 같은 정도의 위력을 가질 수밖에 없다. 일개 사단법인에 불과한 기관이 이렇게 큰 영향력을 행사해도 좋은지 큰 의문이다. 특히 이 코드에 가입한 국민연금으로부터 운용자금위탁을 받은 기관투자자들은 국민연금과 다른 행동을 할 가능성이 거의 없다는 점에서 일사분란(一絲不亂)한 반대 또는 찬성의 결과가 예상된다. 이렇게 된다는 것은 전체주의적 결과를 가져오는 것으로 매우 위험한 것이다. 이해관계의 다양성에 따라

81) 주식회사 234개, 유럽회사 14개, 유한회사 354개, 합명회사 19개, 합자회사 12개, 조합 8개 등. 자료: Hans Böckler Stiftung.

의사표현의 다양성을 존중하는 자유시장경제에서는 용인해서는 안 된다.[82)]

4) 한국형 스튜어드십 코드의 내용

한국형 스튜어드십 코드의 적용대상, 적용방식 및 내용면에서 영국, 일본과 비슷하다. 적용대상은 한국 상장회사의 주식을 보유한 기관투자자(자산소유자 + 자산운용자)이고, 적용방법은 원칙 준수-예외 설명(comply or explain) 방식이다. 영국의 '스튜어드십 책임'(stewardship responsibility)은 한국형 코드에서는 '수탁자 책임'으로 표현되며, '투자대상회사의 중장기적인 가치 향상과 성장을 추구함으로써 고객과 (최종적인) 수익자의 중장기적인 이익을 도모할 책임'이라 설명되고 있다.[83)] 영국 스튜어드십 코드는 기관투자자에게 부과되는 기존의 신인의무(fiduciary duty)와 구분하기 위해 '스튜어드십 책임'이라는 새로운 개념을 채택하고 있고, 한국도 이를 도입한 것이라고 설명되고 있으나, 실은 그 내용은 종래의 신인의무와 구분되지 않는다.

한국형 스튜어드십 코드의 내용을 보면 기관투자자의 책임에 관한 7개 원칙과 세부 지침으로 구성되어 있다. 7개 원칙은 다음과 같다.

- (원칙 1) 수탁자 책임의 이행을 위한 정책을 제정해 공개할 것

- (원칙 2) 수탁자 책임의 이행과정에서 나타날 수 있는 이해상충을 방지하기 위한 정책을 마련해 공개할 것

82) 최준선, 전게 한일법학회 발표자료.

83) 황인학, 전게논문, 11면.

- (원칙 3) 비재무 사항 등에 관하여 투자대상회사를 주기적으로 점검할 것

- (원칙 4) 투자대상회사를 점검한 결과 우려사항이 있다면 건설적인 입장에서 대화하는 등 주주활동을 적극 수행하되, 내부지침을 마련해 그에 따를 것

- (원칙 5) 충실한 의결권 행사를 위하여 의결권 정책(가이드라인 포함)을 제정해 공개하고, 고객 등이 쉽게 준수 여부를 점검할 수 있도록 의결권 행사 내역과 사유를 공개할 것

- (원칙 6) 의결권 행사 포함, 수탁자 책임 이행 활동에 관해 고객에게 주기적으로 보고할 것

- (원칙 7) 수탁자 책임을 효과적으로 이행할 수 있도록 역량과 전문성을 확보할 것

영국과 홍콩은 "(원칙 5) 기관투자가는 필요한 경우 다른 투자가들과 연대하여 행동하여야 한다."고 규정하고 있다. 그러나 한국은 일본과 마찬가지로 원칙에서 '연대행동'을 제외하고, "(원칙 7) 수탁자 책임을 효과적으로 이행할 수 있도록 역량과 전문성을 확보할 것"을 열거하고 있다는 점이 특징이다.

한국형 코드는 이를 통해 △효과적 위험관리(환경, 사회, 지배구조 등 비재무 위험 통제·대응), △투자대상회사의 중장기 성장(주총 활성화, 지배구조 개선, 지속가능성 개선), △투자자 이익 증진(운용자산 가치의 중장기 증진 도모), △자본시장과 경제전반의 건전한 성장을 뒷받침하는 효과가 기대된다고 주장하고 있지만, 과연 이것이 독이 될지 득이 될지는 두

고 봐야 할 것이다.

오히려 한국에서는 기관투자자들이 주주권 행사에 소극적이라는 점 외에 '오너 리스크 등 지배구조 위험과 주주가치 하락, 그로 인한 투자자 손실 확대', '대규모 기업집단의 부실 경영, 지배구조·오너 리스크 관련한 문제점 부각으로 국내 자본시장에 대한 국제적 신뢰도 하락'을 코드 도입의 이유로 강조한다.[84] 즉, 영국은 소유자 없는 기업(ownerless corporation)문제를 해결하겠다고 스튜어드십 책임을 도입한 반면에, 한국은 황제적 지위를 가진 강력한 소유자(strong owner) 문제를 해결하겠다고 영국식 스튜어드십 책임 개념을 동원한 것이다. 이와 같이 한국은 지배주주를 견제하려는 의도로 스튜어드십 책임 개념을 도입한 것이니만큼 한국과 영국, 일본 코드에서 추상적 원칙은 비슷해도 세부지침에 차이가 있으며, 경영자에 대한 비판적 관점에서의 모니터링 및 관여의 범위는 한국이 가장 넓고 세밀한 것으로 평가된다.[85]

5) 스튜어드십 코드의 예상되는 부작용

사실 스튜어드십 책임(stewardship responsibility)은 그 자체가 모순이다. 왜냐하면 기관투자자가 고객(또는 투자자)의 청지기 노릇을 제대로 하려면 기업을 감시할 것이 아니라 자신이 스스로 지켜야 할 엄격한 기준을 마련하여 고객과 투자자에게 충성의무 또는 충실의무를 선언

84) 송민경, 전게논문, 4면.

85) 황인학, 전게논문, 21면.

해야 맞다. 집사가 자신의 몸가짐과 행동을 엄격히 통제하고 주인을 위해 충성해야 하는 것이 우선인데, 이런 문제에 대하여는 침묵하고 자신을 뺀 나머지 하인들 감독에 all-in하겠다는 것이 스튜어드십 코드이다. 즉, 기관투자자가 고객과 투자자의 이익을 위해 수탁자 책임을 제대로 못하는 것이 문제의 본질이라면 투자대상회사의 지배구조에 대한 관여를 촉구하기보다는 펀드의 목적과 철학, 투자기준, 수수료, 펀드 매니저에 대한 보상 구조 등에 관한 정보를 공개하도록 해야 한다. 그러나 스튜어드십 코드는 이 문제를 일절 다루지 않는다.[86]

스튜어드십 코드의 도입으로 예상되는 부작용에 관하여는 이미 훌륭한 연구가 나와 있다.[87] 여기서 재론은 피하기로 하고 몇 가지만 간략하게 지적하고자 한다.

가장 중요한 것은 코드를 실행하더라도 기관이 이질적 가입자들의 주주권 내용을 정확하게 반영하기 어렵다는 것이다. 기관투자자들이 투자자들의 개별적인 의사를 묻기 어렵고, 묻는다 해도 시간과 비용이 지나치게 많이 소요된다. 모든 의안에 대해 투자자의 의사를 묻는다는 것도 비현실적이다. 예컨대 연금가입자가 국민연금의 경영감시행위를 당연히 승인한 것으로 추정하고 그 추정된 의사에 따라 의결권 등 주주권을 대행하나, 그것은 연금가입자의 정확한 의도가 아닐 수 있으며, 오히려 연금가입자가 찬성하지 않을 때에도 주식매도를 통해 반대의사를 표현할 수 없다는 문제가 있다.

86) 황인학, 전게논문, 25면.

87) 황인학, 전게논문, 25면.

다음으로 스튜어드십 코드는 사실상 금융당국이 주도했기 때문에 기관투자자들은 부담스러운 규제로 인식한다. 특히 '상장기업들은 정부가 연기금과 자산운용사 등 기관투자자들을 활용해 회사경영에 영향력을 행사할 수 있다고 우려한다.[88] 특히 문제는 원칙(principles) 자체는 어느 나라나 추상적인 표현 중심으로 엇비슷한데, 각 원칙을 설명하는 지침(guidances)의 세부 내용에 있어서 큰 차이를 보이고 있다. 또한 한국형 코드는 다른 나라에 비해 기관투자자들의 모니터링 및 관여의 범위가 넓고(예: ESG), 내용도 내용이 매우 구체적(예: 이사 추천)이다. 이는 일본형 코드에서 지침은 가급적 구체성을 회피하는 것과 큰 차이가 있다.

이밖에 '주주평등대우원칙'상 기관투자자들이 기업과의 대화 과정에서 취득한 미공개 정보의 이용 문제가 문제된다.[89] 이와 같이 기관투자자들의 내부자 거래 가능성이 커지게 되는데도 이에 대해서는 뚜렷한 대책을 마련하기 어려운 실정이다.[90] 기관투자자들의 책임을 명확히 하기 위하여 투자회사에 대한 감시와 대화의 의무만 강조할 것이 아니라 오히려 지나친 경영간섭을 방지할 금지 조항이 필요할 것이다. 기관투자자들로서는 적극적 경영감시 및 관여에 많은 수

88) 전경련이 2016년 상장회사 대상으로 코드 도입시 회사 주총 안건에 대해 정부 영향력이 커질지를 묻는 설문조사 결과에서도 '그렇다'는 응답(56.1%)이 '아니다'는 응답(13.4%)보다 4배 가량 높게 나타났다.

89) 미공개 정보이용의 문제점에 관하여는 김순석, "의결권행사 자문회사의 활용 및 규제", 「증권법연구」, 제16권 제2호, 한국증권법학회, 2015, 30면; 안수현, 전게논문, 63~64면 참조.

90) 황인학, 전게논문, 15~19면.

고와 비용, 위험이 따르기 때문에 특별한 경우가 아니면 스튜어드십 코드에 가입하기 보다는 무임승차(free riding)하는 세력이 있다. 이 문제는 어떻게 할 것인지 방치되어 있다. 또한 한국 주식시장에서 35%를 차지하는 외국인 투자자에 대해서는 코드 도입을 강요할 수 없다는 문제는 어떻게 하겠다는지 답이 없다. 그리고 의결권 자문사의 역할과 관련된 문제가 있는데, 이에 관하여는 항을 바꾸어 상세히 기술하기로 한다.

6) 의결권 자문사의 역할과 규제

의결권 자문사란 기관투자자들을 상대로 하여 주로 주주총회 의안에 대한 분석을 하여 의결권행사 찬반 권고서비스 등을 제공하고 보수를 받는 사업을 하는 자를 말한다.[91] 의결권 자문회사가 기관투자자에게 제공하는 서비스는 주로 의안을 분석하고, 의결권행사에 관한 권고를 하는 것이 주된 서비스이다. 이 이외에도 부수적으로 투자자의 지시에 따라 의결권을 실제로 행사하거나, 의결권 행사 및 그 기록에 따른 사무처리를 보조하고, 기업지배구조에 관한 잠재적인 위험요인을 연구하기도 한다. 또한 기관투자자가 그 수익자와 이해관계를 가지는 경우에 그 이해충돌의 완화를 모색하고 대안을 제시

91) SEC, Concept Release on the U.S. Proxy System. 17 C.F.R. Parts 240, 270, 274 and 275 [Release Nos.34-62495], 2010, p. 107; Stephen M. Bainbridge, Corporate Governance After the Financial Crisis, Oxford, 2012, pp. 255-256; 김순석, 전게 논문, 95면.

하기도 한다.[92]

한국기업지배구조원이 2016년 12월 스튜어드십 코드를 제정하여 공표했으며, 2018년 국민연금도 스튜어드십 코드 도입함으로써 기관투자자들의 주주권 행사가 적극적인 양상을 띠게 될 것으로 예상된다. 다만, 스튜어드십 코드의 이행국면에서 다수 기업의 주식을 보유한 기관투자자가 극히 단기간 내에 많은 기업의 실정을 조사하여 판단하고 의결권을 행사하기에는 여력이 부족하다. 또 설령 가능하다고 하더라도 많은 내부인력을 투입하여야 하므로 비용 부담이 크다. 나아가 스튜어드십 코드는 까다로운 세부지침까지 상세하게 규정함으로써 결국 기업이 스스로 의안분석을 포기하고 제3의 기관인 자문사를 이용할 수밖에 없게 된다. 기관투자자들은 상장회사의 주주총회 안건을 분석하여 스스로 주주권을 행사하기 위한 의사결정을 하기 보다는 의결권 자문회사가 이미 분석해 놓은 의결권 행사 내용에 관해 자문을 받아 의결권을 행사할 가능성이 매우 큰 것이다. 이 기관이 바로 의결권 자문서비스 기관이다. 서비스는 무료로 받을 수는 없고, 비용을 지급하여야 한다. 이로써 기관투자자들은 과거에는 지출하지 않아도 되었던 추가의 비용을 지급해야 한다.[93]

그렇다면 과연 의결권 자문사는 믿을만한가 하는 문제가 남는다. 일본에는 겨우 2개의 기관이 존재한다. 한국에는 벌써 5개의 의결권

92) SEC, supra note7, p. 106; 김순석, 전게 논문, 95면.

93) Stephen J. Choi & Jill E. Fisch, "How to Fix Wall Street: A voucher Financing Proposal for SecuritiesIntermediaries", 113 Yale L. J. 269, 2003, p. 296; 김순석, 전게 논문, 95면.

자문사가 아무런 규제 없이 영업을 하고 있다. 이에 따라 의결권 자문회사 규제 도입이 필요하다는 주장이 나타났다.[94] 의결권 자문회사의 공정성과 객관성 전문성이 주주권 행사의 수준을 결정할 수 있는 결정적 요소가 된다는 것이다. 의결권 자문은 업의 경제적 속성상 자문행위이므로, 자문업의 규제를 받는 것이 합리적이라고 한다. 다만 이때 미국처럼 자문업자로 등록을 유도하되 자문업자로 등록하지 않은 의결권 자문회사에 대해서는 서비스의 속성이 자문업의 법적 속성을 부합하므로 자문업 규제를 의제 적용하는 것이 옳다는 주장도 있다.[95] 비영리로 의결권 자문서비스를 하려는 회사들이 그 대상이 될 수 있다는 것이다.

위의 주장이 옳다면 의결권 자문회사에 대한 규제는 어떠한 방식으로 해야 할 것인가? 우선 설립규제부터가 문제이다. 이와 관련하여 자유한국당 김승희 의원은 의결권 자문업에 대한 신고제 도입을 내용으로 하는 자본시장법 개정안을 발의하였다. 의결권 자문사가 뜻밖의 행동을 하면 기업 구조조정 등 중요한 기업법무가 차질을 빚을 수 있다. 그러므로 의결권 자문사의 역할이 매우 중요한데, 현재까지 한국에서 의결권 자문회사가 과연 신뢰할 수 있는 전문성을 가진 기관인가에 관하여는 많은 의문이 제기되고 있다. 그 단적인 예가 현대자동차그룹 사건이다. 2018년 4월 현대차그룹은 현대모비스를 지배회사로 하는 그룹 지배구조 개편안을 마련했고, 자사주 1조

94) 송홍선, 전게 논문, xv면.

95) 송홍선, 전게 논문, xv면.

원을 소각하기로 했다. 그러나 현대차를 공격한 헤지펀드 엘리엇 매니지먼트를 비롯한 의결권 자문사라는 ISS(Institutional Shareholder Services), 글래스루이스, 한국지배구조원, 서스틴베스트, 대신지배구조연구소 등이 현대차그룹 분할합병안에 대해 반대권고 의견을 내놓더니,[96] 현대글로비스와 현대모비스의 분할합병은 무산되고 주가마저 급락하여 보유지분 가치가 30% 이상 감소했다. 이 과정에서 엘리엇도 5,000억 평가손을 본 것으로 추정되나, 현대차그룹으로서는 공정위가 요구하던 구조조정이 지연되었고, 현대모비스를 중심으로 전장사업(電裝事業)을 강화하려던 계획도 무산되었다. 현대차그룹은 미국과 중국에서의 자동차 판매실적마저 작년에 비해 급감했다. 현재 위기상황이어서 투자자마저 불안한 실정이다.

이에 따라 의결권 자문회사의 전문성에 대한 신뢰를 담보하기 위하여 (ⅰ)의결권 자문회사에 대해 신고제를 도입하고, (ⅱ)금융위원회가 해당 내용을 공개할 수 있도록 하는 등의 내용으로 자본시장법 개정안이 마련된 것으로 이해된다.

김승희 의원 발의 자본시장법 개정안의 주요 내용은 다음과 같다.

(가)(의결권 자문업에 대한 신고제 도입) 대통령령으로 정하는 기관투자자를 대상으로 주식의 의결권 행사의 대상·범위 및 내용 등에 대한 판단에 관한 자문에 응하는 것을 영업("의결권 자문업")으로 영위하고자 하는 자는 금융위원회에 인력·재무상태 등 총리령으로 정하는 사항

96) http://news.khan.co.kr/kh_news/khan_art_view.html?art_id=201805211708001

을 신고하도록 하고, 신고한 사항 중 총리령으로 정하는 사항을 변경하거나 의결권 자문업을 폐지한 경우 금융위에 신고하도록 했다.

(나)(금융위의 자료제출 요구권) 금융위가 의결권 자문업의 공정성 등을 위하여 필요하다고 인정되는 경우에는 의결권 자문업자에게 영업내용 및 업무방법 등에 관한 사항으로서 총리령으로 정하는 자료의 제출을 요구할 수 있도록 했다.

(다)(신고내용 공개) 금융위는 의결권 자문업자가 신고한 사항을 대통령령으로 정하는 바에 따라 공개할 수 있도록 했다.

(라)(의결권 자문업자의 선관의무 및 충실의무) 투자자문업자의 투자자에 대한 선관의무 및 충실의무에 관한 자본시장법 제96조를 준용하도록 했다.

(마)(불건전 영업행위의 금지) 투자자문업자 또는 투자일임업자의 불건전행위 금지규정을 준용함. 위 규정에 따라 의결권 자문업자는 (i)투자자로부터 금전·증권, 그 밖의 재산의 보관·예탁을 받는 행위, (ii)투자자에게 금전·증권, 그 밖의 재산을 대여하거나 투자자에 대한 제삼자의 금전·증권, 그 밖의 재산의 대여를 중개·주선 또는 대리하는 행위, (iii)계약으로 정한 수수료 외의 대가를 추가로 받는 행위 (iv)금융투자상품 등의 가격에 중대한 영향을 미칠 수 있는 자문을 결정한 후 이를 실행하기 전에 그 금융투자상품 등을 자기의 계산으로 매매하거나 제3자에게 매매를 권유하는 행위가 금지된다.

(바)(벌칙 및 과태료) 불건전 영업행위에 대해 5년 이하의 징역 또는 2억원 이하의 벌금을 부과하고, 의결권 자문업 미신고, 허위신고, 변

경신고 또는 폐지신고의 누락 또는 허위신고에 대해 5천만원 이하의 과태료 제재를 부과하는 것으로 정했다.

이상의 김승희 의원의 자본시장법 개정안에 대한 필자의 의견은 다음과 같다.

(가)(영업으로 하지 않는 자문에 대한 예외) 개정안은 "자문에 응하는 것을 영업("의결권 자문업")으로 영위하고자 하는 자는 금융위원회에 인력·재무상태 등 총리령으로 정하는 사항을 신고"하도록 함으로써 비영리기관이나 단체가 비영리를 목적으로 자문을 하는 경우는 명백히 이 법률의 적용을 받지 않는 것으로 해석된다. 그러나 각 증권사나 자산운용사가 의결권 자문을 하는 경우가 있고, 경제연구소처럼 연구소 명의로 자문을 하는 경우도 있다. 전자의 경우는 영업을 위하여 하는 것으로 추정할 수 있을 것이고, 이 경우도 제101조의2(의결권 자문업의 신고 등)의 적용을 받아야 할 것이다. 그러므로 제101조의2(의결권 자문업의 신고 등)에 제6항을 신설하여 "영리법인이나 그 관련기관이 자문을 제공하는 경우에는 그 대가를 받는지를 묻지 않고 본조를 적용한다. 다만, 비영리기관이나 단체가 대가를 받지 않고 자문에 응하는 경우에는 본조를 적용하지 아니한다"는 문구를 추가할 필요가 있다.

(나)(독과점적 지위와 영향력) ISS(Institutional Shareholder Services)를 비롯한 의결권 자문회사들이 독과점적인 지위를 유지하는 경우, 기관투자자 비중이 높은 발행회사 입장에서는 의결권 자문회사의 지지 여부가 표 대결에서 중요하고, 특히 중요한 안건을 다루는 주주총회

를 목전에 두고 경영진 또는 이에 반대하는 주주가 의결권 자문회사에 대해 로비할 가능성도 배제하기 어렵다.[97] 따라서, (의결권 행사내용 등 공시) 금융위의 비주기적인 미공개 자료제출 요구만으로는 의결권 자문회사의 영향력 행사에 따른 부작용을 사전적으로 방지하기 어려운 측면이 있다. 따라서 의결권 자문회사가 주기적으로 의결권 자문결과 및 근거(적용된 의결권 행사지침, 분석방법, 분석의 근거가 된 정보, 발행회사가 속한 지역시장, 규제환경 등 고려 여부[98] 등)를 공시하도록 하는 방안을 고려해볼 수 있을 것이다.

(다)(의결권 가이드라인 검수) 의결권 자문회사들이 국내 시장환경, 국내 회사법 체제와 괴리된 내용으로 의결권 가이드라인을 정하지 않도록, 주기적으로 외부 전문가들의 검수 아래 의결권 가이드라인을 점검하도록 하는 방안을 고려해볼 수 있다. 구체적인 내용은 의결권 자문회사의 내규나 업계 모범규준 등을 통해 도입하는 방안을 고려할 수 있다.

(라)(기관투자자의 의결권 자문회사 선임 등 공개) 기관투자자로 하여금 의결권 행사의 결과나 지침 등을 공표하고, 고객과 계약을 체결하기 전에 교부하는 서면에 의결권 자문회사에 관한 사항(명칭, 업무내용, 선임기준 및 절차, 감독방법, 이해상충 상황이나 관리방법 등)을 기재하도록 하

97) 최문희, "의결권 자문회사에 관한 입법과제와 법적 쟁점", 서울대학교 「법학」, 제57권 제2호, 2016. 6., 202면; 염미경, "의결권행사자문회사의 문제점과 법적 규제 동향", 강원대학교 비교법학연구소, 「강원법학」, 제41권, 2014. 2., 694면 참조.

98) 김순석, 전게 논문, 119면.

거나 이를 공시하도록 하는 방안도 고려해 볼 수 있을 것이다.[99)]

(마)(이해상충의 문제) 기관투자자로서는 의결권 자문회사의 권고가 자신의 이익을 위한 것인지 판단하기 어렵다는 점에서 이해상충 문제가 발생한다. (ⅰ)의결권 자문회사가 기관투자자에 대한 의결권 자문서비스를 제공하는 동시에 발행회사의 지배구조 관련 서비스를 제공하는 경우, (ⅱ)의결권 자문회사가 자신과 사업관계에 있는 기관투자자가 제안한 주주제안과 관련하여 다른 기관투자자에게 의결권 자문서비스를 제공하는 경우, (ⅲ)의결권 자문회사나 그 소속 임직원 또는 지배회사가 발행회사의 주주인 경우, (ⅳ)합병사례처럼 합병비율이 어느 한쪽 회사에 불리한 안건에 대해 의결권 자문회사가 합병 당사회사 양쪽의 기관투자자들에게 의결권 자문서비스를 제공하는 경우 이해상충의 문제가 제기될 수 있다.[100)] 유사한 사례로 (ⅰ)의결권 자문회사가 기관투자자에게 특정한 회사에 대하여 긍정적인 정보를 제공하면서, 그 대가로 회사로 하여금 자신의 서비스를 구입하도록 요구하는 경우, (ⅱ)의결권 자문회사의 고객인 기관투자자가 자신이 투자한 회사의 주주총회에서 주주제안을 통해 안건을 상정하였는데, 이에 대해 의결권 자문회사가 권고의견을 제시하는 경우, (ⅲ)의결권 자문회사의 주주가 기관투자자인 경우 등이다. 또한 의결권 행사를 권유하는데 있어서 정확성이나 투명성이 부족할 수도 있다.[101)]

---

99) 김순석, 전게 논문, 119면.

100) 최문희, 전게 논문, 210면.

101) 김순석, 전게 논문, 97면.

이와 같이 코드 도입 이후 의결권 자문사의 역할과 영향력이 커질 것은 분명한데, 헤지펀드와 의결권 자문사들은 이해상충이 발생할 수밖에 없는 구조이다. 예컨대 ISS는 모건스탠리 자회사였고 지금은 사모펀드를 소유하고 있다. 사모펀드도 헤지펀드처럼 기업 분리 업무를 하던 인력들이 만든 회사이다. 기업과 대결구도 자체가 불공정할 수도 있는 것이다.

(겸업 금지 또는 이해상충 공시 등) 위의 예에서 보듯이 의결권 자문회사가 기관투자자에 대한 의결권 자문서비스를 제공하면서 (스스로 또는 계열회사를 통해) 이해상충의 문제가 발생할 수 있으므로, 이에 대한 대응방안으로서 (i)이해상충이 발생하는 겸업 또는 의결권 자문서비스 제공을 원칙적으로 금지하거나, (ii)의결권 자문서비스 제공은 허용하되 이해상충 사실을 공시하도록 하는 방안, (iii)이해상충방지를 위한 내부통제를 구축하도록 하는 방안(가령 의결권 자문서비스 직원과 지배구조 서비스 직원을 분리하는 Chinese wall)을 고려해볼 수 있다. 또한 의결권 자문회사, 그 모회사 등 계열회사 또는 임직원이 주식을 소유한 발행회사에 대한 의결권 권고는 제한하는 방안도 고려해볼 수 있다.[102] 이 중에서 (ii)의 공시방식이 가장 합리적이라고 생각된다. 즉, 기관투자자들은 의결권 자문회사의 서비스를 이용하는 경우 자문서비스의 이용 여부, 서비스의 범위와 이용방식, 서비스 제공기관, 권고에 의존하는 정도, 이해상충 가능성 여부 등을 공개해야 한다. 또한 의결권 자문회사에 대해서도 이해상충 방지 지침이나 절차를 공

102) 최문희, 전게논문, 228면.

시하게 하고, 의결권 자문서비스를 준비하는 과정에서 사용한 방법론을 공시하게 하는 등 중요한 정보를 의무적으로 공시하도록 해야 한다. 그렇게 해야만 의결권 자문회사가 활용하는 방법론의 신뢰성·정확성과 이해상충 방지라는 두 가지 중요한 문제에 대한 투명성 및 효율성도 확보할 수 있을 것이다.[103]

이와 같은 이해상충문제를 회피하기 위하여 fund 등이 의결권 자문서비스 제공을 위한 자회사(계열회사)를 설립하는 방법으로 우회할 가능성이 있다. 그러나 자회사의 경우 독립성을 담보 할 수 있는지 의문이다. 그러므로 기관투자자의 의결권 자문사 설립은 허용하지 않는 방향으로 가야 할 것으로 판단된다. 설립을 허용한다면 그 경우에도 위 이해상충문제를 해결하기 위한 방안이 그대로 적용되어야 한다.

(코드 제정에 참여 단체의 자문업 배제) 한국에서는 코드 제정에 참여한 단체가 코드 자문업을 영위하고 있다. 공정성과 투명성 확보를 위해 코드 제정에 참여한 단체는 자문업에서 배제해야 한다. 자신이 코드를 만들고 코드 이행을 감시하면서 자신의 서비스를 유료로 받으라고 하는 것은 공익의 탈을 쓴 영업행위라는 지탄을 받을 수 있다. 이 점은 매우 중요하다. 스스로 코드를 제정하고, 그 코드의 이행을 감시하면서 동시에 코드이행을 위한 자문업까지 한다는 것은 하나의 기관이 입법, 행정, 사법의 영역까지 모두 통합하는 서비스를 제공한다는 것인데, 이는 그 기관의 이익이 되는 영업을 위하여 코드 제정,

103) 김순석, 전게 논문, 52-58면.

집행 및 서비스 판매와 사후관리까지 하는 격이 되어 구조적으로 공정성과 투명성이 담보될 수 없다. 김승희 의원안 제101조의2(의결권 자문업의 신고 등)에 제7항을 신설하여, "스튜어드십 코드의 제정 및 관리기관은 의결권 자문업을 할 수 없다"고 규정해야 한다.

(바)(의결권 자문보고서의 신뢰성) 의결권 자문회사에 수많은 주주총회 안건을 다루기 위한 인적자원의 양 또는 역량이 부족한 경우 심도 있는 분석을 진행하는 데 한계가 발생할 수 있다. 또한 발행회사의 구체적 사정에 대한 충분한 조사나 특수성에 대한 고려 없이 의결권 행사 가이드라인에 따라 도식적으로 권고가 이루어지거나, 국외 의결권 자문사가 국내 회사법에 부합하지 않는 권고를 하는 경우 양질의 의결권 자문 제공에 한계가 발생할 수 있다.[104)]

(최소 인력 및 자격 등 심사) 의결권 자문회사로서 갖추어야 할 최소 인력 규모, 인력의 최소 자격요건 등을 정하여 최초 신고 시와 신고 이후에도 주기적으로 금융위의 심사를 받도록 하고, 금융위가 위 최소 인력 규모 등 요건에 미달하는 의결권 자문회사에 대해서는 시정 권고를 할 수 있도록 정하는 방안도 고려해볼 수 있을 것이다. 현 개정안상으로도 의결권 자문회사가 의결권 자문업 신고 시 금융위에 인력·재무상태 등 총리령으로 정하는 사항을 신고하도록 정하고 있으나, 의결권 자문회사가 총리령으로 정하는 인력 · 재무상태 등 요건을 충족하여야 한다는 점은 자본시장법에서 명시할 필요가 있어 보인다. 다만, 이와 같은 신고는 영업으로 의결권 자문을 하는 경우에

104) 최문희, 전게논문, 212, 218면.

한정하여야 한다.

(최소 인력 및 자격 등 공시) 의결권 자문회사가 매년 영업보고서 형태로 의결권 자문을 의뢰한 기관투자자의 수나 의결권 권고 준비에 사용된 전체 직원의 수, 담당 인력의 자격 등을 공시하도록 함으로써 기관투자자들이 의결권 자문회사의 역량을 파악할 수 있도록 하는 방안을 고려해볼 수 있다.[105)]

(등록 또는 인가 규제 도입) 현 개정안에 따르면 의결권 자문업을 영위하고자 하는 회사는 금융위에 신고하면 바로 의결권 자문업을 영위할 수 있는 것으로 이해되나, 의결권 자문회사 권고의 영향력 및 파급력을 고려하여 의결권 자문회사의 신뢰성 및 역량 보장을 위해 의결권 자문업을 등록 또는 인가 대상으로 정하고, 금융위의 승인을 받아 업을 영위할 수 있도록 정하는 방안도 고려해볼 필요가 있을 것으로 보인다. 참고로 현행 자본시장법상 투자자문업은 등록 규제, 신용평가업은 인가 규제를 받고 있다(자본시장법 제18조, 제335조의2). 다만, 영업으로 하지 아니하는 경우에는 신고가 필요없다고 보아야 한다.

(의결권 자문 방침 공시) 의결 자문업의 책임을 물을 수 있도록 행동규범이나 제도를 마련해야 한다. 특히 의결권 자문자는 자신의 의결권 자문 방침을 공시하여야 한다. 일본에서도 의결권 행사 자문업체는 의결권 행사에 관한 자문 방침을 공시한다. 글래스루이스가 2018년 의결권 행사에 관한 자문 방침 개정을 공표했는데, 2018년 이후 여성 임원이 없는 기업 경영진 대표선임 반대투표를 권장한다고 발표해서 파

105) 최문희, 전게논문, 212, 229면.

문이 일었던 바 있다.[106] 이사회 구성원의 다양성 추진에 대한 대응이 불충분한 기업의 경영진에 대한 반대투표 권장 등을 포함하고 있다. 또한 의결권 행사 자문업 최대기업인 ISS가 의결권 행사에 관한 자문 방침을 개정했다고 발표했는데, 그 내용은 "2019년 2월 이후, 감사 등 위원회 설치회사의 경우 이사 총수에서 차지하는 사외이사의 비율로 3분의 1 이상이 아니면 경영 최고위급 이사선임 의안에 반대투표를 권장한다"는 것이다. 의결권 행사에 있어서 이해상충의 우려 때문에 의결권 자문사에 의존해야 하는 기관투자자로서는 이러한 방침을 무시할 수 없어서 파문을 일으킬 것으로 예상되고 있다고 한다.[107]

7) 소 결

기관투자자도 이익추구 집단인 만큼 역시, 그리고 당연히 기업에 대한 관여보다는 유동성에 더 많은 가치를 부여하고 있다.[108] 기관투자자의 주식매매회전률을 보면 단기주의(short-termism)를 초월하지 못하고 있음을 여실히 보여준다. 특히 헤지펀드들의 단기실적주의는 세계 공통적인 현상이다.[109] 한국 기관투자자들은 1990년 이

106) 鈴木裕, "2018年以降の株主総会向け議決権行使基準改 定動向 (2) ", 大和總硏, 金融資本市場, 2017年 12月 20日.

107) 鈴木裕, "2018年以降の株主総会向け議決権行使基準改 定動向", 大和總硏, 金融資本市場, 2017年 11月 22日.

108) Mark J. Roe, A Political Theory of American Corporate Finance , 91 Columbia Law Review 10, 28(1992).

109) Brian Bushee, "The Influence of Institutional Investors on Myopic R&D Investment Behavior", 73 Acc. Rev. 305, 330 (1998); 신석훈,

전에는 정부의 관치금융정책에 따라 운영되다보니 경영자율성이 부족했고, 그 이후 다소 경영자율성을 회복하기는 하였으나 여전히 일반 소액투자자와 마찬가지로 단기시세차액을 노리는 행태를 노정하기도 했다. 이들에게 기업의 지배구조개선의 중책을 맡긴다는 것 자체가 어불성설일 수 있다. 오히려 한국에서는 여론과 정치의 영향력이 매우 큰데, 정치적 압력으로 인하여 기관투자자의 관여가 오히려 투자대상회사의 가치를 줄일 우려도 있으며,[110] 극단적으로는 정경일치(政經一致)의 염려가 제기될 수 있다.[111] 실제 미국의 캘리포니아 주지사는 미국최대의 공적 연금인 캘리포니아 공공노동자퇴임연금(California Public Employees Retirement System: CalPers)이 활발하게 활동함에 따라 정치적 영향력이 있는 기관투자자로 변질될 것을 우려하여 직접적인 지배를 시도한 바도 있다.[112]

특히 한국은 금융위기 이후 기존 금융제도에 대한 회의와 삼성물산 합병, 한진해운 사건 등 오너 경영자들의 행태에 대한 여론이 매우 악화되었다. 이에 따라 국가가 시장에 개입할 유혹이 크게 늘었고, 정치적 견해가 강제될 가능성도 커졌다. 특히, 연성규범이라고는

"기업소유주조정책과 최근 자본시장 환경변화 - 경영권 분쟁사례와 방어제도를 중심으로 -", 기업소송연구회 발표자료, 2018, 13면.

110) Roberta Romano, Public Pension Fund Activism in Corporate Governance Reconsidered, 93 Columbia Law Review 795, 799-820(1993).

111) 황인학, 전게논문, 35면.

112) John C. Coffee, Jr., Liquidity Versus Control: The Institutional Investor as Corporate Monitor, 91 Columbia Law Review 1277, 1322-1323(1991).

하나, 관치금융이 오랜 동안 논란이 되어 온 것을 감안하면 자율규범인 스튜어드십 코드가 강행규범처럼 작동될 것이 뻔하고, 특히 의결권 자문서비스를 제공하는 한국기업지배구조원이 점검주체가 될 경우 그 객관성과 독립성이 담보될 수 있을지 우려스럽다.

특히 기관투자자의 경영감시와 수익률이 양(+)의 상관이 있다는 전제가 성립 되어야 한다. 환경 사회적 책임, 지배구조와 수익률 관계에도 같은 문제가 있는데, 이를 명확히 규명한 연구는 존재하지 않는다. 기관투자자의 유형에 따라 감시 감독의 유인이 달라서 기업 성과에 어떤 영향이 있는지 파악하기 어렵다. 또한 의결 자문사를 사용할 정도의 규모가 있는 기관과 소형 기관이나 지수전략을 쓰는 펀드 매니저는 감독의 유인이 없다.

기관투자자는 진정한 청지기(steward)가 아니다. 기관투자자의 주요의무는 고객의 이익(예를 들면, 은행에 돈을 예금한 경우 예금자의 이익)을 보호하는 데 있기 때문에 투자대상기업에 관여할만한 능력을 갖출 필요가 없다.[113] 이는 마치 은행원이 자신들이 돈을 빌려 준 회사의 경영에 간섭하는 것이나 같다. 채권자에 불과한 은행 직원이 경영까지 간섭하는 것은 지식도 능력도 없는 자가 가짜선생이 되어 남을 가르치려 드는 것과 같다. 기관투자자 역시 마찬가지다. 그 기관투자자들이 어떤 산업에 대하여 잘 알지도 못하면서 그 산업에 종사하는 회

---

113) Melvin A. Eisenberg, The Structure of the Corporation: A Legal Analysis 57-58(1976); Helen Garten, Institutional Investors and the New Financial Order, 44 Rutgers Law Review 585, 629(1992).

사들의 지배구조를 논하고 회사의 방향을 결정지을 의결권을 행사하는 것은 능력 밖의 일을 하겠다고 나서는 격이다. 기관투자자가 진정한 청지기(steward)라면 고객의 투자손실에 대해 어떤 책임을 질 것이며, 최저 수수료 확보를 위해 어떤 조치를 취할 것인지, 즉 고객의 수익 제고를 위해 어떤 일을 할 것인지를 약속하는 것이 먼저이다. 기관투자자가 스스로 외과의사가 되어 기업을 수술하겠다고 덤벼드는 자체가 마치 돌팔이 의사가 환자를 수술하다가 죽이는 것과 같이 위험한 것이다. 자신들이 기업을 평가할 능력이 없으니 결국은 의결권 자문기관의 조력을 받을 수밖에 없다. 그 경우 영업비의 상승을 초래하게 되고, 의결권 자문기관의 조력을 받았다고 해서 수익력이 뚜렷이 개선되었는지 측정할 수도 없고 수익이 개선되었다고 해도 그 인과관계를 증명할 방법도 없다. 그럼에도 불구하고 기관투자자에게 금전을 맡긴 고객들만 그로 인해 증가한 영업비를 부담할 수밖에 없다. 결국 수탁자의 의사를 묻지도 않고 영업비를 더 많이 사용하고 그 손실은 투자자에게 전가하는 것이므로 청지기의 역할을 수행한다는 허울을 쓰고 오히려 투자자의 수익을 갉아먹는 일을 하게 된다. 또한 국내 의결권 자문기관의 수가 제한적이며 운영이 초기단계에 있는 만큼, 그 기관의 능력과 그 자문의 합리성을 검증할 수 있는 단계에 이르렀다고 보기는 어렵다.

스튜어드십 코드의 시행은 기관투자자들의 자율에 맡겨야 한다. 국내 최대의 기관투자자인 국민연금은 스튜어드십 코드를 시행하는 위탁운용사에게 가산점을 주어서는 안 된다. 그렇게 되면 국민연금이 사실상 한국의 주요 대기업을 지배하는 효과가 생기기 때문이다. 그리고 기관투자자들의 의결권 연대행사를 금지할 것을 제안한다. 스튜어드십 코드의 시행으로 모든 기관투자자들이 의결권 자문사들의 리포트에 따라 일사불란하게 한 방향으로만 의결권을 행사하면 기업은 의결권 자문사들의 수중에 갇히게 된다. 의결권 자문사들이 제공하는 보고서 자체의 신뢰성이 확보되지 않은 상황에서 그 보고서에 의존하여 기관투자자들이 전부 같은 방향으로 의결권을 행사하게 되면 이는 기업에게 재앙이 될 것이다. 이와 관련하여 자유한국당 김승희 의원은 의결권 자문업에 대한 신고제 도입 등을 내용으로 하는 자본시장법 개정안을 발의하였는데 이 법안에 찬동한다.

7. 결 어

필자로서는 이미 도입된 스튜어드십 코드를 폐지하는 것이 옳다고 보지만, 그것은 현실적으로 불가능하다. 그렇다면 본고에서는 현재 도입된 한국 스튜어드십 코드와 관련한 법적·정책적 쟁점에 대해 고민하면서 한국형 스튜어드십 코드가 우리나라에 잘 정착하여 도입 취지대로 기관투자자의 적극적 주주권 행사를 이끌어 내기 위한 몇 가지 제언을 하고자 했다.

2018년 7월 한 신문사가 실시한 20대 그룹에 대한 설문조사에서 기업들은 경영권 위협 요인으로 '상법 개정안'(9곳)과 '헤지펀드의 공격'(7곳), '스튜어드십 코드 도입'(4곳)을 꼽았다.[114] 설상가상으로 최근 헤지펀드의 주요 활동 무대가 한국을 비롯한 아시아 시장으로 재편되고 있다는 것도 불길한 조짐이다. 미국 투자은행 JP모건에 따르면 지난해 아시아에서 경영 개입 사례는 2011년의 10배 이상으로 급증했다고 한다. 글로벌 평균인 2배를 훨씬 웃돈다. 국내 기업은 특히 헤지펀드 공격에 취약하다. 삼성전자·현대차·SK하이닉스 등 4대 그룹 상장사 55개 가운데 19개(35%)는 대주주 지분보다 외국인 지분이 높다.[115] 기관투자자의 의결권 행사가 기업 지배구조에 대한 개선과 기업의 경영투명성 확보에 일조하였다는 점은 인정할 수 있다. 그러나 기관투자자의 의결권 행사가 가져올 부작용이 너무 크다면 문제가 달라진다.

가장 중요한 부작용은 다음 두 가지이다.

첫째, 2002년에는 3천 5백억 원의 순매각을 기록했던 상장기업들의 자기주식 직접 매수액을 보면, SK와 소버린 사이의 경영권 분쟁이 발생한 2003년에는 6조 5천억원의 순매수를 기록하였고, 2018년에 들어서도 6월까지만 2조원이 넘는 순매수를 기록했다. 기업들이 자기주식을 매수하는 이유는 경영권 방어 때문이다. 한국은 차등의결권주식이나 포이즌 필 같은 방어수단을 인정하지 않으므로 자기주식을 대량으로 매수해서 보유하고 있다가 적대적 기업인수 세력이 나타나면 그 자기주식을 우호주주에게 긴급히 처분하여 경영권 방어

114) http://biz.chosun.com/site/data/html_dir/2018/07/09/2018070900196.html
115) http://biz.chosun.com/site/data/html_dir/2018/07/09/2018070900196.html

를 할 수 있도록 하기 위한 것이다. 회사가 자기주식을 보유하고 있는 동안에는 그 주식의 의결권이 없지만, 타인에게 처분하는 순간 그 타인이 가진 주식은 의결권이 회복되기 때문이다. 기업들의 직접적인 자기주식 매수뿐만 아니라 자기주식 신탁을 통한 간접적인 자기주식 매수까지 포함할 경우, 기업들이 자기회사 주식을 되사는데 쓴 돈은 2017년 8조 1,000억 원에 이어 2018년 들어서도 상반기에만 3조 6천억 원에 달한다. 내수 부진과 함께 기업들의 침체된 설비투자가 국내경기 회복 지연의 주된 원인으로 지목되고 있는 상황에서 기업들이 벌어들인 이익을 대거 자기주식 매수에 쓰고 있는 현 상황은 심히 우려된다.

둘째, 최근 기업들의 배당이 크게 늘어나고 있는 것 역시 외부로부터의 경영권 위협이 높아진 상황과 무관하지 않다. 12월 결산법인을 대상으로 분석한 결과, 배당성향(기업이 벌어들인 당기순이익 중 배당금으로 주주에게 돌려주는 금액의 비율)은 2000회계연도의 20.1%에서 2003회계연도에는 24.6%로 높아졌다. 특히, 외국인에 대한 배당금 지급액이 크게 늘어 1조 2천억원에서 2조 7천억 원으로 3년 만에 2배 이상 늘었다. 외국인 대주주들의 영향력이 크게 높아진 상황에서 높은 배당수익에 대한 이들의 욕구를 충족시켜 주지 못할 경우 경영권을 박탈당할 위험마저 있기 때문으로 보인다. 이러한 상황을 반영하듯 대한상공회의소의 조사에서 전체 응답기업의 12.9%는 '외국인 주주의 경영간섭으로 애로를 겪은 적이 있다'고 응답했으며, 이들 외국인 주주의 주된 요구사항은 '설비투자 대신 배당확대 요구'(47.6%), '지배구조 개선'(38.1%), '임원교체'(14.3%) 등인 것으로 조사되었다. 물론 안정적인 장기 주식투자를 촉진한다는 측면에서 기업의 배당수준을 높여나가는 것이 바람직할 수도 있다. 하지만 기업의 투자자 극도로 부진한 가운데 주주의 기대를 충족시키기 위해 벌어들인 이익을 대거 주주에게 나누어주는 것은 기업의 장기적인 성장 잠재력을 저하시킬 수 있다는 점에서 우려가 크다. 이런 상황에서 기관투자자들의 의결권 행사를 장려하는 것이 기업과 국가에 무슨 도움이 될지 의문이다.

필자는 본고의 내용을 종합하여 다음과 같이 결론을 얻었다.

⑴국민연금이 투자한 주식의 의결권은 동일 회사별로 5% 이내로 제한되어야 한다는 김종석 의원의 '국민연금법 일부개정안'을 적극 지지한다. 국민연금은 한국의 기업 중 여러 곳의 최대주주 또는 2대주주의 지위를 가지고 있다. 국민연금이 마음만 먹으면 경영자를 교체할 수 있고 경영에 강력히 개입할 수 있다. 이는 국민연금이 국민들로부터 강제로 징수한 국민의 자금으로 부당하게 기업경영에 관여할 여지가 있다는 의미이고, 기업의 자율성을 해칠 가능성이 크다는 의미이다. 국민연금이 경영전문가도 아니면서 기업의 운영을 주도할 능력도 없을 뿐 아니라 주도해서도 안 된다. 국민연금이 투자한 주식의 의결권은 동일 회사별로 5% 이내로 제한되어야 한다. 그렇게 함으로써 국민연금이 1대주주나 주도적 입장에서 기업의 경영을 간섭하지 않도록 해야 한다.

⑵반면에 상호출자제한 기업집단 계열사인 금융·보험회사가 행

사할 수 있는 의결권은 3%를 넘어 행사하지 못하도록 규정한 제윤경 의원의 '독점규제 및 공정거래에 관한 법률 일부개정법률안'에는 반대한다. 계열회사나 재단을 통한 경영권 방어수단을 원천적으로 차단하는 것이기 때문이다. 계열회사 간의 지분 보유율이 높으면 일감몰아주기 대상이 된다. 이를 피하려면 지분을 낮추어야 하는데, 지분을 낮추면 적대적 기업인수, 합병의 대상이 될 가능성이 커진다. 계열회사가 상호 보유하고 있는 주식에 대하여는 그 의결권을 제한해서는 안 된다.

⑶스튜어드십 코드의 시행은 기관투자자들의 자율에 맡겨야 한다. 국내 최대의 기관투자자인 국민연금은 스튜어드십 코드를 시행하는 위탁운용사에게 가산점을 주어서는 안 된다. 그렇게 되면 국민연금이 사실상 한국의 주요 대기업을 지배하는 효과가 생기기 때문이다. 그리고 기관투자자들의 의결권 연대행사를 금지할 것을 제안한다. 스튜어드십 코드의 시행으로 모든 기관투자자들이 의결권 자문사들의 리포트에 따라 일사불란하게 한 방향으로만 의결권을 행사하면 기업은 의결권 자문사들의 수중에 갇히게 된다. 의결권 자문사들이 제공하는 보고서 자체의 신뢰성이 확보되지 않은 상황에서 그 보고서에 의존하여 기관투자자들이 전부 같은 방향으로 의결권을 행사하게 되면 이는 기업에게 재앙이 될 것이다. 이와 관련하여 자유한국당 김승희 의원은 의결권 자문업에 대한 신고제 도입 등을 내용으로 하는 자본시장법 개정안을 발의하였는데 이 법안에 찬동한다.

⑷헤지펀드들의 의결권 행사를 10% 이내로 제한하는 현행 자본

시장법을 유지해야 하므로, 자본시장법 개정안 중 이 부분에 대한 개정에는 반대한다. 앞에서 살펴본 바와 같이 헤지펀드들이 기업지배구조 개선에 긍정적인 역할을 하는 사례도 있으나, 헤지펀드의 본질상 단기적 자금회수를 통한 수익 극대화가 그들의 목표이며, 5~10년 장기간 회사를 건전한 방향으로 관리한다는 목표를 가지는 경우는 많지 않다. 자기들의 대표를 감사위원 등에 임명하여 배당극대화, 인수 합병요구, 자산매각 요구 등 자신에게 유리한 방향으로 기업을 운영하도록 강요하는 것이 일반적인 사례이다. 현재는 외국계 펀드만이 경영간섭이 가능했으나 2018년 9월 27일 금융위원회가 발표한 사모펀드 개편방안대로 2019년부터 국내 펀드들도 경영간섭이 가능해지면 한국 기업의 경영자는 외국계 펀드뿐 아니라 한국의 사모펀드들로부터도 무차별적인 공격을 받을 수 있게 된다. 이는 매우 우려스러운 결과가 될 것이다. 그러므로 국내헤지펀드들의 의결권 행사를 10% 이내로 제한하는 현행 자본시장법을 유지해야 한다.

⑸주식 대량보유 신고제도를 철저히 이행하여, 어느 세력이 어느 회사의 주식을 대량매집하여 경영권 간섭을 준비하고 있는지 기업이 알 수 있도록 해야 한다. 그래야 기업도 나름대로 방어수단을 강구하게 되어 공정한 게임이 될 수 있다. 이 제도가 한국에서 시행은 되고 있으나 그 위반에 대한 처벌도 약하고 유명무실한 제도로 평가받고 있는 만큼, 외국의 주식 대량보유 신고제도를 참조하여 이 제도를 보다 합리적으로 개편해야 한다.

〈참고문헌〉

강윤식·위경우, “국민연금기금의 효율적 주주권 행사 방안”, 「CGS 기업지배구조 리뷰」 2015년 제2호, 한국기업지배구조원, 2015.

곽관훈, “기관투자자의 신인의무(fiduciary duty)”, 「비교사법」제22권 제2호, 한국비교사법학회, 2015.

권기범, “기관투자자의 의결권행사에 관한 연구”, 「상사법연구」, 제14권 제2호, 한국상사법학회, 1995.

김순석, “스튜어드십 코드 도입에 따른 법적 검토 과제”, 「증권법연구」 제17권 제2호, 한국증권법학회, 2016.

김영주, “스튜어드십 코드 도입의 쟁점”, 「예탁결제」제98호, 한국예탁결제원, 2016.

김유환, 「행정법과 규제정책」, 2012

김택주, “기관투자자의 경영관여-사외이사선임에 있어서 기관투자자의 역할을 중심으로-”,「법과 기업 연구」제4권 제1호, 서강대학교 법학연구소, 2014.

대신경제연구소, “한국형 스튜어드십 코드 도입 추진에 대한 제언”, 2015.8.

성승제, “스튜어드십 코드의 문제점과 개선방안”, 「현안분석」 2016-1, 한국법제연구원, 2016.

송민경, “기관투자자의 의결권 행사 활성화 방안”, 「KRX market=증권 · 파생상품」제78호, 한국거래소, 2011.

송호신, “스튜어드십 코드와 기관투자자의 의결권행사”, 「법과 정책연구」, 제17권 제2호, 한국법정책학회, 2017.

신보성·김준석, “기관투자자가 자본시장 발전에 미치는 영향 및 과제”, 자본시장연구원, 2014.

신석훈, “기업소유주조정책과 최근 자본시장 환경변화 - 경영권 분쟁사례와 방어제도를 중심으로 - ”, 기업소송연구회 발표자료, 2018.

심영, “영국의 스튜어드십 코드이 제정과 운영의 시사점”, 한국기업법학회 2016년 춘계학술대회-기업경쟁력 강화를 위한 입법 노력, 2016. 5.13.

안수현, “한국형 스튜어드십 코드인 ‘기관투자자의 수탁자책임에 관한 원칙안’의 법적 쟁점과 과제”,「BFL」제77호, 서울대학교 금융법센터, 2016.

염미경, “의결권행사자문회사의 문제점과 법적 규제 동향”, 강원대학교 비교법학연구소, 「강원법학」, 제41권, 2014. 2.

윤승영, “섀도보팅제도 폐지의 당위성과 그 대안”, 「CGS 리포트」, 제4권 제14호, 한국기업지배구조원, 2014. 8. 19

윤희연, “기관투자자의 주주권 행사에 관한 법적 연구- 스튜어드십 코드에 관하여 -”, 성균관대학교 석사학위문, 2017, 7면.

이시연, “금융회사 지배구조 개선을 위한 기관투자자의 역할 강화 방안”, 금융 VIP 시리즈2011-09, 한국금융연구원, 2011.

이제원, “상장회사에 있어서 기관투자자의 역할”, 「상사법연구」제17권 제1호, 한국상사법학회, 1998.

이중기, “국민연금공단과 국민연금기금의 법적 성격과 손해전보체계”, 「BFL」 제77호, 서울대학교금융법센터, 2016.

이철송, “선관주의의무와 충실의무에 관한 이론의 발전과 전망”, 「비교사법」, 제22권 제1호, 2015.

정성숙, “출석프리미엄을 통한 주주총회 활성화 방안”, 「기업법연구」, 제26권 제3호, 2012

정윤모, “기관투자자의 수탁자책임과 스튜어드십 코드의 도입”, 연구보고서 16-03,자본시장연구원, 2016.

정윤모, “스튜어드십 코드의 제정과 자본시장에의 영향”, 「KRX Market」2017년 여름호, 한국거래소, 2017.

지인엽, “기관투자자의 수탁자 책임에 관한 원칙”, 「기관투자자 스튜어드십 코드의 쟁점과 한계 토론문」, 한국경제연구원 대외 세미나 자료집, 2016. 7. 19.

최난설헌, “연성규범(Soft Law)의 기능과 법적 효력 - EU 경쟁법상의 논의를 중심으로-”,「법학연구」제16권 제2호, 2013.

최문희, “기관투자자의 의결권 행사의 개선과 의결권 자문회사의 활용”, 「경제법연구」, 제7권 제1호, 한국경제법학회, 2008. 6.

최준선, 「회사법」, 제13판, 2018.

최준선, “주주총회 의결권제도 개선방안”, 증권법연구, 제19권 제1호, 2018.

최준선, “하나의 뿌리로부터 점점 커지는 間隔 - 韓國會社法의 變遷”, 2018년 제12회 한일법학회 발표자료.

한국상장회사협의회, 「주주권 행사 대응 실무해설」, 상장협자료 2017-19, 2017.
황인학, "기관투자자의 책임과 역할에 관한 스튜어드십 코드(Stewardship Code)의 본질과 쟁점", 한국경제연구원 대외세미나, 「기관투자자 스튜어드십 코드의 쟁점과 한계」, 2016. 7. 19.
FRC, 「Developments in Corporate Governance and Stewardship 2015」, 2016.01.
Mark J. Roe, A Political Theory of American Corporate Finance , 91 Columbia Law Review 10, 28(1992).
Stephen J. Choi & Jill E. Fisch, "How to Fix Wall Street: A voucher Financing Proposalfor Securities Intermediaries", 113 Yale L. J. 269, 2003.
Stephen M. Bainbridge, Corporate Governance After the Financial Crisis, Oxford, 2012.
鈴木裕, "スチュワードシップ・コードへの対応と受託者責任, 社会的責任投資の関わぃ一重なり合いながらも時に対立する三つの概念-",「大和總研」, 2014.
鈴木裕, "2018年以降の株主総会向け議決権行使基準改 定動向（2）", 大和總
研, 金融資本市場, 2017年 12月 20日.
宮島司(마야지마 츠카사), "지금까지의 일본 회사법 개정" 및 尾崎安央(오사키 야스히로), "회사법 개정과 '소프트로'를 둘러싼 최신동향", 2018년 제12회 한일법학회 발표자료.

제 3 장

국민연금 기금운용의 주요 쟁점에 대한 고찰

[요 약]

그간 국민연금 기금운용에 대한 논의는 문제의 본질을 보지 못하고 표피적 관찰에 의해 진단과 처방이 이뤄져 왔다. 본장은 핵심적 질문 10개를 제기하고 각 질문에 대해 답을 제공한다. 기금운용의 최종적 책임자가 누구인가에 대해서는 국민연금법 상으로는 보건복지부 장관으로 되어 있으나 본연의 업무가 벅찬 장관에게 책임을 지운 것은 매우 잘못된 것이다.

기금운용의 주체는 누구여야 하는가에 대해서는 국민연금공단이 그 답이다. 기금운용은 국민연금공단에 맡기고 복지부는 감독만 하면 된다. 별도의 기금운용공사 설립이 필요한가에 대해서는 찬성과 반대로 의견이 대립되어 왔는데 우리나라와 같이 연금제도 운영을 공단에 위탁하는 경우 대부분의 나라에서 제도운영과 기금운용이 통합 관리되고 있기에 별도의 공사설립이 필요 없다. 국민연금공단 자체가 이미 별도의 공사이기 때문이다. 제도와 기금의 상관관계를 이해하지 못하는 별도 조직에서 기금을 관리할 경우 기금 운용역들은 자금의 원천이 무엇인지를 인지하지 못하고 민간 투자은행과 같은 논리로 연금기금을 인식하게 될 것이다.

기금운용의 조직과 인력을 어떻게 가져가야 하는 문제는 기금운용이 무한경쟁의 범세계적 업무인 점을 명심해 세계 최고의 인력을 확보하도록 해야 한다. 기금운용본부 조직을 경쟁체제로 바꾸면서 해외 현지 전문가들을 광범위하게 활용해야 한다. 현재 기금운용본부의 독립성은 상당히 보장되어 있다. 기금운용본부장의 선임에 정치성을 완전히 배제하고 기금운용 조직의 변경, 성과보상, 인력증원 등 기금운용 효율화와 직접 관련된 사항에 대해서는 복지부와 기재부가 공단과 기금운용본부의 요청을 보다 더 적극적으로 수용하는 자세를 견지할 필요가 있다.

기금운용본부의 독립성은 어떻게 보장되어야 하는지와 기금운용위원회의 역할과 구성은 어떠해야 하는지에 대해서는 제도의 운영과 기금의 운용을 담당하는 기관의 조직과 그 운영 운용을 감독해야 하는 주무부처의 역할이 혼재되어 참으로 어지러운 상태로 경기에서 심판이 선수로 띠고 있는 형국이다. 기금운용의 전문적 전략을 다루는 기금운용위원회는 전문성을 강조해 위원을 구성하는 것이 합리적이고, 광역시와 도 의회에서 전문가를 추천하는 것을 검토해야 한다.

기금운용 수익률 제고 문제를 두고는 연금재정의 장기적 목표설정 즉 어느 정도의 적립배율(=적립금/차년도 급여액)을 가져갈 것인지에 대해 우선적으로 사회적 합의를 이뤄낸 후 기금이 감수할 수 있는 투자위험 범위 내에서 수익률이 최대화되도록 기금의 목표수익률을 설정하는 것이 필요하다.

기금운용이 정부로부터 독립되어 있지 않은 상태에서 스튜어드십 코드 도입은 그 자체가 문제이기에 폐기되어야 한다. 선진국의 경험으로부터 배우되 표피만 보고 모방해서는 곤란하다.

국민연금 기금운용의 주요 쟁점에 대한 고찰

최 광

1. 들어가는 말

1987년에 도입되어 30여년의 짧은 역사에도 불구하고 국민연금 제도는 가입자가 2,200만, 수급자가 450만에 달하면서 노후설계 제도로서 훌륭히 정착되고 있다. 600조 원을 넘어선 기금운용도 일반에게 인식된 것보다는 훨씬 잘 운영되고 있다. 삼성합병 건으로 기금운용에 문제가 많은 것으로 인식하고 있으나 일부 잘못은 당해 개인들의 일탈(逸脫)의 결과이지 국민연금 제도운영이나 기금운용이 현행 규정 내에서는 기본적으로 문제가 없다. 모든 관계자가 현재의 여건과 현행 제도 내에서 최선을 다하고 있다.

사실 그동안 기금운용을 놓고 수많은 제안이 있었고 갑론을박 논의가 있었다. 그러나 그간의 논의는 본질을 보지 못하고 표피의 관찰에 의한 진단과 처방, 조직운영과 기금운용 경험이 없는 백면서생(白

面書生)들의 담론, 이해당사자들의 이해타산(利害打算)적인 견강부회(牽强附會), 이념이 덧칠된 황당한 주장 등으로 점철되어 왔다.

국민연금 기금운용을 놓고 제기되고 논의되어야 할 과제는 수업이 많다. 본고에서는 다음과 같이 주요한 몇 가지 과제를 질문 형식으로 제기하고 필자 나름의 답을 제시하고자 한다.

- 질문 1. 기금운용의 최종적 책임자가 누구인가?
- 질문 2. 기금운용의 주체는 누구여야 하는가?
- 질문 3. 별도의 기금운용공사 설립이 필요한가?
- 질문 4. 기금운용의 조직과 인력은?
- 질문 5. 기금운용본부의 독립성은 보장되어 있는가?
- 질문 6. 기금운용본부의 독립성은 어떻게 보장되어야 하는가?
- 질문 7. 기금운용위원회의 역할과 구성은 어떠해야 하나?
- 질문 8. 기금운용 수익률 제고: 무엇을 어떻게 봐야하나?
- 질문 9. 스튜어드십 코드 도입: 무엇이 왜 문제인가?
- 질문 10. 무엇을 어떻게 봐야 하나?

2. 기금운용의 최종적 책임자가 누구인가?

2008년 세계적 금융위기 시절 전 세계의 국민연금, 직역연금, 국부펀드의 기금이 막대한 손실을 입었다. 국민연금인 일본의 GPIF는 -7.6%, 캐나다의 CPPIB는 -18.6%, 스웨덴의 AP3는 -19.7%, 직역연금인 미국 캘리포니아 주 공무원 연금인 CalPERS는 -24.0%, 네덜란드의 ABP는 -20.2%, 그리고 국부펀드인 노르웨이의 GPFG는 -23.3%의 수익률로 각기 엄청난 손실을 보았다. 한국의 국민연금은 -0.2%로 크게 선방한 축에 속한다(〈부표 2〉 참조).

〈그림 1〉 기금운용 관련 주요 쟁점

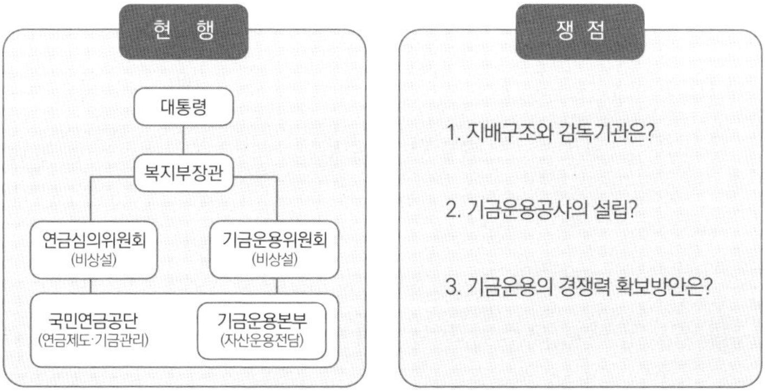

만약 국민연금 기금운용이 -20% 상당 손실을 보면 어떤 일이 전개될까? 공단 이사장과 기금운용본부장의 사퇴는 물론이고 엄중한 책임 추궁이 이어질 것이다. 이 정도로 끝나지 않고 정권이 교체될 지경에 이럴 것이라는 것이 필자의 판단이다. 막대한 손실에 대해 누가 책임을 져야 하는가? 대통령? 보건복지부 장관? 국회? 공단 이사장? 기금운용본부장? 감사원? 현재의 법 규정, 제도, 관행 어디를 보아도 책임 소재가 분명하지 않다. 문제는 책임소재가 분명하지 않다는 사실 자체가 인지되지 못하고 지금까지의 수많은 논쟁 속에서도 이 사실이 구체적으로 인지되고 관련 조치를 취하려는 시도가 전혀 없었다는 점이다.

국민연금법 상으로는 보건복지부 장관이 기금운용의 책임자이다. 그래서 장관이 기금운용상 가장 상위기관인 기금운용위원회의 위원장을 맡고 있다. 문제는 최고의 그리고 최종의 책임자인 보건복지부 장관이 연간 통틀어 15시간미만의 시간만을 기금운용에 투입하고 있다는데 있다. 매년 기금운위원회가 6~7회 개최되고 1회 회의에 2시간 정도 소요되니 그 막중한 기금운용에 장관이 관심을 갖고 실제로 관리하는 시간은 총 15시간 정도에 불과하다. 매일 24시간 365일 내내 투입해도 모자랄 지경인데 1년에 15시간 투입하는 현재의 책임구도는 참으로 문제이다.

국민연금 기금운용을 두고 경쟁자는 J. P. Morgan, Carlyle, UBS, Blackstone 등 세계 유수의 투자은행(IB, investment bank)들이다. 이들 기관의 CEO들은 세계 최고의 투지 전문가를 거느리고 자가용 비행기를 타고 세계를 누비며 하루 24시간 365일 1년 내내 자산운용에 전력 고심하고 있다. 이와는 대조적으로 국민연금 기금운용을 책임지는 복지부 장관은 보건복지부 고유의 업무에 진력하며 자신이 책임지는 그 막중한 기금운용은 돌볼 생각도 돌볼 짬도 없이 지낸다. 기금운용위원회 위원장으로서 사회를 보지만 역대 장관 중 기금운용의 본질을 제대로 이해하고 사회를 본 장관이 과연 몇 명이나 되었을까? 장관을 보좌하는 연금정책국장 연금재정과장도 1년 정도면 자리를 옮기며 이들 또한 기금운용에 필요한 전문적 소양은 전무한 상태이다. 전문적 소양이 전혀 없고 복지부 고유 업무로 바쁘기 짝이 없는 복지부 장관과 실무자에게 기금운용의 책임을 지운 것은 참으로 큰 문제이다.

1998년 국민연금법 개정 이전까지는 기금운용은 공자관리기금에 의무적으로 예탁되어 경제기획원 장관이 관리하였으나 개정 이후 기금운용의 책임이 보건복지부 장관에로 이전되면서 1999년 기금운용 본부가 설립되어 오늘에 이르고 있다. 2015년에 나온 한 제안은 기금운용의 감독을 보건복지부에서 기획재정부로 옮기자는 것이었다. 한 가지 분명한 것은 감독관청을 기재부로 하느냐 복지부로 하느냐 하는 것은 전혀 중요하지 않다는 것이다. 기재부나 복지부 모두 관료집단인 것은 마찬가지이기 때문이다. 국민연금제도 자체가 복지부 소관이기에 감독관청은 기재부이기 보다는 복지부가 되는 것이 맞다.

복지부가 국민연금제도의 주무관청으로 국민연금 제도운영과 기금운용을 감독하는 것은 맞다. 그러나 장관이 기금운용의 핵인 기금운용위원회의 위원장이 되고 그 위원회의 간사를 연금정책국장이 수행하는 것은 분명히 잘못된 것이다.

보건복지부(정부)는 기금운용을 직접 관리하기 보다는 감독해야 한다. 문제는 감독을 두고도 현행 제도가 근본적으로 잘못되어 있다는데 있다. 감독이라는 관점이 아닌 직접 관리라는 관점에서 현행 제도가 설계되어 있다. 현재 국민연금의 최고 의사결정 기구는 '국민연금심의위원회'이고 그 위원회의 위원장은 복지부 차관이다. 국민연금 사업에 따라 발생한 기금을 관리하는 기구로 '기금운용위원회'가 있고 그 위원회의 위원장은 복지부 장관이다. 참으로 큰 모순이 내재된 구도이다. 어떻게 장관이 차관보다 급이 낮은 위원회의 위원장이 될 수 있는가? 차관이 위원장인 위원회는 국민연금의 전반적 사안을 다루고 상관인 장관은 기금운용 관련 전략만 다루는 기금운용위원회의 위원장으로 사회를 보는가 말이다. 물론 장관이 위원장인 기금운용위원회의 하급 위원회로 차관이 위원장인 실무평가위원회가 있다. 기금운용위원회와 실무평가위원회는 기금운용을 감독하는 위원회가 아니고 직접 관리(운용)하는 위원회이다. 복지부 장관이 복지부의 일상적 업무를 하면서 기금관리(운용)를 할 수는 없다.

현재 복지부는 국민'연금제도'의 운영(관리)을 국민연금공단에 맡기고 감독을 잘 하고 있으며 국민연금제도는 잘 운영되고 있다. 국민연금 '기금운용'에 대해서도 국민연금공단에 맡기고 기금운용에 대해 감독만 잘 하면 된다. 앞으로의 과제는 국민연금공단에 국민연금 제도운영과 기금운용 모두를 실질적으로 맡기고 감독을 제대로 하는 구도를 만들어 내는 것이다. 감독을 제대로 하기 위해서 복지부 장관을 위원장으로 하는 국민연금위원회(가칭)를 설치하고 국민연금공단으로부터 정기적으로 보고를 받으면 된다. 국민연금위원회에 기금운용을 포함하여 국민연금제도 설계를 위한 사회적 합의기구 역할을 부여할 수도 있을 것이다. 이 경우 국민연금위원회 구성은 현행의 3각 체제를 유지하면 된다.[1] 국민연금제도와 관련한 사회적 합의를 얻고 그

1) 현재 기금운용위원회 구성은 복지부장관이 위원장이고 당연직으로 기재부, 농수산부, 산자부, 노동부 등 4개 부처 차관과 공단 이사장, 위촉직으로 사용자대표 3명, 근로자대표 3명, 지역가입자대표 6명, 관계전문가 2명 도합 20명으로 고성되고 연금정책국장이 위원회의 간사이다. 실무평가위원회의 구성도 직급이 한 단계씩 낮을 뿐이지 기본적으로 같다. 즉 복지부 차관이 위원장이고 당연직 5개 부처는 관련 국장이 위원이고 위촉직 14인은 기금운용위원회와 꼭 같은 관계자 대표자들로 구성되며 간사는 복지부 재정과장이 맡는다.

리고 제도운영과 기금운용에 관해 정기적으로 보고를 받는 최고의 감독기관으로 국민연금위원회가 설치 운영되면 현재의 기금운용위원회는 기금의 운용과 관련하여 자산구성 등 투자전략을 논의하는 전문적 위원회로 전환하면 된다. 그 명칭은 기금운용전략위원회(가칭)로 하고 이 위원회에는 사용자대표, 근로자대표, 지역가입자대표 등은 빠지고 순수하게 관계 전문가들만 위원으로 참여하면 된다.

지난 20년 동안 실질적으로 아무도 책임을 지지 않는 상태에서 기금운용이 이뤄져 왔다. 누군지는 국민적 합의로 찾아야 하지만 지금과 같이 다른 업무에 전념하는 보건복지부 장관에게 기금운용의 최종적 책임을 지우는 현재의 법과 제도는 조속히 정비되어야 한다. 정부(복지부)는 연금제도든 연금기금이든 관리(운영)하려 하지 말고 감독을 해야 한다.

3. 기금운용의 주체는 누구여야 하는가? 별도의 기금운용공사 설립이 필요한가?

어느 나라든 국민연금제도를 운영하게 되면 그 과정은 (1)가입자의 자격관리, (2)연금 보험료의 부과와 징수, (3)여유자금의 관리 및 운영, (4)연금 급여의 지급이라는 하나의 프로세스(process)를 거치는 바 제품의 생산 공정처럼 일관된 관리가 중요하다. 네 과정은 국민연금의 제도운영과 기금운용이라는 두 축으로 요약되는바 두 축은 조화를 이뤄야 하며 전체의 틀 내에서 통합적으로 관리되어야 한다.

〈표 1〉 연금제도 및 기금운용 체계

국가기관이 연금제도 직접운영(연금청) (9개국)		특수법인에 연금제도 위탁운영(공단) (21개국)	
제도·기금 통합관리 (0개국)	제도·기금 분리운영 (9개국)	제도·기금 통합관리 (16개국)	제도·기금 분리운영 (5개국)
없음	미국 영국 캐나다 아일랜드 노르웨이 뉴질랜드 덴마크 호주 아이슬란드	한국 그리스 독일 오스트리아 룩셈부르크 멕시코 터키 슬로바키아 이탈리아 체코 포르투갈 폴란드 스위스 핀란드 헝가리 네덜란드	일본 스웨덴 스페인 벨기에 프랑스

국가의 연금제도 관리체계는 크게 ⑴국가기관이 직접 운영하는 유형과 ⑵특수법인을 통해 위탁 운영하는 유형으로 구분된다. 국가기관이 직접 운영하는 나라의 경우 그 기관의 명칭은 연금청이고 그 책임자는 연금청장이다. 특수위탁법인은 통상 공단이고 그 책임자는 이사장의 명칭을 갖는다. OECD 30개 국 중 전자에 속하는 나라는 9개국이고 21개국이 후자에 속한다.

각 유형에서 제도운영과 기금운용을 분리하는 나라도 있고 통합하는 나라도 있다. 연금청의 형식으로 국가가 연금제도를 직접 관리하는 경우 제도운영과 기금운용을 분리할 수밖에 없다. 왜냐하면 국가 공무원들이 기금을 직접 운영하는 것은 있을 수 없기 때문이다.

OECD 국가 중 9개국이 제도운영은 연금청이 하고 기금운용은 공무원 아닌 민간인으로 구성된 별도의 기금운용공사가 하고 있다. 대표적 사례가 캐나다의 경우로 제도운영은 연금청이 책임 맡고 기금운용은 CPPIB가 책임진다.

특수법인 공단의 형태로 국민연금을 관리하는 나라들에서는 제도운영과 기금운용을 공단이 통합해 하는 경우(16개국)와 제도운영과 기금운용을 분리해 관리하는 경우(5개국)로 구분된다. 우리나라와 같이 연금제도 운영을 공단에 위탁하는 경우 대부분의 나라에서 제도운영과 기금운용을 통합관리하고 있다. 국가에서 독립되어 공단이 존재하는 상태에서 기금운용을 위해 다시 별도의 기관을 설립한 경우는 5개 나라에 불과하다.

여의도의 금융가와 일부 금융학자들 중심으로 국민연금공단과는 별도의 기금운용공사 설립 주장이 계속 있어왔다. 기금운용공사 설립의 주된 근거는 (1)독립성 전문성의 확보와 (2)기금운용 수익률 제고 가능성 등 두 가지이다.

독립성 전문성 수익성 문제는 외형상 근거가 있는 논리인 것 같으나 실질적으로 별도의 기금운용공사 설립이 독립성 전문성 수익성과 직접 관련이 없다. 국민연금공단에 소속된 현재의 기금운용본부도 기금운용에 있어서 독립성과 전문성을 완벽히 보장 받고 있다.

기금운용공사 설립이 기금운용 수익률을 높인다는 주장도 맞지 않다. 기금운용공사 설립으로 더 높일 수 있는 수익률이 존재한다면 현재의 기금운용본부가 이를 추구하지 않을 이유가 없다. 공사 설립 자체만으로 새로운 수익률 제고의 기회가 밖에서 주어지는 것이 아니다. 특히 국민연금 기금은 안정성 위에 수익성을 추구할 수밖에 없으므로 별도의 기금운용공사 설립으로 수익성 제고를 우선시 하는 것은 매우 위험한 발상이다.

독립된 공사로 운영되는 모범적 사례로 캐나다의 CPPIB와 캘리포니아의 CalPERS가 언급되며 이들을 벤치마킹하여 독립된 기금운용공사 설립이 줄곧 주장되어 왔다. 이 주장은 두 기관의 외형만 보고 연금제도와 기금운용의 정확한 배경을 살피지 못한 주장이다. 캐나다 국민연금의 경우 국민제도는 국가공무원인 연금청장에 의해 관리되고 공무원이 기금운용을 직접 할 수 없기에 별도의 CPPIB를 설립해 금운용을 맡길 수밖에 없다. 그리고 캐나다 연금은 급여가 수익성과 연계되어 있기에 CPPIB는 수익성을 원칙으로 기금운용을 한다. 수익성 우선 추구 과정에서 2008년 글로벌 금융위기 당시 CPPIB는 2000~2016의 17년 동안에 2000년, 2001년, 2007년, 2008년 네 해에 적자를 기록했고 2008년의 경우 -18.6%의 막대한 손실을 봤다. CalPERS는 국민연금이 아니고 캘리포니아 주 공무원의 직역연금으로 기금운용의 독립성을 크게 부여받아 운영되어 왔는데 2000년에 -7.2%, 2001년에 -6.1%, 2007년에 -2.9% 손실을 기록했고 2008년에는 -24.0%라는 치명적 손실을 봤다(〈부표 2〉 참조).

만약 600조 국민연금 기금이 20%의 손실을 입는 경우 120조 원이란 엄청난 금액이 국민 노후설계 자금에서 증발한다. CPPIB와 CalPERS는 제도운영을 정부가 직접 하기 때문에 기금운용을 별도의 공사에 맡긴 경우이다. 우리나라의 경우 이미 정부에서 따로 떼어 공단(국민연금공단)이 만들어져 있는데 그 공단에서 다시 따로 떼어내어 공사를 별도로 만들자는 것은 맞지 않다. CPPIB와 CalPERS 우리가 참고할 사례가 아니다.[2)]

국민연금제도는 기금을 모으고(가입과 징수), 운용하고(기금운용), 지급하는(연금급여)라는 일련의 과정으로 이뤄지기에 통합관리가 필요하다. 기금은 가입자의 보험료로 조성되고, 수급자에게 연금을 지급한 후 잔여 여유자금을 투자 운영하므로 제도와 밀접한 관계를 유지해야 한다. 제도와 기금의 상관관계를 이해하지 못하는 별도 조직에서 기금을 관리할 경우 국민의 뜻과 다르게 운용될 위험이 크다. 기금운용공사가 별도로 설립되면 기금 운용역들은 자금의 원천이 무엇인지를 인지하지 못하고 민간 투자은행과 같은 논리로 연금기금을 인식하게 될 것이다.

기금은 성장기를 거쳐 전환기와 감소기의 과정을 거치는바(〈그림 2〉 참조) 이는 제도운영과 기금운영이 한 기관에서 이뤄지는 것이 더 합리적임을 의미한다. 기금운용공사로 독립하게 되면 주무관청의 간

2) 전체 노후소득보장체계에서 캐나다의 경우 기초보장의 역할을 OAS(Old Age Security)라는 보편적 기초연금제도(수급률 95.8%, 급여수준 19%)를 통해서 해결하고 있고, CPP는 부과방식이나 향후 보험료 부담 증가에 대비하여 사전적립금(Pre-Funded System)인 잉여금을 활용하여 기금수익률 극대화를 추구한다. 직역연금인 캘리포니아 공무원연금(CalPERS, California Public Employees' Retirement System), 네덜란드 공무원연금(ABP, Algemeen Burgerlijk Pensioen)은 2층 보장적 성격을 가지고 있어, 1층을 보장하는 국민연금(NPS)과 성격이 달라 직접 비교는 무리가 있다. 특히, CalPERS는 위험자산에 투자하고 큰 손실을 봐도 근로자(공무원) 부담분은 불변이고, 사용자(주정부)부담분만 증가하는 구조이다.

섭, 국회의 감시, 감사원의 감찰로부터 독립될 수 있다고 보는 시각이 있는데 이는 착각에 불과하다. 연금가입자가 내는 보험료로 자금운용이 이뤄지는 한 아무리 독립된 공사라도 주무관청의 간섭, 국회의 감시, 감사원의 감사로부터 자유스러울 수 없다. 공사라고 해서 현재보다 독립성이 강해지는 것은 아니며, 오히려 정치권이나 민간시장의 압력 행사가 높아질 가능성이 크다. 기금운용본부를 공단에서 독립시킨다고 해도 현실적으로 국가의 통제를 벗어날 수 없고, 이는 제도의 신뢰를 크게 흔들 수 있다.

〈그림 2〉 국민연금 기금의 성장기 전환기 감소기의 일정과 모습

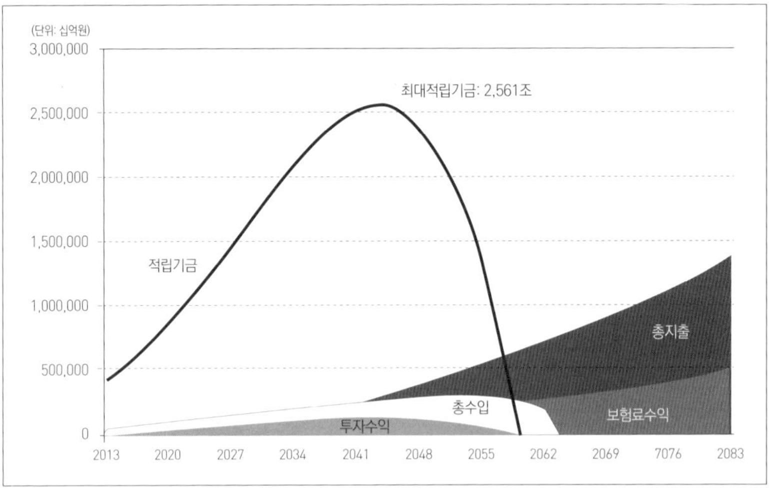

현재의 기금운용본부와 비교하여도 기금운용공사 설립의 실익이 없거나 크지 않다. 공사를 설립하여 기금을 운용한다고 하여도 기금운용 수익률이 높아진다는 보장이 없다. 기금의 장기재정 안정을 위

해 수익률을 제고하는 노력도 중요하나, 근본적으로 높은 수익률 추구가 재정 안정성을 보장하는 받침목은 아님을 인식해야 한다. 수익률을 좌우하는 것은 전략적 자산배분(90% 이상)이므로, 자산운용을 현행 기금운용본부 형태에 속한 민간 전문가에게 맡기는 경우나 새로운 기금운용공사 소속 민간 전문가에게 맡기는 경우에 수익률이 다르게 나올 수는 없다. 기금운용공사를 설립할 경우 현행 기금운용본부보다 비용이 많이 드는 것으로 추계된 바 있다. 한 추계에 의하면 직접적 비용이 3배에 이른다고 한다. 별도 비용이 수반되는 기금운용공사 설립 보다 현행 기금운용본부에 대한 예산 및 인력 지원과 자율적인 기금운용 여건을 마련하는 것이 더 효율적이다. 기금 증가와 운용전략에 부합하는 조직구조 개선 및 적정인력 확보가 필요하다. 기금운용공사 설립보다 현행 국민연금 기금운용본부의 내실화 강화가 해답이다.

4. 기금운용의 조직과 인력은?

모든 일은 사람이 한다. 사람들이 일을 잘 하기 위해서는 반듯한 조직을 만들어 주고 높은 성과를 달성할 수 있는 유인체계(incentive system)를 잘 정립해야 한다.

금융투자협회에 따르면 2017년 현재 국내 금융투자 전문인력은 투자분석가가 1095명, 자산운용가가 623명에 불과하다. 국민연금, 한국투자공사, 사학연금, 공무원연금, 교직원공제회, 행정공제회 등 연기금에 근무하는 전문인력은 580명 수준인 것으로 파악되고 있다. 국민연금 인력 350여 명은 압도적인 규모이다.

우리나라의 주요 부문별 국제경쟁력을 요약하고 있는 〈표 2〉에 의하면 금융부문 경쟁력의 종합지표인 금융시장 성숙도는 80위권으로 참으로 낮다. 국민연금 기금운용본부가 인력을 확충하려 할 때 그 대상은 매우 한정된 풀(pool)에서 찾을 수밖에 없다. 금융전반의 효율성과 경쟁력이 매우 낮은 현실에서 국민연금공단의 기금운용만 세계 최고가 될 수가 없다. 국민연금 기금 규모 증가에 걸맞는 전문인력의 확보가 필요한데 현실은 참으로 척박한 환경이다.

〈표 2〉 세계경제포럼(WEF)에 따른 우리나라의 국가경쟁력 위상

	전체 순위	기본요인(16위)				효율성 증진(26위)						기업혁신 및 성숙도(23위)	
	전체 순위	제도적 요인	인프라	거시경제	보건 및 초등교육	고등교육 및 훈련	상품시장 효율성	노동시장 효율성	금융시장 성숙도	기술수용 적극성	시장규모	기업활동 성숙도	기업혁신
2012	19	62	9	10	11	17	29	73	71	18	11	22	16
2013	25	74	11	9	18	19	33	78	81	22	12	24	17
2014	26	82	14	7	27	23	33	86	80	25	11	27	17
2015	26	69	13	5	23	23	26	83	87	27	13	26	19
2016	26	63	10	3	29	25	24	77	80	28	13	23	20
2017	26	58	10	3	29	25	24	77	80	28	13	26	18

주: (제도적 요인): 정부지출의 효용성, 정부 규제, 투자자 보호, 테러위험, 기업경영윤리
(노동시장 효율성): 노사 협력, 해고비용, 여성의 경제참가율, 보수 및 생산성, 인재 유지
(금융시장 성숙도): 대출 용이성(92위), 벤처자본의 이익가능성(76위), 은행건전성(102위)
출처: 기획재정부, 「2017년 세계경제포럼(WEF) 국가경쟁력 평가 결과」, 보도참고자료(2017.9.27)

기금 규모가 1000조 원에 도달하면 적어도 500여 명의 기금운용 인력이 필요하다. 기금운용본부의 현재 인력은 348명이고 40명이

3개 해외지사에서 일하는바 이중 현지의 외국인 전문가는 13명이다.[3)] 총 운용인력이 500명이 되면 300여명은 국내에서 200여 명은 해외에서 활동해야 한다. 해외인력 200명 중 100명 이상은 현지인력 즉 외국인 전문가여야만 한다. 이는 기금규모가 1000조 원에 달하면 400~500조 원 규모가 해외에 투자될 수밖에 없기 때문이다.

〈표 3〉 국가경제에서의 국민연금 비중(2017년 말 기준) (단위: 조 원, %)

	명목GDP	주식 시가총액	채권 발행 잔액
금 액(A)	1.730.4	1,888.6	1868.3
국민연금 투자금액(B)	621.7	131.5	289.4
비중(B/A)	35.8	6.96	15.49

〈표 4〉 국민연금기금 보유 국내주식 지분율 현황 (단위: 종목)

	2010	2011	2012	2013	2014	2015	2016	2017
5% 이상	142	177	223	260	260	287	277	285
10% 이상	0	2	1	44	59	81	75	95
5%이상 10%미만	142	175	222	216	201	206	202	190

주: 각 연도 말 거래일 기준

3) 1999년 기금운용본부 설립 이래 15년 동안에 확보된 인력이 2014년 말에 205명[내국 운용전문 이력 160명, 지원인력 45명]에 불과했는데 본인의 노력으로 기금운용인력을 2015년에 84명[내국 운용전문 인력 65명, 해외 운용전문 인력 4명, 지원인력 15명], 2016년에 64명[내국 운용전문 인력 50명, 해외 운용전문 인력 9명, 지원인력 5명] 추가 확보하여 70% 이상 증원하도록 하였다. 2015년 초까지 2개 해외 지사에 8명이던 해외 근무인력이 이제 3개 지사에 40명이 근무하고 있다. 2015년에 공단 최초로 해외 현지인도 4명이 채용되어 해외투자 확대에 참여하였으며 이후 추가로 9명의 현지인이 추가 채용되어 현재 13명이 근무하고 있다.

국내는 더 투자할 대상이 없다고 해도 과언이 아니다. 600조 원의 30%인 180조 원의 해외투자가 2022년에는 1000조 원의 40%인 400조 원으로 증대한다. 2017년 말 국내주식 투자 131.5조 원은 국내주식 시가총액의 6.96%에 달하는 방대한 규모이다. 일본 국민연금 기금의 주식투자는 일본 주식 시가총액의 3.5%에 불과하다. 국내기업 주식 보유율이 5% 넘는 기업이 285개에 달하고 10% 넘는 가업도 95개나 된다. 시가총액 기준 6.96%에 달하는 국내주식에 대한 투자는 점차적으로 5% 이내로 줄여야 한다. 10% 이상 보유한 기업의 경우 매수 매도 모두에서 진퇴양난에 빠진 상황이다. 해외주식에로 나가야 한다.

기금운용은 무한경쟁의 범세계적 업무다. 세계 최고의 전문가들이 매일매일 피를 말리는 경쟁 속에서 자산운용에 전념하고 있다는 사실을 명심해야 한다. 조그마한 틈도 한 치의 실수도 치명적 손실로 연결된다. 조직관리의 원칙이 존중되어야 한다. 기금운용은 전문가에 맡기면 된다. CIO의 역할이 참으로 막중하다.

기금운용본부장을 해외로부터 초빙할 것을 제안한다. 한국 국적으로 해외에서 능력을 인정받고 있는 전문가를 초빙할 수 있고 필요하면 외국 국적 전문가 초빙도 검토해야 한다. 영국의 경우 중앙은행 총재를 캐나다의 최고 전문가를 영입한 바 있다. 전문성에서 탁월하며 세계적 안목을 가진 CIO를 모시기 위해서는 적절한 보수를 줘야하고 전문성을 제대로 발휘할 여건을 만들어 줘야한다. 이 과정에서 보수 수준이 걸림돌이 될 터인데 5백만 달러(50억 원) 내지 1천만 달러(100억 원)의 보수는 감수할 수 있어야 하며 충분히 감수할 만한 가치가 있다. 100억 주고 1천억 원을 더 벌면 수지맞는 장사이지 않은가?

CIO 선임 못지않게 선임 후 일을 잘 할 수 있는 여건을 마련해 주는 것이 중요하다. 규정상 복지부 장관과 공단 이사장은 기금운용에 개입하지 못하게 되어 있다. 문제는 국회의원들의 처신이다. 수많은 질의와 자료제출을 요구해 본연의 업무가 크게 지장을 받는 것이 일상적이다. 내부 감사와 감사원 감사를 통해 기금운용 관련 비리 소지는 근원적으로 방지된 상태이다.

〈표 5〉 국민연금 기금의 자산 구성

	2000	2005	2010	2016	2018[1)]
규모(조 원)	62	164	324	558	656[2)]
국내투자(%)	100	92.2	87.4	73.0	70.7
해외투자(%)	0	7.8	12.6	27.0	29.3
채 권(%)	88.5	87.0	71.0	54.9	51.1
국내(%)	88.5	79.7	66.9	50.7	47.1
해외(%)	0	7.3	4.1	4.2	4.0
주 식(%)	11.5	12.5	23.1	33.7	36.4
국내(%)	11.5	12.1	17.0	18.4	18.7
해외(%)	0	0.4	6.2	15.4	17.7
대 체(%)	0	0.5	5.8	11.4	12.5
국내(%)	0	0.5	3.5	3.9	12.5
해외(%)	0	0.0	2.3	7.5	12.5

주: 1) 2018년도 국민연금기금운용계획(안) 참조
2) 시가기준 추정치

기금운용본부 조직을 경쟁체제로 바꿔야 한다. 본부장(CIO)도 복수로 둬야한다. 앞으로 1000조 원은 더 말할 것도 없고 600조 원도 한 사람의 CIO가 관리하기에는 너무 큰 규모이다. 복수 CIO 제도는 여러 형태로 검토될 수 있다. 국내투자 담당 CIO와 해외투자 담당 CIO로 하든지, 아님 자산별로 주식투자 담당 CIO, 채권투자 담당 CIO, 대체투자 담당 CIO로 하면 된다. CIO를 복수로 두면 기금운용본부의 총괄적 관리는 기금이사에게 맡기면 된다.[4] 총괄 기금이사와 부문별 CIO는 첫째 세계적 안목이 있어야 하고, 둘째 전문성이 탁월해야 하며, 셋째 내부의 인력 관리와 외부 이해당사자들과의 소통에 출중한 리더십을 발휘할 수 있어야 하며, 넷째 품성과 소양이 반듯해야 한다.[5]

기금운용 규모의 증가에 걸맞은 전문인력을 육성 확보하는 것은 참으로 중요하다. 국내에서 전문인력을 적극 육성해야 하며 해외 현지 전문가들을 광범위하게 활용 채용해야 한다. 자체 조직과 인력만으로 방대한 기금을 운용하려 하지 말고 유수의 해외 운용사를 매입하는 방안도 검토해야 한다. 국내외 대체투자의 관리를 외주에 맡기고 있는데 자회사 설립을 허용하는 법 개정이 조속히 이뤄져야 한다.

5. 기금운용본부의 독립성은 어떻게 보장되어야 하는가?

4) 현재는 기금이사가 기금운용본부장을 겸하고 있다.

5) 사실 이들 네 가지 기준은 필자가 정리하였으나 모든 중요 책임자 선정에 적용 가능한 범용성이 있는 기준이다.

1) 투자결정의 독립성

국민연금법 102조 6항에 의거 보건복지부 장관이 기금운용을 국민연금공단에 위임하고 국민연금공단 이사장은 위임된 기금운용을 국민연금기금운용규정에 의거하여 관리하며 세부적 사항은 위임전결규칙에 따라 시행한다. 투자 결정과 관련하여서는 기금운용본부의 독립성이 제도적으로 완벽히 보장되어 있다. 보건복지부 장관과 공단 이사장 어느 누구도 개별 투자 건에 대해서는 사후적으로만 보고를 받도록 규정되어 있다.

가. 공단과 이사장의 역할

국민연금기금운용규정에 따르면 공단 이사장은 기금운용의 전반적 사항만 다루며 개별 투자 건에 대해서는 사후 보고만 받지 사전적으로 개입하지 못함은 물론 사전적으로는 보고도 받지 않도록 규정되어 있다.

개별 투자 건에 대해 공단 이사장이 관여할 수 없다는 근거는 두 가지인데 첫째는 국민연금기금운용규정으로 가장 핵심적인 두 위원회인 투자위원회와 대체투자위원회의 위원장을 기금운용본부장이 맡으며 동 위원회가 안건의 심의 의결 기능을 수행하도록 되어 있다. 둘째는 위임전결규칙으로 기금운용과 관련 주식, 채권, 대체 등 개별 투자 건에 대한 것은 모두 기금운용본부장 소관 전결사항으로 규정되어 있다.

개별 투자 건에 대해서는 이사장은 투자위원회 또는 대체투자위원회 의결 후 상당한 시간이 지난 다음 형식적 '결제' 과정에서 그 결정 내용을 인지한다. 공단 내부에서는 이사장은 기금운용 점검회의를 주관 개최하여 각종 안건을 의사결정이 이뤄진 뒤 사후적으로 보고를 받고 의견을 교환하는 절차를 거치고 있다.

나. 보건복지부 장관의 역할

보건복지부 장관은 기금운용위원회 위원장으로서 기금운용의 기본전략을 마련한다. 기금운용위원회는 기금운용과 관련한 최고 의결기구로서 4개 부처 차관, 노동단체, 경제단체, 전문가 20인으로 구성된다. 자산구성(portfolio)에 대한 결정이 기금운용위원회의 핵심 논의사항이다.

보건복지부 장관은 공단 이사장과 마찬가지로 기본적으로 개별 투자 건에 대해서는 사전에 개입할 수 없음은 물론 이사장과 달리 개별 투자 건에 대해서는 사후적으로도 직접 보고 받지 못하도록 되어 있다.

보건복지부 장관은 정기적으로 사후적으로 공단으로부터는 자금운용결과를 연간, 분기별, 월별 보고 받으며, 기금운용본부로부터는 금융부문 운용 현황 및 결과, 위험관리 현황, 운용 성과, 기금이 보유한 주식의 의결권 행사 내역, 그 밖에 기금운용과 관련하여 중요하다고 판단되는 사항을 매월 보고를 받는다. 기금운용본부는 연간 총신용위험노출액(Total Credit Exposure)과 연간 외환익스포저 관리현황을 기금운용위원회에 제출한다.

다. 공단 이사장의 기금운용 점검회의 개최

이사장은 위에 언급된 복지부 장관에의 제출 또는 보고 관련 중요 사항을 점검하기 위해 매월 정기적으로 그리고 필요시 수시로 기금운용점검회의를 개최한다. 기금운용점검회의는 이사장이 주재하고, 본부장 및 각 실장·센터장이 참석하며, 이사장이 필요하다고 판단되는 경우 준법감시인, 국민연금연구원의 원장 및 기금운용직도 참여하게 할 수 있다.

라. 소결

국민연금공단에 위임된 기금운용은 세부적 규정과 규칙에 의해 잘 관리되고 있다. 전문가인 기금운용본부장의 책임 하에 개별 투자결정이 독립성이 완벽히 보장된 상태에서 진행되고 있다

〈참고사항〉 어떻게 이런 일이? 썰전에서 공개된 범법행위

2017년 12월 29일 방영된 썰전에서 전임 모 복지부 장관은 공단 기금운용을 놓고 커다란 범죄를 많이 저질렀음을 공개적으로 천명하였다. 뉴스엔의 기자가 방영 내용을 정리한 기사에 따르면 "내가 복지부에 있을 때 천억 이상 투자결정은 보고가 다 들어온다. 보고를 받을 때 실무자들이 와서 이렇게 할 경우와 저렇게 할 경우 국민연금 기금의 손익관계, 시장리스크 이런 걸 다 보고한다. 정밀하게 보고받고 결정해 줬다." 개별 건에 대해 "정밀하게 보고받고 결정해 줬다는 것은 참으로 놀랄 발언이고 그 내용이 너무나 심각하다. 당시 장관과 복지부

관리들이 개별 투자 건을 좌지우지했다는 것을 무용담으로 썰전에서 자랑하며 자신의 범죄행위는 인식하지 못하고 현재 재판을 받고 있는 후임 장관을 비난하였다.

이 발언과 사실을 두고 책임이 반드시 추궁되어야 한다. 황당한 발언을 한 장관이 처벌되지 않으면 현재 재판받고 있는 장관은 어떻게 처벌될 수 있나? 기금운용의 최종책임은 보건복지부 장관이 지게 되어 있다. 그래서 장관이 국민연금공단과 기금운용본부를 관리 감독을 해야 한다. 그러나 개별 건에 대해 "정밀하게 보고받고 결정해 줬다"는 아니다. 이전엔 복지부 연금재정과장이 '밤의 황제'라 회자된 적이 있었다. 불미스런 사고가 터지기도 했다. 이젠 모두 옛날의 이야기이다. 전직 장관이 스스로 무슨 말을 하고 있는지 조차 인식 못하며 공개적으로 자신의 범죄를 자백했다. 문제 삼아야 하는가? 문제 삼으면 어떻게 문제 삼아야 하는가?

이해가 되지 않고 도저히 있을 수 없는 일이기에 꼭 문제 삼아야 한다. 우리 사회의 크고 작은 문제의 배경에는 공무원들의 직권 남용, 권력 남용이 있다. 복지부 장관은 복지부 자체의 일만 열심히 하면 된다. 기금운용은 전문가들에게 맡기면 된다. 왜 자신들의 고유 업무는 팽개치고 그 업무는 제대로 하지 못하면서 산하기관이라 하며 자신들의 일이 아닌 공단의 업무에 그렇게 개입하는가?

2) 인사 및 예산의 독립성

외부 전문가들 대부분이 기금운용본부가 예산편성과 인력채용에서 공단과 기재부 복지부 등에서 자유롭지 못하다고 늘 지적하곤 한다. 가장 큰 오해 중의 하나가 인사 및 예산에서 기금운용본부가 독립성이 전혀 없다는 것인데 이는 참으로 잘못된 오해이다.

기금운용본부의 예산(증원 포함)은 국가재정법과 공운법을 적용받는데 그 근거는 기금운용본부 포함하여 공단에서 필요한 비용 전액이 기금에 의해 충당됨에 따라 기금운용계획에 지출사업으로 계상되기 때문이다. 기금운용계획은 국가재정법에 따라 기획재정부 심의·조정 후 국무회의 의결을 거쳐 국회 심사를 받아 확정되는 구조이다. 공단과 기금운용본부의 예산이 국가재정법과 공운법의 적용을 받는 한 기금운용본부는 국민연금공단의 예산체계에서 벗어날 수 없으며 국민연금공단은 복지부와 기재부의 감독을 받지 않을 수 없다. 감독을 받는 것과 예산편성과 인력증원의 자율적 결정은 별개의 것이다. 기금운용본부 대신 기금운용공사를 별도로 설립한다고 하여도 현재의 예산편성과 감독에서 벗어날 수 없다.

현재 이사장은 기금운용본부 인사에 전혀 관여하지 않으며 예산의 편성과 집행도 기금운용본부 자체의 노력과 판단에 따라 이뤄진다. 공단의 총인력과 총예산을 복지부나 기재부와 협의하는 과정에서는 공단의 인사부와 예산부가 총괄하여 접촉하나 세부적 내용에 대해서는 기금운용본부 관련 담당자들이 책임을 진다. 공단의 인력과 예산이 복지부와 기재부의 통제를 받기에 기금운용본부의 예산과 인력이 복지부와 기재부의 통제를 받는 것이며 공단이나 이사장이 기금운용본부의 인력과 예산을 별도로 특히 관리하는 것은 전혀 아니다. 기금운용인력 선발은 기금운용본부장이 위원장인 인사위원회에서 독자적으로 이뤄지며 공단도 이사장도 일체 관여하지 않는다. 다만 선발 채용된 운용역에 대한 임명장 수여는 이사장이 한다.

국민연금기금운용계획에 기금운용본부 예산이 편성되는 구조이기에 기재부, 복지부, 국무회의, 국회 등 여러 과정을 거쳐 예산이 심의된다. 이 과정에서 예를 들어 정부예산 편성 지침에서 전년대비 경상경비 동결 조치가 내려지면 기금운용본부 예산도 당해 지침을 따를 수밖에 없는데 이는 예산의 독립과는 직접 관계가 없는 사항이다. 기금운용 조직의 변경, 성과보상, 인력증원 등 기금운용 효율화와 직접 관련된 사항에 대해서는 복지부와 기재부가 공단과 기금운용본부의 요청을 보다 더 적극적으로 수용하는 자세를 견지할 필요가 있다. 현재 국민연금공단은 공운법에 따라 '기금관리형 준정부기관'으로 지정되어 있어 운용인력에 대한 별도의 초과 처우개선이 어려운 구조이다. 기금운용본부 예산과 인력은 앞에서 서술한 국민연금위원회에서 심의 확정하도록 하면서 정부가 기금본부 인력의 증원과 전문성 확보를 위해 예산·보수·인력 등을 충분히 확보하도록 지원해 주면 된다. 독립적으로 기금을 운용할 수 있는 여건을 만들어 준 다음에 수익률 성과에 대해 책임을 물으면 된다.

6. 기금운용위원회의 역할과 구성은 어떠해야 하나?

한국은행에는 이사회가 존재하지 않고 금융통화위원회가 있다.

모든 조직에는 그 조직의 전략 등 가장 중요한 의사결정 조직으로 이사회가 존재한다.

국민연금공단은 매우 특이한 조직이다. 다른 모든 공단의 주된 사업 또는 업무가 하나인데 국민연금공단에는 성격이 전혀 다른 두 개의 업무가 동시에 부과되어 있다. 하나는 국민연금제도 자체와 관련한 것으로 가입, 보험료 징수, 연금급여 지급이라는 일련의 과정 즉 국민연금 '제도운영'이고 다른 하나는 보험료를 징수하고 급여를 지급하는 과정에서 발생하는 여유자금을 활용 투자하는 즉 국민연금 '기금운용'이다. 업무의 성격이 판이하게 다르기에 각기 별도의 최고 의사결정 조직이 필요하다.

두 업무를 두고 최고의사결정 조직이 뒤죽박죽이다. 더욱이 제도의 운영과 기금의 운용을 담당하는 기관의 조직과 그 운영 운용을 감독해야 하는 주무부처의 역할이 혼재되어 참으로 어지러운 상태로 경기에서 심판이 선수로 뛰고 있는 형국이다. 국민연금공단의 이사회는 공단의 최고의사결정 조직임에도 주로 제도운영을 다루며 기금운용은 복지부 장관이 위원장인 기금운용위원회가 관장한다.

기금운용위원회 구성은 복지부장관이 위원장이고 당연직으로 기재부, 농수산부, 산자부, 노동부 등 4개 부처 차관과 공단 이사장, 위촉직으로 사용자대표 3명, 근로자대표 3명, 지역가입자대표 6명, 관계전문가 2명 도합 20명으로 구성되고 연금정책국장이 위원회의 간사 역할을 한다. 현재 기금운용위원회는 기금운용의 주요 정책사항에 대해 심의 의결한다. 주요 의결사항은 지침과 관련하여 기금운용지침, 의결권행사지침, 성과평가보상지침 등이고, 자산운용정책과 관련하여서는 중기자산배분, 연간기금운용계획, 환헤지정책, 위탁운용정책, 벤치마크, 목표초과수익률 등이고, 성과평가와 관련하여서는 기금운용성과평가이다.

기금운용위원회의 구성과 관련하여 가장 많은 논란이 제기된 사항은 위원의 전문성과 가입자 대표성이다. 관계전문가 2명의 경우 전문성이 확보된 것 같으나 사실 그 2명도 한국보건사회연구원 원장과 한국개발연구원 원장임을 보면 20명 중 사실 어느 누구도 전문가가 아니기에 전문가는 전무한 상태이다. 사용자대표 3명, 근로자대표 3명, 지역가입자대표 6명 등이 위촉되어 있으나 이들이 각기 누구를 대표하는지 분명하지 않다. 근로자 대표 3인의 경우 3대 노총의 대표가 위원이다. 그러나 양대 노총의 경우 노조 가입률이 10% 미만인 점을 감안하면 근로자 대표가 어느 근로자 누구를 대표한다는 것인가?

국민연금 제도운영과 기금운용 모두에 대표성과 전문성이 감안되어야 하지만 사안별로 구분되어 감안되어야 한다. 국민연금 제도운영과 기금운용 전반을 관리 감독하는 국민연금위원회(위원장 복지부 장관)에는 대표성이 강조되도록 하고, 기금운용지침, 자산운용정책, 성과평가 등 기금운용의 전문적 전략을 다루는 기금운용위원회는 전문성을 강조해 위원을 구성하는 것이 합리적이다.

한국은행의 금융통화위원회가 우리나라 금융통화정책의 최고의 사결정 조직인 것처럼 기금운용위원회를 국민연금의 기금운용 관련 최고 의사결정 조직으로 하면 된다. 금융통화위원회의 위원들이 금융과 통화의 전문가로 구성된 것처럼 기금운용위원회의 위원은 관계 전문가들로 구성하는 것이 맞다. 현재 금융통화위원회의 위원들은 전업 상근직인데 기금운용위원회 위원을 상근으로 할지 비상근으로 할지는 검토를 요한다. 기금운용위원회 위원 추천은 관련분야 전문가를 전제로 국민연금위원회가 추천하는 방법 또는 광역 지방자치단체 의회가추천하는 방법을 검토할 수 있다. 지금까지 사용해온 명칭 기금운용위원회를 새로운 명칭 '기금운용전략위원회'(가칭)로 변경할 것을 제안한다.

7. 기금운용 수익률 제고: 무엇을 어떻게 봐야하나?

많은 언론과 전문가들이 기금운용을 두고 가장 빈번히 그리고 가장 신랄하게 제기하는 것은 기금운용의 수익률이 낮기에 수익률 제고를 촉구하는 것이다. '기금운용 수익률 꼴찌'[6], '수익률을 1% 포인트를 추가로 올리면 기금 고갈 시점을 4년, 2% 포인트 높이면 11년 연장할 수 있다', '국민연금의 낮은 수익률은 ①전문성, ②독립성, ③장기투자 원칙 등 세 가지 요소의 부재에 기인' 등은 기금운용 수익률과 관련해 언론에 보도되는 내용의 대표적 사례이다. 필자가 공단 이사장 재임 중 언론에 자료를 통해 그렇게 설명하고 이해를 촉구해도 항상 마이동풍(馬耳東風)이었다.

6) 주요 일간지와 경제지는 '수익률 꼴찌' 기사를 심심하면 내보내곤 한다. 아무리 자료를 제시하고 설명해도 소용이 없다. 참으로 안타까운 현상이다.

〈표 6〉 우리나라 공적 연금 및 보험의 수익률 (2017) (단위: %, 조 원)

	국민연금	공무원연금	사학연금	군인연금	건강보험	산재보험	고용보험
수익률	7.26 (4.7)	8.8 (4.1)	9.0 (4.0)	2.7 (1.7)	1.66 (1.7)	5.8 (3.3)	6.4 (3.0)
적립금	621.7 (558.3)	10.95 (8.6)	19.2 (14.0)	0.99 (0.8)	23.3 (19.3)	15.8 (13.9)	10.1 (8.2)

주: ( )안의 수치는 2016년도 자료임

〈부표 2〉에서 보듯 1999년 기금운용본부 창립 이후인 2000년부터 2017년까지 18년간 국민연금의 기금운용수익률은 연 평균 6.1%이다. 이는 〈부표 2〉에 정리된 6개 기관 중 두 번째로 높은 수익률이다. 우리나라의 다른 공적연금이나 공적보험의 수익률과 비교하여도 국민연금 기금운용 수익률이 단연 높음이 〈표 6〉에 나타나 있다. 특히나 국내 다른 기관과는 비교도 할 수 없을 만큼 방대한 규모의 기금을 운용하면서 다른 기관보다 높은 수익률을 시현하는 것이 현재의 국민연금공단 기금운용본부이다.

사과는 사과끼리 비교하고 감귤은 감귤끼리 비교하는 것이 맞지 사과와 감귤을 비교하는 것은 적정하지 않다. 〈부표 2〉에 비교된 6개 기관은 국민연금, 직역연금, 국부펀드 등으로 성격이 전혀 다르다. 따라서 기금운용의 원칙이 전혀 다른 자금의 수익률을 일률적으로 비교하고 평가하는 것은 잘못된 인식이다. 캐나다 CPPIB는 제도의 성격상 수익성을 우선시 할 수밖에 없는 구조이며, 국민연금의 기금운용과는 그 성격이 크게 다르며 미국 CalPERS는 해지펀드 투자 중단 등 수익성 위주에서 최근 안정성 강조로 투자방향을 선회했다. 우리와 성격이 가장 비슷한 일본의 경우 지난 17년의 기간에서 일곱 해에 적자를 시현 했고 평균 수익률(2.1%)은 우리의 40% 수준에 불과하다.

수익률을 1% 더 올리면 기금고갈을 연기할 수 있다는 주장은 얼핏 들으면 대단한 주장 같으나 이 또한 조심스럽게 살펴봐야 한다. 단기적으로 목표수익률보다 1% 포인트 초과수익을 올리는 것은 가능할 수 있으나, GDP의 36%에 달하는 거대 기금을 향후 50년간 매년 1% 포인트의 추가 수익률을 계속 달성한다는 것은 현실적으로 불가능하다. 여러 가지 가정변수를 조작해서 얻은 결과를 실제 달성할 수 있는 것처럼 주장하는 것은 부적절하다. 현 수준에서 1% 포인트 초과수익을 추구할 때 변동성은 약 3배, 손실 확률은 약 200배 이상의 위험증가가 예상된다고 한다.[7] 국민 노후 생활의 최후 보루인 국민연금이 선택할 수 있는 가능한 전략이 결코 아니다.

〈그림 3〉에 나타낸 것처럼 수익률을 6.5%에서 같은 0.5%씩 증대시키는데 따라 위험 수준은 a에서 b로 증대한다. 위험 a 〈 위험 b이므로 동일한 수익률의 증가라 하더라도 그 수준에 따라 위험은 훨씬 크게 증가한다. 수익을 높이기 위해서는 그 이상의 위험을 감내해야 하므로 초과 수익 추구 시 손실발생 확률은 기하급수적으로 증가하므로 1% 초과 수익률 추구 그것도 장기간의 초과 수익률 추구가 쉽게 달성될 수 있다고 언급하는 것 그것도 전문가들이 그러는 것은 참으로 문제이다. 기금운용 원칙인 안정성과 수익성의 조화가 깨질 경우 2008년과 같은 글로벌 금융위기 상황이 발생하면 대규모 기금운용 손실이 불가피하고, 제도의 존립 자체가 흔들릴 수 있다.

---

7) 원종현, 국민연금 기금운용체계 고찰, 2008.

〈그림 3〉 수익률과 리스크의 관계

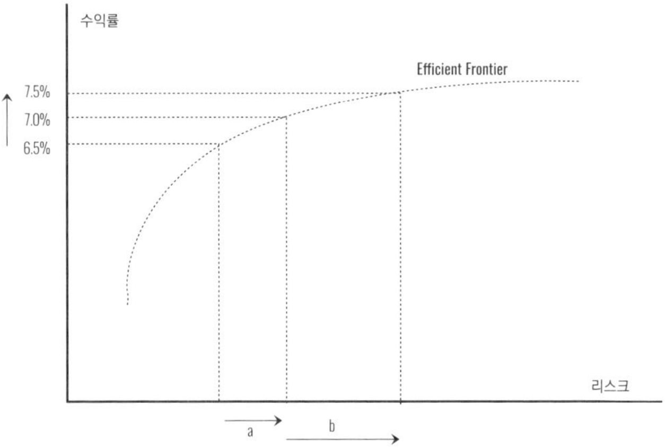

〈표 7〉 매일경제에서 발표한 해외 연기금 수익률 비교

해외 연기금				기간별 수익률(시간 가중)			분석(10년 기간)	
	기관명	국가	규모 (조원)	2013	5개년	10개년	표준편차	샤프비율
	국민연금	대한민국	427	4.2(5위)	6.80(3위)	6.01(4위)	3.34	1.37
국가 연금	AP3	스웨덴	42	9.36(2위)	11.17(2위)	7.19(3위)	11.40	0.55
	ATP	덴마크	43	5.9(4위)	11.92(1위)	11.41(1위)	9.81	1.05
	CPPIB	캐나다	199	10.1(1위)	4.20(5위)	7.38(2위)	10.64	0.60
	GPIF	일본	1,291	6.75(3위)	5.30(4위)	2.90(5위)	5.93	0.26
직역 연금	CalPERS	미국	299	13.2(1위)	3.50(4위)	6.99(3위)	13.87	0.46
	ABP	네덜란드	437	6.2(4위)	9.42(2위)	5.99(4위)	10.77	0.47
	NYCERS	미국	55	12.24(2위)	5.50(3위)	7.45(2위)	12.31	0.54
	OTPP	캐나다	138	10.9(3위)	12.47(1위)	8.91(1위)	10.18	0.78
국부 펀드	GPFG	노르웨이	874	15.9(1위)	10.48(1위)	5.57(1위)	12.68	0.38
	NPRF	아일랜드	29	6.3(2위)	-5.31(2위)	-2.14(2위)	18.59	-0.10

주: 샤프비율 = (10년단순평균수익률 - 10년단순평균T-Bill수익률)/표준편차
자료: 매경 공공기관자산운용평가단, '분석결과 보고서', 150쪽(재구성)

더 높은 수익에는 항상 더 높은 위험이 따르므로 펀드의 평가는 단순 수익률 보다 위험대비 수익률을 평가해야 한다. 매일경제 공공기

관자산운용평가단에서 분석한 자료에 따르면 펀드 단위 위험에 대한 초과수익의 정도를 나타내는 샤프비율을 보면 〈표 7〉에 정리된 바와 같이 국민연금 기금운용 성과가 타 기금의 성과에 비해 월등히 높다.

기금운용의 수익률 제고 문제와 관련하여 전문가들조차 정확히 인식하고 있지 못한 것이 기금운용에 관해 목표 설정이 명확히 이뤄지지 못하고 있는 점이다. 기금운용지침 상 목표수익률은 기금의 실질가치 유지를 장기 운용수익률 목표로 제시되고 있다. "기금은 장기 운용수익률이 '실질경제성장률+소비자물가상승률±조정치'를 달성하도록 노력한다. 조정치는 목표수익률이 위험한도를 만족시키도록 하기 위한 것으로 조정치의 수준은 기금운용위원회가 정한다"고 규정되어 있다. 이는 목표수익률과 제도 재정상황과의 연계가 약하며 수익률을 최대한 끌어올리는 것이 필요하다는 일부 주장과도 거리가 먼 것이다. 제대로 된 사례는 CPPIB의 목표수익률 제시 사례이다. 1997년 설립당시 CPPIB는 2017년까지 적립률(자산/부채)을 20%까지 올린다는 목표를 세운 후 이의 달성을 위한 목표수익률을 4%로 제시했다.[8)]

현재 국민연금에서 지배구조 개편보다 더 중요한 선결과제는 연금재정의 장기적 목표설정 즉 어느 정도의 적립배율(=적립금/차년도 급여액)을 가져갈 것인지에 대해 우선적으로 사회적 합의를 이뤄내는 것이다. 이후, 장기 재정안정화 관점에서 제도 개선을 염두에 두고, 기금이 감수할 수 있는 투자위험 범위 내에서 수익률이 최대화되도

8) 윤희숙 등, 국민연금 재정목표와 기금운용 지배구조 개선의 필요성, KDI, 2015.

록 기금의 목표수익률을 설정하는 것이 필요하다. 제도를 장기적으로 지속가능한 틀을 갖춰 놓고서 그 상황에서 수익률을 높여야지, 수익률을 높여서 제도가 가지고 있는 문제를 해결하겠다는 것은 위험한 접근이다.

국민연금 제도의 장기적 지속가능성은 기금운용만으로 보장할 수 없고, 제도적 요인과의 조화를 통해 가능하다. 특히, 연금의 지속가능성을 저해하는 근본적 원인인 인구구조의 변화 노력이 필요하다. 최근의 한 연구에 따르면, 우리나라의 출산율이 1.3명(2013)에서 2.1명으로 증가하면 기금의 소진은 발생하지 않는다고 한다.[9]

기금운용위원회의 전문성 부족으로 자산 배분에 소극적이어서, 운용본부 직원 1인당 운용 규모가 과다해서, 기금을 전용하려는 외부의 과도한 개입과 간섭으로, 인사와 예산의 독립성이 없어 수익률 제고에 전념할 수 없어서, 그리고 운용역 전원 단기 계약직으로 단기 성과 위주의 운용 개연성이 높아서, 2016년 전주 이전에 따른 상당수 이탈 가능성이 커서 등등의 요인으로 국민연금 기금운용 수익률이 낮다는 주장도 사실이 아니고 근거가 약한 주장이다.

8. 스튜어드십 코드 도입: 무엇이 왜 문제인가?

전임 보건복지부 장관 한 분이 기금운용에 직권남용하며 개입한

9) 김우창, 초고령화 사회 하에서 지속가능한 국가성장을 위한 새로운 공적연금 운용방식 제언: INVESTING IN POPULATION GROWTH, 2014.10.

혐의로 기소되어 재판이 진행 중에 있다. 1999년 기금운용본부 설립 이래로 20여 명의 장관이 재임했는데 어떻게 한 분만이 법정에 서게 되었을까? 사실 개입의 내용과 방법에 대해서는 법정에서 최종 밝혀지겠지만 보도된 바로는 (1)청와대의 지시를 받아 삼성물산과 제일모직 합병에 찬성하도록 장관이 압력을 행사했다와 (2)합병 건을 기금운용본부 투자위원회의 찬성 결정 후 의결권행사전문위원회에 회부하여 의결을 거쳐야 하는데 그 과정에 개입하여 장관이 의결권행사전문위원회 소집권한을 갖고 있는데도 소집을 하지 않았다는 두 가지가 혐의 내용이다.

문재인 정부는 선거공약으로 스튜어드십 코드 도입을 제시했고 이의 도입준비를 착착 진행하여 2018년 7월 30일에 개최된 기금운용위원회에서 보건복지부 장관이 제출한 '국민연금기금 수탁자 책임에 관한 원칙(스튜어드십 코드) 도입방안'을 의결함으로서 스튜어드십 코드 도입이 확정 마무리 되었다. 스튜어드십 코드 도입과 함께 복지부는 의결권행사전문위원회를 폐지하고 확대 개편하여 신규로 수탁자책임 전문위원회를 설치했다. 스튜어드십 코드 도입의 의미를 제대로 파악하기 위해서는 폐지된 의결권행사전문위원회의 역할을 먼저 살펴보는 것이 필요하다.

1) 삼성합병 건과 의결권행사전문위원회

삼성 합병 건을 계기로 의결권행사전문위원의 존재가 알려지고 역할과 위상에 관해 크게 논란이 있었다. 의결권 행사 지침을 마련하는 것이 의결권행사전문위원회의 주된 역할이었다.

의결권행사전문위원회에 부의 여부 문제는 국민연금기금운용지침에 "의결권 행사는 원칙적으로 공단(기금운용본부)에서 행사하되 공단에서 찬성 또는 반대의 판단을 하기 곤란한 안건은 '주식의결권 행사 전문위원회'에서 결정한다"라고 규정되어 있었다. 각 안건에 대해 찬성 반대 중립 기권 중 어느 하나도 과반을 넘지 않는 경우에 찬반 의견을 판단하기 곤란한 경우로 간주하여 의결권행사전문위원회로 부의하도록 규정되어 있었다. 삼성합병 건에 대하여 오랜 시간 심도 깊은 논의 후의 투표에서 12명 중 8명이 찬성하여 의결권행사전문위원회에 부의하지 않았던 것으로 알려지고 있다. 기본적으로 기금운용본부는 규정에 따라 적법하게 처리했다.

2015년 삼성합병 건이 진행되는 과정에서 의결권행사전문위원회에의 회부 여부 문제가 제기되었을 때 당시 이사장이었던 필자는 직감적으로 관련 제도가 잘못되어 있어 앞으로 두고두고 문제가 될 것으로 판단했다. 당시 복지부 당국자들에게 이 문제를 제기하고 개선의 필요성을 역설한 바가 있다.

의결권행사전문위원회는 의결권행사지침을 마련하는 일만하고 의결권 행사는 마련된 지침에 따라 기금운용본부가 자체로 하게 해야 한다. 다만 의결권행사지침에 미처 마련되지 못한 사안이 의제로 올라오면 당해 지침을 의결권행사전문위원회에서 마련하여 주도록 하면 된다. 의결권행사전문위원회가 의결권행사지침을 마련하고 더 나아가 모든 개별 건에 다시 개입하게 하는 것은 국회가 아닌 행정부가 법률을 제정하고 동시에 이를 집행하는 것과 같기에 견제와 균형의 원칙에서 벗어난다. 참으로 문제였던 것이다.

이는 국민연금공단의 기금운용위원회와 한국은행의 금융통화위원회의 역할을 살펴보면 답이 나온다. 보건복지부 장관이 위원장인 기금운용위원회에서 기금운용과 관련한 일반적 방침을 정해주면 기금운용본부가 그 치침에 따라 기금운용을 하며 기금운용위원회는 기금운용본부장이 관할하는 기금운용본부의 구체적 자금운용이나 투자결정에 대해서는 일체 개입하지 못하게 되어 있다.

한국은행 금융통화위원회는 물가안정을 위해 다양한 통화신용정책을 수립집행하고 이에 따라 가계 기업 금융기관이 각자 최선의 의사결정을 하는 것이지 금융통화위원회가 경제주체의 의사결정에 개입해서는 안 되는 것과 같은 논리입니다.

의결권행사전문위원회의 소속(감독)기관도 차제에 재검토되어야 했다. 당시 의결권행사전문위원회는 보건복지부 소속이었다. 소집 여부의 결정을 복지부가 했다. 의결권행사전문위원회의 소집 및 감독 권한을 국민연금공단 이사장에 맡겨야 했었다. 복지부는 기금운용위원회나 국민연금심의회를 통해 기금운용 전반에 대해 관리 감독하고 구체적 운용이나 개별 투자결정에 대해서는 기금운용본부에 전적으로 위임하는 것이 순리이다. 현재 공단 이사장은 리스크관리위원회와 리스크관리센터를 통해 기금운용본부의 기금운용의 리스크를 관리하고 있다. 기금운용본부의 기금운용관리와 관련한 리스크관리 기능과 더불어 의결권행사 관리 기능을 공단 이사장의 책임 하에 두는 것이 견제와 균형의 관점에서 순리적이다.

2) 스튜어드십 코드 도입과 국민연금기금 수탁자 책임위원회

국민연금법 상 기금운용의 책임자는 보건복지부 장관이다. 그래서 장관이 기금운용상 가장 상위기관인 기금운용위원회의 위원장을 맡고 있다. 그러면서 복지부 장관은 기금운용을 국민연금공단에 위임하고 국민연금공단 이사장은 위임된 기금운용을 국민연금기금운용규정에 의거하여 관리하며 세부적 사항은 위임전결규칙에 따라 시행한다. 개별 투자 결정은 기금운용본부장의 책임 하에 독립적으로 이뤄진다. 복지부 장관과 공단 이사장 어느 누구도 개별 투자 건에 대해서 관여할 수 없으며 사후적으로 보고만 받도록 규정되어 있다.

세계 20여 개 나라가 도입했고 그 도입의 취지 자체로서는 훌륭하기에 스튜어드십 코드 도입을 적극 검토할 수 있다. 도입은 그 목적이 뚜렷하고 도입을 뒷받침할 전제조건이 확실히 충족된 상태에서만 논의 될 수 있다. 원래 스튜어드십 코드는 투자은행(investment bank)과 같은 민간 기관투자자나 국민연금과 같은 공공 기관투자자(institutional investor)가 고객이 맡긴 돈을 자기 재산처럼 여기고 최선을 다해 관리, 운용해야 한다는 원칙이자 가이드라인으로, 자발적 도입이 핵심이다. 도입이 논의되는 단계에서는 물론이고 도입이 된 후에도 기관투지가의 기금운용이 정부로부터 완전히 독립되어 있는 경우에만 스튜어드십 코드 도입이 가능하다.

현재 20여 개국에 스튜어드십 코드가 도입되어 있는데 민간 기관투자자는 물론은 물론 국민연금과 같은 공공부문 기관투자자의 전문성과 독립성이 거의 완벽히 보장되어 있다. 우리나라의 경우와 같이 기금운용의 전문성과 독립성이 실질적으로 확보되지 않는 상태에서, 특히나 복지부 장관이 개별 기업에 대해 정의감을 앞세운 말을 스스럼없이 내뱉을 수 있는 상황에서는 스튜어드십 코드 도입은 연금사회주의로 직결될 수 있으며 기금운용의 근간이 흔들릴 가능성이 매우 크다.

기업이나 기업주가 밀수, 재산 해외도피, 탈세, 갑질 등과 같은 사회적으로 지탄받는 일을 하면 당연히 적정한 조치가 취해져야 한다. 각종 일탈 사안별로 해당 기관이 관련법을 적용해 처리하면 된다. 문제는 최근 국민연금이 주식형태로 투자한 일부 기업들의 일탈에 대해 복지부가 문제 제기를 하며 나갔다는데 있다. 기금운용의 국내기업 주식투자를 빌미로 복지부 장관이나 기금운용 관련 특정 위원회가 기업의 각종 비리를 척결하겠다고 나서는 것은 있을 수 없는 일이다.[10)]

스튜어드십 코드 도입의 목적으로 정부가 내세운 것은 '지금과 같은 방식의 기금운용으로는 초과수익 창출과 장기 수익성 제고에 한계가 있어 극복의 새로운 방안 모색'이다. 그러나 기금의 장기 수익

10) 최근 복지부 장관은 기금운용위원회에서 "한진그룹 오너 일가의 밀수, 관세포탈, 재산 국외도피, 탈세 등과 관련한 보도가 계속 이어져 국민의 우려가 가라앉지 않고 있다"며 "대한항공의 2대 주주로서 현재 사용할 수 있는 주주권을 행사할 것을 제안한다"고 말했다. 현안인 스튜워드쉽 코드 도입의 필요성을 강조한 것으로 이해되나 특정 기업에 대한 주주권 행사 운운은 재판을 받고 있는 전임 장관과 같은 사례의 위법 소지가 있는 발언이다.

제고는 본고 "질문 8. 기금운용 수익률 제고: 무엇을 어떻게 봐야하나?"에서 논의한 바와 같이 기금의 자산별 배분과 리스크 관리에 의해 달성되지 스튜어드십 코드 도입으로 달성되지는 않는다.

주식투자로부터 높은 수익률을 얻는 방법은 ⑴높은 수익률을 내는 기업에 투자하는 것과 ⑵보통 수익률을 내는 기업에 먼저 투자하고 그 기업의 경영에 개입하여 높은 수익률을 내도록 하는 것, 두 가지 방법이 있다. ⑴과 ⑵의 방법 중 국민연금 기금운용이 택해야 하는 것은 ⑴의 방법이지 ⑵의 방법이 아니다. ⑵의 방법은 그 자체가 지극히 어려운 일이고 기금운용본부나 어떤 위원회도 그 일을 할 역량이 없기 때문이다.

당초 명시적으로 '스튜어드십 코드 도입'을 내세웠던 정부가 국민연금기금운용위원회에 제출한 최종 제목은 국민연금기금 수탁자 책임에 관한 원칙(스튜어드십 코드) 도입방안이고, 총괄 조직으로 '수탁자책임 전문위원회'를 신설하였다. 외형만 보면 의결권행사전문위원회의 확대 개편이나 수탁자책임 전문위원회는 그 위상과 역할에 오면 무소불위에 가깝다.

수탁자책임 전문위원회의 기능은 주주권행사에 관한 사항과 책임투자에 관한 사항을 검토 또는 결정한다. 위원회 내에 주주권행사 분과와 책임투자 분과를 두는바, 9명의 위원으로 구성된 주주권행사 분과는 주주활동 기준, 범위, 절차 등에 관한 사항 검토, 중요 의결권 및 기금본부 주요 주주활동 이행 여부를 결정하며 5인의 위원으로 구성된 책임투자 분과는 책임투자 관점에서 기업의 투자제한 변경

검토, 기금본부 책임투자 활동 모니터링, 책임투자 지침 검토가 주요 기능이다.

기금이 보유하고 있는 상장주식에 대해 수탁자 책임 활동의 내용은 ⑴의결권 행사, ⑵중점관리사안에 대한 비공개 대화, 비공개 중점관리기업 선정, 공개 중점관리기업 선정, 공개서한 발송, ⑶예상하지 못한 주주가치 훼손 사안에 대한 비공개 대화, 공개서한 발송, ⑷소송 제기, ⑸그 밖에 기금운용위원회 위원장이 필요하다고 인정하는 사안 또는 기금운용위원회가 의결한 사안으로 기금운용본부의 투자 활동을 거의 관여하고 무력화 시킬 수 있다. 지구상 어느 나라도 이렇게 투자기업의 모든 면에 관여하는 스튜어드십 코드 제도를 도입한 사례가 없다.

2년 임기의 도합 14명의 위원이 대한민국 상장기업의 경제적, 비경제적 모든 정보를 들여다 볼 수 있고 분과위원 1/3 이상이 요청하면 자료 제출과 회의 소집이 가능해 진다. 감독기능에 그쳐야 할 복지부가 이젠 기금운용의 구석구석을 살 필 수 있으며 마음만 먹으면 복지부나 시민단체가 상장기업의 거의 모든 활동에 개입할 수 있고 기업주는 자신의 사업에 매진하기 보다는 위원회의 자료 요청에 시간과 노력의 대부분을 투입하게 될 것이다.

국민연금기금 수탁자책임 전문위원회 운영규정에 따르면 국민연금기금 수탁자책임 전문위원회의 위원은 기금운용위원회로부터 추천을 받아 복지부 장관이 위촉한다고 규정되어 있다. 문제는 복지부 장관이 기금운용위원회의 위원장이라는데 있다. 이러한 규정을 만드는 공직자들의 행태와 자세는 참으로 우려스럽다. 복지부 장관이 직접 전권을 휘두르거나 위원들을 통해 행사하면 기금운용의 전문성 독립성은 크게 훼손되며 앞으로 기금운용은 난관에 봉착할 수밖에 없다.

9. 무엇을 어떻게 봐야 하나?

오늘날 우리나라에는 모두 소인(素人)들만 살고 있는 듯하다. 소인(素人)은 깊이 공부한 사람들이 아니다. 풋내기 지식인들이다. 풋내기일수록 전문 지식인들을 거부하고 싫어한다. 옛날 말에 초학삼년 천하무적(草學三年 天下無敵)이라는 말이 있다. 공부 처음 삼년 한 사람이 스스로 세상을 다 안다고 자만해서 천하에 대적할 사람이 없다고 느낀다는 뜻이다. 바로 풋내기 소인(素人)을 가리킨다. 지금 우리 사회가 꼭 그 꼴이다.[11]

필자가 국민연금공단 이사장으로 재직할 당시 본인은 매일 아침 기도하며 출근했다. "오늘도 기금운용에 큰 문제가 없게 해 주십사고" 하느님께 빌었다. 내부 구성원들이야 최선을 다하지만 세계 곳곳에서 발생하는 다양한 요인에 의해 기금운용에 손실이 초래되는 불가항력적인 사태를 매일 걱정하지 않을 수 없었다. 마음 조리고 걱정했던 사태가 발생하지 않아 얼마나 다행인지 지금도 하느님께 감사

11) 본인이 엮은 2권의 책 '오래된 새로운 비전'과 '오래된 새로운 전략'의 출판기념회에서 송복 교수가 한 기념사의 주요 내용 중의 하나이다.

하고 있다.

문제를 균형되게 보고 전체를 보아야 한다. 숲도 보고 나무도 보고 가지와 뿌리도 봐야 한다. 기금운용은 무한경쟁의 국제적 업무다. 세계 전문가 중의 전문가들이 매일매일 피를 말리는 경쟁 속에서 자산운용에 전념하고 있다는 사실을 명심해야 한다. 조그마한 틈도 한 치의 실수도 치명적 손실로 연결된다. 조직관리의 원칙이 존중되어야 한다. 기금운용은 전문가에 맡기면 된다. 정부와 국회는 감독만 잘하면 된다. 외형적으로 그럴듯한 명분을 내세우며 기금운용에 온갖 간섭을 하는 그리고 기금운용의 비밀정보를 무언지도 모르고 요청하는 국회의 잘못된 관행 아닌 관행은 이제 타기되어야 한다.[12] 기금운용을 잘 하려면 무엇을 어떻게 해야 하는지 이미 훌륭한 답이 제시되어 있다. 선진국의 경험으로부터 배우되 표피만 보고 모방해서는 곤란하다.

12) 금융기관의 투자결정 관련 자료나 정보에 대해 외부 제3자가 접근 가능한 경우는 세계 어디에도 없으며 가능해서도 안 된다. 우리나라의 경우 기금운용본부 회의록 자료를 요청하고 이 자료가 언론에 보도되는 경우가 적지 않다. 심지어 국회의원 본인이 기금운용본부에 직접 와서 확인만 하도록 한 경우에도 해당 자료 자체가 언론에 보도되는 경도 있다.

〈참고문헌〉

류영제, 「국민연금 스튜어드십 코드 도입의 필요성」, 국회토론회 발표자료, 2017

박태연 이정화, 「해외 주요 연금의 기금운용부문 개혁사례와 시사점」, 국민연금연구원, 2016

성명기(편), 「국민연금과 국민경제 연구」, 국민연금연구원, 2016

송민경, 「국민연금의 한국 스튜어드십 코드 도입 방안」, 고려대학교, 2017

산학협력단 주최, 국민연금 책임투자 활성화 및 스튜어드십 코드 도입 방안 정책 토론회 발표자료 (PPT). 11월 15일.

신장섭, '행동주의 펀드'의 실상과 재벌정책 - 엘리엇-삼성 분쟁이 주는 교훈' (한글판), 'The Reality of "Actions" by Activist Hedge Funds and Public Policies on Chaebols'(영문판), The KERI Insight, July, 한국경제연구원, 2015

신장섭, '신장섭 교수가 본 삼성물산 합병 5가지 쟁점 - "국민연금 합병 찬성 당연"', 매일경제신문 인터뷰, 12월 1일, 2016

신장섭, 「왜곡된 스튜어드십 코드와 국민연금의 진로」, 나남, 2018

하이자산운용, '스튜어드십 코드 도입 확대에 따른 기업의 역할과 과제', 11월 (PPT 자료), 2017

이준행 김대익, 「국민연금기금의 바람직한 운용방안」, 하나경제연구소, 2012

원종욱 외 45인, 「국민연금기금 관리 운용체계 개선방안 연구」, 한국보건사회연구원, 2015

원종욱 외5인, 「국민연금기금운용 중장기 정책수립」, 한국보건사회연구원, 2013

원종현, 「국민연금 기금운용체계 고찰」, 보건사회연구원, 2008

윤희숙 등, 「국민연금 재정목표와 기금운용 지배구조 개선의 필요성」, KDI, 2015

황인학, 「기관투자자 스튜어드십 코드의 쟁점과 한계」, 2016년 7월 19일, 한국경제연구원 대외세미나, 2016

〈부표 1〉 국민연금 제도 및 기금 관련 자료

	정원(명)		가입자 및 수급자[3](만 명)		연금 수급액(원)		기금의 조성과 운용(조 원, 시가기준)			
	제도[1]	기금[2]	가입자수	수급 자수[4]	최고액	평균액[5]	운용 수익	보험료 수입 등[6]	급여액 등[7]	잔액
2000	3,950	39	1,621	62	자료없음	132,950	3.2	10.4	1.7	11.9
2002	3,936	64	1,650	92	자료없음	163,220	6.5	13.8	2.0	18.3
2004	4,442	79	1,707	142	자료없음	163,950	10.3	17.3	3.2	24.3
2006	4,842	91	1,774	186	1,092,850	188,080	10.1	20.3	4.8	25.7
2008	4,847	124	1,834	237	1,144,810	221,750	-0.4	23.0	6.7	15.9
2010	4,803	127	1,923	282	1,239,230	262,960	30.1	25.3	9.1	46.3
2012	4,434	170	2,033	331	1,604,510	308,880	25.0	30.2	12.1	43.1
2014	4,938	211	2,113	359	1,731,510	334,410	23.0	34.2	14.3	42.9
2016	5,335	333	2,183	414	1,937,220	368,210	24.5	39.0	17.7	46.0
2017	5,417	352	2,182	448	1,994,170	368,380	41.2	41.8	19.7	63.4

주1) 2016년 제도 정원은 임금피크제 별도 정원 포함함
2) 기금 정원은 준법지원실 인력 포함함
3) 가입자 및 수급자 수는 천단위에서 반올림함
4) 해당연도 연금(노령·유족·장애연금) 수급자임
5) 노령연금(분할제외) 수급자의 연금 평균액임
6) 융자원금 회수, 정부전입금 등 기타 수입을 포함한 금액임
7) 연금급여액 및 사업비(복지타운, 노후긴급자금 대부 등), 운영비(공단관리운영비 등) 등 기타 지출을 포함한 금액임

〈부표 2〉 주요국 연금기금 및 국부펀드 수익률

	평균	2000	2001	2002	2003	2004	2005	2006	2007	2008	2009	2010	2011	2012	2013	2014	2015	2016	2017
한국 NPS (연금기금)	6.1	-0.1	12.0	8.1	7.9	8.6	5.4	5.9	7.0	-0.2	10.8	10.6	2.3	7.0	4.2	5.3	4.6	4.7	7.3
일본 GPIF (연금기금)	2.6	-5.2	-1.8	-5.4	8.4	3.4	9.9	3.7	-4.6	-7.6	7.9	-0.3	2.3	10.2	8.6	12.3	-3.8	5.9	6.9
캐나다 CPPIB (연금기금)	6.6	-9.4	3.4	-21.1	31.7	10.7	17.4	12.9	-0.3	-18.6	14.9	11.9	6.6	10.1	16.5	18.7	3.7	12.2	11.6
미국 CalPERS (직역연금)	5.5	-7.2	-6.1	3.7	16.6	12.3	11.8	19.1	-5.1	-24.0	13.3	21.7	0.1	13.2	18.4	2.4	0.6	11.2	8.6
네델란드 ABP (직역연금)	6.0	3.2	-0.1	-7.2	11.0	11.2	12.8	9.5	3.8	-20.2	20.2	13.5	3.3	13.7	6.2	14.5	2.7	9.5	7.6
노르웨이GPFG (국부펀드)	5.6	2.5	-2.5	-4.7	12.6	8.9	11.1	7.9	4.3	-23.3	25.6	9.6	-2.5	13.4	16.0	7.6	2.7	6.9	13.7

제4장

스튜어드십 코드는 연금기금사회주의의 도구다

[요약]

국민연금기금은 고령화가 우려되던 1988년 국민노후보장을 위해 도입된 국민연금제도의 산물이다. 국민연금제도의 도입 당시 국민연금기금은 공공자금으로 예탁되어 채권을 중심으로 운용되었다. 이에 따라 경제발전 과정에서 자본부족으로 시달리던 우리 경제의 종자돈 역할을 했음을 부인할 수 없다. 그러나 김대중 정부의 1998년말 기금운용위원장이 재정경제부 장관에서 보건복지부 장관으로 변경되고 의무예탁제도가 폐지되면서 수익율 증대를 위하여 위험자산, 즉 주식시장에 대한 투자가 다변화되었다. 이에 따라 노무현 정부는 2004년부터 주주권 행사를 시작하였고, 문재인 정부는 더 나아가 주주권 행사를 정치화시키는 올해부터 스튜어드십 코드를 도입하였다.

국민연금기금은 국가가 직접적으로 관리하는 국가기금으로서 민간자본시장에 영향을 미쳐서는 안 된다. 더욱이 민간기업에 대한 주식보유는 사실상 공기업과 다르지 않은 정부기업이 되는 것을 의미하고 결과적으로 정부정책의 수단화될 수 밖에 없다. 스튜어드십 코드는 원칙에 사회 · 환경 · 지배구조(ESG)등 비재무적 요소를 포함하고 있다. 이는 곧 사회적 합의나 합리적 근거도 없이 정부 이념에 따른 기준을 모든 기업에게 적용하겠다는 것이다. 거의 모든 기업들이 정부의 정책을 수행하는 기구(agency)가 됨을 의미한다. 이 관계는 사회주의국가에서의 정부와 기업간 관계와 동일하다. 앞으로 국민연금기금의 주식투자를 대폭확대하면서 기금규모도 지금보다 적어도 2배 이상 증가하게 되면 이러한 관계는 더욱 강화될 것이다. 그리고 우리나라의 거의 모든 민간 기업들은 사유재산이 아니라 '국민' 모두의 기업이 된다. 즉, 일찍이 Peter Drucker가 우려한 '연금기금사회주의'가 실현되면서 강성 노동조합이 지배하는 사회가 된다.

스튜어드십 코드의 도입이 수익을 극대화한다고 하지만 정부의 원천적인 규제 하의 기업은 글로벌 시장의 자유주의적 기업들과 경쟁하면서 수익률을 결코 높일 수 없다. 따라서 국민연금기금의 스튜어드십 코드는 국민연금의 재정안정에 거의 기여하지 못한다. 오히려 국가경쟁력과 국민생계를 위협하는 제도이고, 글로벌 기업들에게 국내기업들의 국내외 자리를 선뜻 내주게 하는 역할만 할 것이다.

스튜어드십 코드는 연금기금사회주의의 도구다

김원식

1. 서론

본 연구는 최근 문제되고 있는 국민연금기금의 스튜어드십 코드의 적용과 관련하여 국민연금기금의 운용에 대한 문제점과 아울러 주식투자의 문제를 본질적으로 조망하고자 한다.

국민연금기금은 세계경제의 글로벌화 이후 어떤 나라에서도 형성된 적이 없는 대규모 공적연금의 기금이라는 매우 드문 특성의 기금이다. 선진국의 사례에서도 공적연금기금이 존재해서 2017년 말 기준 국민총생산의 36%(621조원/1,730조원) 이상 (앞으로 더 증가할 가능성이 있는) 하는 국가는 거의 없으며, 금액 면에서도 미국의 사회보장신탁기금을 제외하고는 찾아볼 수 없다. 따라서 경제 전반적인 국민연금기금의 효율적 운용방안은 다른 예를 찾아볼 수도 없이 순수하게 우리가 머리를 맞대고 고민해야 할 국가적 과제의 하나다.

본 연구의 구성은 제2장에서 국민연금기금의 운용 경과와 현황을 요약한다. 제3장에서는 자본시장에서의 국민연금기금 성격을 규명한다. 제4장에서는 국민연금기금의 주주권행사와 이어서 제5장에서는 스튜어드십 코드 적용의 문제를 심층적으로 분석한다. 제6장에서는 현 정책의 대안으로서 국민연금기금의 효율적 운용방안을 논한다.

2. 국민연금기금의 운용 경과

1988년 국민연금기금이 설치된 이래 1999년 기금운용본부가 설립되기까지 10여년간 기금운용은 본부의 한 부서인 기금운용부에서 이루어졌다. 그리고 1988년 말 조성된 5,279억원의 기금부터 공공자금으로 예탁되어 공공분야와 채권을 중심으로 운용되기 시작하였다. 국민연금기금은 자본 부족에 시달리며 경제성장을 해왔던 우리 경제에 큰 자원이 되었다.[1)] 이에 따라 운용자금의 50%는 공공부문에 배분되었고, 1991년 기금관리기본법이 제정되면서 공공부문 배분비중이 급증해서 1998년에는 최대 72%가 되었다. 그리고 금융부분의 비중은 지속적으로 감소해서 1998년 27%까지 되었다. 이 과정에서 1991년 자산관리부가 신설되고 1995년 국민연금연구원의 전신인 기금운용연구실이 설치되어 투자전략회의를 주관하였다.[2)]

1) 2018년 현재 국민연금기금은 637조원에 이르고 109조원이 주식에 투자되면서 자본시장의 가장 큰 자금 공급원이 되고 있음.

2) 국민연금공단, 『국민연금 30년사』, 2017, pp.230-2.

1998년 말 기금운용부는 기금운용실로 승격되고 기금운용연구실은 1996년 국민연금연구센터로 개칭되었다. 그리고 1999년 외부컨설팅의 결과에 따라 기금운용본부가 설치되었다.

1998년말 국민연금법의 개정과 1999년 1월 공공자금기금관리법의 개정으로 기금운용위원회의 위원장이 재정경제부 장관에서 보건복지부장관으로 변경되었고 의무예탁제도가 폐지되었다. 이에 따라 독립성과 책임성이 강화된 기금운용본부는 당시 제한적이었던 투자대상을 대폭 확대해 다양한 수익원 획보와 아울러 분산투자를 통한 본격적 금융투자를 할 수 있게 되었다.

1990년 주식형 수익증권에 대한 형태로 시작되었던 위탁투자는 2000년 이후 일임자문형 위탁투자로 바뀌었고 이후에도 선정위원회 등 위탁투자 프로세스의 개선이 꾸준히 이루어졌다. 최초 액티브(active) 및 패시브(passive)로 구분되던 투자유형도 책임투자형, 배당주형, 장기투자형 등 8개로 다양화되었다. 2001년 리스크관리위원회가 만들어지면서 종합기금운영시스템이 구축되었다.

1999년 공공자금관리기금법이 폐지되고 기금운용본부가 설립되면서 기금운용방식은 점차 공공부문에서 금융시장 쪽으로 전환되었다. 즉. 기존의 채권 중심에서 주식 중심의 위험자산으로 투자대상이 다변화되었다. 그러면서 주식에 대한 주주권 행사의 필요성이 제기되기 시작하였고 최근에는 주주권이 더 강화된 스튜어드십(코드)의 도입이 결정된 상태이다.

초기 국민연금기금은 채권에 투자가 되었고, 채권시장에서의 수익률이 자본시장수익률과 괴리를 보임에 따라 자본시장에 대한 투자를 함으로써 수익률을 높여야 한다는 주장이 지속적으로 제기되고 있다.

1994년 정부의 국민연금 기금운용이 국민연금공단으로 이전되면서 주식에 대한 투자가 시작되었고, 2004년 주식시장에서 주주로서의 권한을 행사해야 한다는 주장이 받아들여지면서 주식투자가 전면으로 허용되었다.

2004년 11월 기준 120조원에 달한 국민연금기금의 주식투자에 대한 많은 논의가 있어 왔음에도 불구하고 당시까지는 국민연금기금은 채권과 주식에 제한적으로 투자되어 큰 무리없이 수익률제고와 연금기금의 안정적 투자에 기여했다고 본다. 그러나 자본시장의 침체와 거대 자본의 투자처 부재로 인한 돌파구로서 정부는 국민연금기금의 주식시장 투자 및 주주권 행사를 전면 확대하는 조치를 강구해 왔다. 이에 따라 정부는 2004년 6월 국민연금기금의 주식투자를 전면 허용하는 법안을 제출하였다.

법안의 내용은 지금까지는 기금의 주식과 부동산에 대한 투자를 원칙적으로 금지하였으나 다양한 자산의 운용을 통하여 기금의 수익률을 제고하고자 기금관리기본법(2007년 국가재정법으로 편입됨) 중 제3조3항[3]에 해당하는 제한 규정을 삭제하였다.

기금관리기본법은 정부의 모든 기금을 운용하는데 기본이 되는

3) 기금관리기본법 "제3조(기금관리 운용의 원칙) ③ 기금관리주체는 당해 기금으로 주식과 부동산을 매입할 수 없다. 다만 당해 기금의 설치 목적과 공익에 위배되지 않는 범위 안에서 기금관리 운용에 반영된 경우에는 그러하지 아니하다."

법이었다. 이의 적용대상이 되는 기금은 매우 다양한 성격을 갖는다. 이들의 성격을 장기자금운용과 단기자금운용을 위한 기금으로 구분한다면 국민연금은 초장기 기금에 속하며 특히 국민 대다수가 수혜의 대상이 되는 기금이라는 점에서 일반 기금과 매우 다르다. 이러한 관점에서 기금관리기본법의 적용에서 국민연금 등의 연금기금 관리운용은 별도의 적용을 받아야 할 필요성으로 분리되어 국민연금법에서 별도로 적용되었다. 국민연금법에 따르면 국민연금기금은 증권의 매매 및 대여에 있어서 장기적이고 안정적인 수익 증대를 위하여 투자대상과 관련한 환경·사회·지배구조 등의 요소를 고려할 수 있도록 하고 있다.[4] 본 논문의 주제인 스튜어드십의 적용은 명분상 수익률 극대화를 추구하는 수단이다.

2007년 이전에 국민연금기금운용의 기준이 되었던 국민연금법과 국민연금기금운용규정 등 관련 법령들은 2007년 국가재정법의 수립을 전후해서 대폭 정비되었다. 그러나 앞서 언급되었듯이 국민연금기금은 이 법의 적용을 받지 않게 되었다. 주식투자에 대하여는 2005년 의결권 행사지침, 2006년 기금운용지침, 2007년 윤리강령, 2008년 성과평가보상지침 등이 기금운용위원회의 승인으로 수립되었다.[5]

4) 국민연금법 제102조(기금의 관리 및 운용) 4항은 "제2항제3호에 따라 기금을 관리·운용하는 경우에는 장기적이고 안정적인 수익 증대를 위하여 투자대상과 관련한 환경·사회·지배구조 등의 요소를 고려할 수 있다. 〈신설 2015. 1. 28.〉". 이 조항은 2015년에 신설된 조항으로 노무현 정부에서 신설되었음.

5) 2002년 대체투자가 시작되었고, 전문화를 위하여 2008년 대체투자위원회가 설립되었음.

국민연금공단은 장기 투자수익률을 제고하기 위하여 수탁자로서 신의성실의 원칙에 따라 의결권을 행사하고 있다. 의결권은 기금운용위원회가 제정한 의결권행사지침에 따라 행사되고 공시된다.

자본시장법의 개정으로 배당관련 권리행사의 제약요인 해소[6]와 배당수익율을 고려한 장기수익율 제고의 필요성이 높아짐에 따라 국민연금의 배당기준에 대한 내부 가이드라인을 2015년12월 제정했다. 이를 기초로 기업과의 대화, 중점관리기업의 재정 및 공개, 주주제안 참여를 단계적으로 시행하고 있다.

국민연금공단이 스튜어드십을 도입하는 구체성은 다음의 주주권에 대한 입장에서 엿볼 수 있다. "공단은 투자수익을 제고하기 위해 국내외기업의 주식에 투자하고 있다. 재무적 투자자인 공단은 기업 경영에 직접 관여하지 않으며 기업의 경영은 대리인에 의해 이루어진다. 그런데 대리인은 기업의 이익보다 자신의 이익을 우선할 수 있는데 대리인의 이익이 우선되는 경우 이는 투자기업의 가치와 공단의 투자수익에 부정적 영향을 끼칠 수 있다. 이 같은 문제를 최소화하기 위해 공단은 문제 주식을 매각하는 월스트리트룰(Wall-street rule)과 같은 전략을 취할 수 있다. 그러나 기금의 규모가 상당한 수준에 달한 지금 이런 전략을 구사하는 것이 용이하지 않으며 공단은 주주로서 투자회사에 대한 경영감독에 참여해 투자수익을 제고할 필요가 있다."[7]

---

6) 자본시장법 개정(2014.12.9. 금융위원회)으로 배당관련 권리행사는 경영참여에서 제외되었음.

7) 국민연금공단(2017), pp.281-2.

이는 법적 차원을 넘어서 국민연금공단의 입장에서 정부의 기업 경영 참여를 명시한 것이다. 그러나 민간부문에 대한 정부의 경영참여에 대하여 그 영향에 대한 충분한 논의가 거의 제기되지 않았다.[8) 주주권의 행사는 민간기업의 공기업화를 의미하기 때문에 당시부터 보다 심도있는 논의가 이루어졌어야 했다.

3. 국민연금기금의 성격

국민연금기금은 국민들의 노후 준비를 위하여 국가의 온정주의적(paternalism) 관점에서 국민연금제도를 통하여 강제적으로 적립된 것이다. 따라서 국민들이 보유하고 있었다면 이 자금은 시중의 자금으로 다양하게 활용될 수 있었을 것이다. 예를 들면, 개인들의 주택자금 등의 목돈 수요나 민간자본시장에 투입되어 기업의 투자자금으로 활용되어 증식되었을 것이다. 즉, 2018년 현재 국민연금기금 637조원은 자영자, 중소기업, 대기업 등의 금융시장에서 운용되고 미래에 노후의 국민들에게 환류되어야 하는 돈이다. 따라서 국민연금기금은 사실상 민간의 돈을 정부가 적립하여 자본시장 내에서도 2017년 기준 10.1% 규모로 독점적으로 운용되고 있는 것이다.[9)] 문제는 국민연금의 적자형 보험료 연금 구조로 인하여 믿을만한 급여보장을

8) 주주권 행사에 반대하는 내용의 연구는 거의 없었음. 당시의 상황에 대하여는 김원식(2005) 참조. 이울러 최근 주장으로 황영기(2018) 참조.

9) 시가총액(유가증권과 코스닥)은 2916년 1,510조원, 2017년 1,889조원, 2018년 1,572조원임.

하지 못하고 있다는 것이다. 그리고 고령화와 예상보다 낮은 수익률로 급여 보장 리스크는 점점 더 커지고 있다.

즉, 국민연금기금은 가계 및 기업부문이 활용할 자금을 끌어 모아서 채권 및 상장된 300여개[10] 상장 대기업, 그리고 해외의 자본시장에 재배분하고 있는 것이다. 수익률 극대화를 위하여 민간자본을 대기업 중심으로 끌어댐으로써 왜곡시키고 있다. 해외투자를 하는데 명분은 좋을지 몰라도 이는 사실상 국내 투자자금과 일자리까지 해외로 이전시키는 것과 다르지 않다. 이러한 국민경제의 희생에 대한 기회비용을 보상받기 위하여 연금기금은 상당 수준의 수익을 창출해야 한다.

국민연금기금은 두 가지 측면에서 검토되어야 한다. 첫째, 국민연금제도에 기반하여 조성된 자금으로서 국민연금의 제도적 성격을 반영한 특성이 분석되어야 한다. 둘째, 경제적 관점에서 국민연금기금의 자본시장에 미치는 영향으로 본 특성이다. 국민연금제도에 관련된 특성은 국민연금기금의 특성은 다음과 같이 요약된다.

우선, 국민연금은 적자구조의 확정급여형 제도이다. 제도적 수익비는 명목상으로는 평균 1.4이나, 최근 제4차 재정재계산에 따르면 18년 근로자 평균임금 기준 1.9이고 상한 근로소득 기준으로도 1.4로 나타나고 있다. 따라서 국민연금기금은 현재 국민연금 보험료 납입자의 급여를 보장하는데 매우 부족한 규모이고 결국 소멸될 가능성이 높은 기금이다.

10) 2018년 기준 5%이상 지분 기업은 303개임.

둘째, 국민연금의 성격은 사망 시까지 급여가 지급되는 종신형 연금이다. 따라서 연금부채는 평균수명의 상승에 따라 증가하고, 이에 따라 연금기금도 함께 증가해야 한다. 그래서 이에 따른 수혜 수준은 오래 생존하는 계층에게 점차 유리해진다. 이러한 계층은 화이트컬러 중심의 안전직업층, 고소득층, 고학력층 등이 될 가능성이 높다. 이러한 점에서 국민연금이 반드시 소득재분배적이라고 말할 수 없다.

셋째, 국민연금은 소비자물가상승률에 따라 급여가 연동된다. 이에 따라 아무리 연금기금이 부채를 충당할 정도로 완전 적립된다고 해도 물가상승률만큼의 운용수익률을 낳아야 한다.[11)]

이상은 제도적 관점에서 본 국민연금기금의 성격이다. 그러나 경제적으로 더 중요한 의미는 자본시장에 미치는 영향이다.

우선, 국민연금기금은 국민들로부터 거두어진 600조원이 넘는 강제저축이다. 따라서 개인들은 노후에 연금수급을 받을 것으로 생각하여 근로기간 동안 개인적 저축을 줄인다. 국민연금이 개인들의 저축에 미치는 영향을 분석한 연구들은 일반적으로 국민연금보험료를 1원을 내면 자신들의 저축을 0.5원 감소시키는 것으로 보고 있다. 이 자금은 민간에게는 주택마련, 의료비, 교육비 등으로 먼저 사용되어야 하는 자금인데 사전적으로 정부가 노후자금이라고 미리 가져간 자금이다. 그리고 그들은 이러한 목적의 급전을 조달하기 위하여 높은 이자를 부담하게 된다. 따라서 이 자금은 개인들에게 상당히 기회비

---

11) 최근 공무원연금의 개혁과정에서 급여를 5년간 동결하기로 한 것은 국민연금도 재정이 불안정해지면 구매력이 보장되지 않을 수도 있음을 보임.

용이 높은 자금이다.

기업들도 개인들의 저축에 의하여 민간자본시장에 유통되어야 할 자금을 정부가 가지고 있음으로 해서 자본시장의 자금 감소를 겪게 된다. 정부가 모은 국민연금기금이 민간 자본시장에 골고루 유통되지 않기 때문이다. 공공채권의 매입은 정부의 재정적자를 조달하는데 사용된다. 주식투자는 상장 대기업 중심으로 투자됨으로써 사실상 이들에 대한 자금원이 되고 주식시장의 안정화에 기여하는 수준의 역할에 그친다. 또한 해외투자는 국내 자금을 해외에 유출시키는 결과로 이어져서 기업의 자금원을 줄이고 있다.

둘째, 현재와 같은 추이로는 자본시장이 국민연금기금의 독점화가 심화될 가능성이 높다. 국민연금은 앞으로도 지속적으로 주식투자를 늘여갈 가능성이 높다. 주식투자는 대기업 중심으로 되면서 이들에 대한 영향력은 더욱 커질 것이다. 이러한 영향력은 이들의 지배구조까지 위협할 가능성이 높다. 국민연금기금의 주식지분율이 낳는 실질 영향력은 경영권유지를 위한 50% 이상의 관리계좌를 고려할 때 지분율의 2배 이상이 될 것으로 본다. 자본시장에 대한 영향력은 매우 제한적이어야 함에도 정부는 수익률 극대화를 위하여 주주권 행사나 스튜어드십의 적용을 적극적으로 추진하고 있다. 따라서 국민연금기금은 자본시장의 흐름을 왜곡시킬 가능성이 높아서 사적연금기금과 달리 국민경제적 효율성이 더 강조되어야 한다.

셋째, 국민연금기금은 자본시장의 불안정화를 낳을 가능성이 높다. 국민연금기금은 앞으로 더 수익률 극대화를 추구하고 있기 때문에 주가가 하락하게 되면 선제적으로 주식을 매각하고, 주가가 상승하면 이익을 실현하기 위하여 주식을 매각할 수밖에 없다. 이에 따라 주식거래에 참여하는 개인투자자들은 주가가 하락하거나 상승하거나 국민연금기금의 주식매매에 영향을 받을 수밖에 없다. 지금까지는 국민연금기금은 자본시장에서 매수를 통하여 자본시장을 떠 받쳐 왔다고 본다. 이 역시 자본시장 상황을 왜곡시켜 왔다. 그리고 주가가 기업가치를 올바르게 평가하지 못하게 한다. 위탁운용사들은 이해상충의 문제가 발생할 수 있다. 국민연금기금의 주식을 팔 때 자기 주식을 먼저 팔 것이다. 주가는 생산성 혹은 기업의 미래가치로 평가받는 것이지 ESG 혹은 사회적 인기로 평가받는 것이 아니다.

넷째, 국민연금 급여의 지급을 위한 준비금으로서 국민연금제도의 구조적 적자구조로 2041년 수지균형이 되고 2057년 고갈될 기금이다. 따라서 2041년 이후 기금의 수축기 동안 자본시장에서는 대규모로 지속적으로 자본이 유출된다. 자본시장은 매우 큰 패닉상태에 빠질 수밖에 없다.

국민연금기금으로 인한 국민경제 및 자본시장의 왜곡은 경제전체에 대한 왜곡으로 나타날 수 있다. 그리고 이미 사회문제화한 고령화는 국민경제의 성장을 제약하는 요인으로 나타나므로 국민연금기금의 자본시장 운용은 외부적인 제약을 받아서 경제에 대한 왜곡을 더욱 심화시킬 수 있다. 따라서 국민연금기금은 이상의 문제점들을 최소화하는 주식시장 투자가 되어야 한다.

이러한 현실에서 스튜어드십 등을 통한 적극적 주주권 행사는 경제를 인위적으로 왜곡시키는 것이다. 국민연금법에 따른 복지부의 국연금기금운용지침에 따르면 기금의 운용에 대한 원칙은 수익성, 안정성, 공공성, 유동성, 운용 독립성이다.[12] 스튜어드십 코드의 목적은 수익성 제고임이 명시되어 있다. 그러나 스튜어드십의 사회적 역할로 기업이 높은 수익을 낳을 가능성은 낮다. 오히려 스튜어드십의 목적은 기금이 극단적 높은 수익을 위하여 낳을 수 있는 사회적 부작용을 억제하거나 윤리문제를 해결하기 위한 보수적 수단으로 보아야 한다.

자칫 수익성만을 추구하는 연금기금의 행태는 자본시장을 혼란시켜서 수익성를 저하시키는 결과를 낳을 수 있다. 따라서 수익성 극대화는 장기적 성격을 가져야 하며 경제가 시장행태에 따라 작동하도록 유지해야 한다는 전제가 필요하다. 이를 위해서는 시장에서의 독점적 기금 위상을 고려한 시장중립성, 공공성 그리고 안정성 투자도 이루어져야 한다.

결론적으로는 국민연금기금의 주식시장에 대한 도덕적 윤리적 사회적 역할은 최소화하고 대신 정부가 맡는 것이 바람직하다. 따라서 국민연금기금을 민간연금기금과 같은 운용방식을 채택하는 것이 필요하다. 직접 운용보다는 다양한 형태의 개별화된 펀드중심의 운용이 필요하다. 자본시장의 대주주로서의 역할은 부인할 수 없지만 이

12) 국민연금기금운용지침 제4조(기금운용 원칙). 국민연금기금이 적용을 받지는 않지만 국가재정법은 "제63조(기금자산운용의 원칙) ①기금관리주체는 안정성·유동성·수익성 및 공공성을 고려하여 기금자산을 투명하고 효율적으로 운용하여야 한다"고 규정하고 있음.

를 적극적으로 활용하려 해서는 안 된다.

국민연금기금을 수탁자들이 수익율 증대 이외의 목적으로 사용하는 경우 이는 국민의 돈을 유용하고 있는 것이다. 환경, 사회, 그리고 지배구조(ESG)문제는 사회정책으로 국민연금기금이 아니라 정부가 직접 해야 하는 것이다. 사회발전을 위한 ESG는 기금의 역할이 아니라 정부의 역할이므로 수익을 극대화하는 기금에 강요하는 것은 수익을 줄일 수밖에 없다.

이를 테면 공정거래위원회가 자신이 원하는 지배구조를 강요하는 것은 아무리 좋은 이유라도 기업의 수익을 줄이는 것이다. 기업은 국민들의 (사회적) 기업이 아니다. 기업에는 주인이 있고 공개기업에서 개미 주주들고 엄연한 주인이다. 이들은 아무리 수익율이 높아진다고 해도 국민연금기금에서 스튜어드십 도입을 통해서 사실상 공기업이 되는 것을 인정할리 없다. 특히 공기업화는 근로자가 편한 기업이고, 생산성이 높아질 수 없는 기업이며, 자칫 국민들에게 구조조정기금이라는 세금을 먹는 하마를 의미한다. 그래서 수익률은 낮아질 수밖에 없다.

지배구조는 각 기업이 경쟁을 위하여 자체적으로 조정함으로써 결정되는 것이다. 투명성과 준법성만 유지된다면 정부는 지배구조에 간섭해서는 안 된다. 지배구조는 각 기업의 경쟁력이기 때문에 투자대상기업의 지배구조에 영향을 받도록하는 것은 결국 경쟁력을 저하시키는 것이 된다.

4. 주주권행사, 왜 문제인가?

노후보장을 위한 연금기금은 운영주체에 따라 사적연금기금과 정부연금기금으로 구분될 수 있다. 그리고 이들의 투자 형태는 서로 다르게 설정되어야 한다.

사적연금기금은 민간이 노후를 위하여 조성하여 운용하는 연금기금이고, 국가연금기금은 정부가 직접 운용하는 연금기금이다. 사적연금기금은 개인들이 자신의 노후보장을 위하여 모여져서 수익률 극대화를 목표로 운용된다. 사적연금기금은 시장의 기회(opportunity)에 따라 효율성을 추구함으로써 높은 수익률을 얻는다.

OECD에 따르면 사적연금기금(적립형과 사적연금의 합)은 OECD 국가 단순 평균으로 GDP의 50.7%이다. 가중평균은 133.6%으로 훨씬 높다. 우리나라의 사적연금기금의 규모는 매우 미약해서 30.1%에 불과하다. 덴마크는 208.4%, 네덜란드는 184.2%, 아이슬란드는 184.2%로 높다. 캐나다는 154.7%, 스위스는 148.8%, 미국은 145.3%, 호주는 130.2%, 영국은 105.3%, 스웨덴은 90.2%, 일본은 28.8% 이다. 그러나 우리나라는 퇴직연금의 도입 이후 호주 다음으로 어떤 다른 나라보다 연금자산이 급속히 상승하고 있다. 그 다음은 스웨덴, 벨지움의 순이다.[13]

국가연금기금은 노후보장의 목적은 가지고 있지만 국가정책에 따라, 정권에 따라 운영방식이 다를 수밖에 없다. 국가연금기금은 규

13) OECD(2018) 참조.

모가 사적연금기금들보다 크기 때문에 자본시장에서 독점적 행태를 보인다. 특히 우리나라 국민연금은 이러한 성향이 매우 높다. 국가연금기금은 정부의 정책 방향에 제약을 받을 수밖에 없어서 독점력은 자본시장을 왜곡시키면서 자신의 수익률을 극대화하는데 남용될 가능성이 높다. 그러나 다른 나라와 비교할 때 국민연금기금은 자본시장에서 차지하는 비중이 월등히 높고, 하나의 운용기관이 제도에 대한 책임과 기금운용을 맡고 있어서 자본시장의 독점력이 매우 강하다.[14)]

앞서 언급된 바와 같이 국가연금기금은 사실상 정부가 연금기금을 정책수단으로 활용될 가능성이 높다. 그런데 문재인 정부는 노사관계에서 대등한 노사관계가 아닌 노동조합 근로자 중심의 노동정책을 추구하는 입장이면서 이러한 기업 지배구조를 통하여 사회적 문제를 해결하려는 입장이다. 대표적인 것으로 노동이사제, 급격한 최저임금의 인상, 그리고 강제적 52시간 근로시간 단축 등을 들 수 있다. 이러한 관점에서 우리나라는 정부의 특성에 따라 국민연금기금을 통하여 기업의 지배구조를 개혁함으로써 사회적 문제를 해결하려는 연금기금사회주의의[15)]로 흐를 가능성이 높다.[16)]

이에 반하는 견해로 연금기금은 자본주의의 발전에 기여해야 한다는 연금기금자본주의를 들 수 있다. 이를 위해서는 연금기금이 장

---

14) 일본, 캐나다, 미국 등 다른 정부연금기금보다 자본시장에서의 비중이 매우 높음.

15) Druker (1976).

16) 이에 관련되어서는 다음 절에서 다시 논함.

기성 자금으로 기업의 창의적 효율성에 따라 투자를 됨으로써 수익률을 극대화하는 운용방식을 채택해야 한다. 즉, 다양한 형태의 기금이 독자성을 유지하도록 하는 것이 필요하다. 연금기금자본주의에서는 스튜어드십의 적용에 있어서도 각 기금은 스스로의 결정에 의하여 도입하도록 하는 자율성이 보장되게 된다. 이들은 스튜어드십의 도입보다는 문제 주식을 매각하는 월스트리트룰을 통한 보다 적극적인 투자성향을 보인다.

국민연금이 연금기금사회주의로 흐를 가능성은 ESG를 중시하는 정부의 정책기조와 함께 이미 국민연금기금은 다수의 대기업들의 지분을 5%이상 확보하고 있다는 것이다. 국민연금기금이 투자하고 있는 10대기업들의 순위, 지분율 및 외국인지분율은 다음 〈표 1〉과 같다. 10위권의 투자기업 가운데 이미 5개기업은 외국인들의 지분율이 50%가 넘었다.

〈표 1〉 국민연금기금의 기업별 투자순위(2018)

번호	종목명	평가액	자산군내비중	지분율	외국인 지분율 (2018.9)
1	삼성전자	315,062	4.2%	9.6%	52.37
2	SK하이닉스	55,645	4.3%	10.0%	48.93
3	POSCO	32,072	2.5%	11.1%	55.60
4	NAVER	30,853	2.4%	10.8%	60.84
5	현대차	29,028	2.2%	8.5%	46.17
6	LG화학	25,962	2.0%	9.1%	37.62
7	KB금융	25,440	2.0%	9.6%	52.37
8	현대모비스	25,190	1.9%	9.8%	48.51
9	신한지주	22,326	1.7%	9.5%	69.29
10	SK텔레콤	19,713	1.5%	9.1%	42.63

자료 : 국민연금공단, http://fund.nps.or.kr/jsppage/fund/mcs/mcs_04_01_01.jsp, 2018.9.15

또 다른 문제는 국민연금이 투자하는 기업들의 성격이 변질되게 된다는 것이다. 사적연금기금이 기업의 주식에 투자를 하면 민간기업이다. 그러나 국가연금기금이 주식에 투자를 하면 공기업이 된다. 주주권을 행사하지 않아도 이러한 사실의 변화는 없다. 즉, 국민연금기금이 투자기업의 주주권을 행사하게 되면 그 기업의 성격을 객관적으로 규명할 필요가 있다. 일반적으로 투자의 대상이 될 수 있는 기업의 유형은 통상적으로 정부공기업과 민간기업이 된다. 정부(공)기업(government-own company)은 사실상 공기업으로서 정부가 전액 투자한 기업이나 정부가 극히 일부라도 투자한 기업 등이 포함된다. 민간기업은 공개한 기업(public company)과 공개하지 않은 사기업(private company)이 있다.

국민연금이 공개기업의 주식을 가지고 있게 되면 이는 정부가 일부 투자한 기업으로 분류될 수밖에 없다. 정부의 영향력을 의심받을 수밖에 없기 때문이다. 그리고 10대기업 중 다수의 기업은 정부가 1대주주이기도 하다. 게다가 정부는 주주권을 행사할 수 있도록 법적인 장치를 하고 있고 스튜어드십의 도입을 구체화하고 있다.[17)]

주주권 행사의 문제는 정부가 주주권을 행사할 자격이 있는가에 대한 판단이 우선되어야 한다. 2007년부터 시행된 국가재정법[18)]은 국민연금기금을 제외한 정부기금들이 주식에 투자할 경우 주주권을

17) 실질적으로는 국회에서 입법한 법이 아니라 연금기금운용위원회 규정임.

18) 국가재정법은 2007년1월1일부터 도입되면서 예산회계법과 기금관리기본법은 폐지됨.

행사할 것을 요구하고 있다. 이는 정부정책과 매우 심각한 이해상충을 낳을 수 있는 문제이다.[19] 다행히도 지금까지 실질적으로 국가기금이 주주권을 행사하여 사회적인 이슈가 된 적은 거의 없었다. 그 이유는 지금까지 의결 사항을 바꿀만한 지분을 확보하지 못했기 때문으로 본다.

국가재정법은 다른 국가기금과 달리 국민연금기금에 대하여는 예산과 독립적인 기금운용을 인정하고 있다.[20] 그런데 국민연금법에

19) 국가재정법은 기금의 의결권을 적극적으로 행사할 것을 요구하고 있다. 국가재정법 "제64조(의결권 행사의 원칙) 기금관리주체는 기금이 보유하고 있는 주식의 의결권을 기금의 이익을 위하여 신의에 따라 성실하게 행사하고, 그 행사내용을 공시하여야 한다." 동법 74조는 국민연금에 대하여는 독자성을 인정하고 있다. 국가재정법 "제78조(국민연금기금의 자산운용에 관한 특례) ①제77조의 규정에 불구하고 국민연금기금은 자산운용을 전문으로 하는 법인을 설립하여 여유자금을 운용하여야 한다." ②제1항의 규정에 따른 법인의 조직·운영 및 감독에 관하여 필요한 사항은 「국민연금법」에서 따로 정한다.

20) 국가재정법 "제13조(회계·기금 간 여유재원의 전입·전출) ①정부는 국가재정의 효율적 운용을 위하여 필요한 경우에는 다른 법률의 규정에 불구하고 회계 및 기금의 목적 수행에 지장을 초래하지 아니하는 범위 안에서 회계와 기금 간 또는 회계 및 기금 상호 간에 여유재원을 전입 또는 전출하여 통합적으로 활용할 수 있다. 다만, 다음 각 호의 특별회계 및 기금을 제외한다. 〈개정 2008. 3. 28.〉

1. 우체국보험특별회계
2. 국민연금기금
3. 공무원연금기금
4. 사립학교교직원연금기금
5. 군인연금기금
6. 고용보험기금
7. 산업재해보상보험및예방기금
8. 임금채권보장기금
9. 방사성폐기물관리기금
10. 그 밖에 차입금이나 「부담금관리기본법」 제2조의 규정에 따른 부담금 등을 주요 재원으로 하는 특별회계와 기금 중 대통령령이 정하는 특별회계와 기금

②기획재정부장관은 제1항의 규정에 따라 전입·전출을 하고자 하는 때에는 관계 중앙관서의 장 및 기금관리주체와 협의한 후 그 내용을 예산안 또는 기금운용

는 국가재정법과 달리 의결권을 행사하도록 하는 조항이 없다. 즉, 의결권 문제는 시행령이나 이하 법령에 관련된 사항이 된다. 따라서 국민연금기금의 지분율이 높아지면 정권에 따라 일관성 없는 의결권 행사가 이루어질 가능성을 배제할 수 없다.

한편 국민연금기금의 주주권 행사가 낳을 수 있는 자본시장 부작용이 있다. 우선, 국민연금기금을 통한 정부의 간섭이다. 이미 스튜어드십의 적용은 정부 간섭의 가능성을 배제할 수 없다. 그리고 정부 정책에 대한 간접적 강요로 이어질 것이다. 예를 들면, 한전의 탈원전이나 전화료 인하압력은 주식가격을 하락시킨다. 그리고 이를 거부하는 경영진에 대하여는 교체요구를 할 것이다. 결과적으로 묵시적 정경유착의 가능성이 높다.

둘째, 역으로 기업지배력이 낮은 기업 혹은 정경유착으로 성장을 기하려고 하는 기업에 있어서는 정부지분을 자신의 편으로 로비함으로써 기업지배력을 유지하려 할 것이다. 이것 역시 정경유착에 해당된다. 특히 외국인 지분이 높은 기업의 경우, 정부의 지분은 필히 내국인인 자신에게 유리한 주주권을 행사할 것으로 인식할 가능성이 높다. 이에 따라 불법적인 기업경영이 묵과될 가능성도 배제할 수 없다. 이러한 도덕적 해이는 사실상 다른 주식투자자에게 영향을 줄 것이다. 더욱이 민간투자자들은 국민연금기금의 투자방향에 대한 핵심정보에 접근하기가 힘들어서 주식시장에서 제로썸게임의 피해자가 될 것이다. 아울러 쉽게 외국인들의 국가간 소송(ISD)의 대상이 될 가능성이 높다.

계획안에 반영하여야 한다. 〈개정 2008. 2. 29.〉"

2017년 한진사태의 경우[21] 정부 산하기관의 일부로서 국민연금기금의 최고 책임자가 사회적 책임을 요구하는 주주권을 행사하는 것은 정부가 사실상 투자대상 기업들을 정부기업(government-own company)으로 간주하고 있다는 것을 의미한다. 왜냐하면 한진사태의 경우 노사관계에 관련된 문제로서 법적으로 해결되어야 하는 사안의 하나라고 본다. 이러한 행위가 공정한 판결을 받도록 하는 것이 재발을 방지하는 가장 바람직한 방법이었다. 이를 통하여 이제는 공기업뿐 아니라 국민연금의 투자대상도 정부기업에 준하는 가치와 국민적 기준을 맞추어야 한다는 시그널을 시장에 주는 것이 된다. 즉, 스튜어드십 코드의 적용은 국민연금기금이 투자하고 있는 전체 민간기업을 정부의 입김에 맞도록 행위를 통제하겠다는 것을 의미한다.

공단이 적극적 주주권인 주주제안권 등을 수행하는 데에는 제약이 있다. 투자기업의 임원 선임 등을 위해 주주제안을 실해하는 것과 같이 적극적으로 경영에 참여하는 경우[22] 자본시장법 상의 대량보유보고 (5%) 공시, 주요 주주(10%) 공시, 단기차액반환에 관현 예외적용 혜택을 상실할 수 있다. 예외적용을 받지 못하는 경우 단기차액 반환 뿐

21) 2018년 1월 현재 국민연금은 한진칼에 대한 주주권 행사를 실질적으로 논의하고 있음; "국민연금 스튜어드십코드 시동…16일 한진칼 주주권 행사 논의", 매일경제, 2019.1.8.

22) 자본시장법 시행령 제154조에 따른 경영 참여는 임원의 선임, 해임, 회사의 기관과 관련된 정관의 변경, 회사의 합병, 분할 등과 같은 회사나 그 임원에 대하여 사실상 영향력을 행사(상법, 그 밖의 법률에 따라 상법 제363조의 2(주주제한권), 제 366조(소수주주에 의한 소집청구)에 다른 권리를 행사하거나 이를 제3자가 행사하도록 하는 것을 포함)하는 것을 이름.

아니라 빈번한 공시로 인해 포트폴리오의 노출과 추종매매 등으로 운용상 심각한 제약에 직면할 수 있다. 따라서 자본시장의 공정한 룰이 적용된다면 국민연금의 수익률은 기대만큼 높아질 수 없다.

주주권의 행사를 위해서는 지배구조가 우선 결정되어야 한다. 그러나 현재의 제도를 그대로 유지할 것인지 혹은 독립적 운영기구를 설치할 것인지에 대한 논의가 주기적으로 진행되어 왔다. 이에 따라 주주권 행사의 방향도 달라져야 한다.

정부 예산보다도 큰 600조원에다가 앞으로 1,700조원까지 불어날 국민의 재산을 운용할 지배구조의 결정도 없이 관리원칙만 결정하는 것은 선후가 완전히 바뀐 것이다. 국민연금기금의 지배구조부터 결정하고 스튜어드십의 도입 결정은 이들의 책임 하에 두는 것이 옳다.

스튜어드십 코드의 적용에 대하여 정부는 다른 나라에서도 적용하는 제도라고 하지만 이들 국가들은 사실상 임의규정으로 두고 있을 뿐 아니라 환경이 다르다. 캐나다연금을 운영하는 캐나다연금위원회(CPPIB)는 정부로부터 완전히 독립되어 있어서 간섭이 거의 없다고 해도 과언이 아니다. 캘퍼스는 미국정부가 운영하는 것이 아니라 캘리포니아주 공무원연금이 운영하는 것이다. 따라서 정부의 정책과 관련이 없다. 정부가 직접 운영하는 국민연금과 전혀 다르다. 일본 연금기금을 운영하는 일본정부연금투자기금GPIP)의 경우는 비록 스튜어드십 코드를 운영한다고 하나 정경유착이 일반화된 나라이고 정부와 기업이 국익을 위하여 항상 협력하고 소통을 하는 나라다. 게다가 스튜어드십 코드를 거의 실행하지 않고 있다.

이들 국가에 비하여 국민연금기금은 복지부장관이 기금운용의 책임을 지고 있어서 정치권의 영향력 하에 있다. 그리고 우리나라는 현재 어느 때보다 반기업 정서가 강하고 특히 현 정부의 관료들은 거의 재벌개혁을 평생의 업으로 집착해 온 학자나 전문가들이라고 해도 과언이 아니다.

5. 스튜어드십 코드는 연금기금사회주의의 도구

연금기금의 사회적 역할은 연금(기금)자본주의와 연금(기금)사회주의로 나뉜다.

연금(기금)자본주의에서는 연금기금이 자본주의의 발전에 기여할 수 있다는 것이다. 연금기금은 장기적 노후자금을 축적해서 운용되는 것이고, 이에 따라 투자도 장기적으로 해서 자산과 부채를 연동(Asset Liability Management)시켜야 한다는 점에서 장기자본의 공급원이다. 그리고 이러한 장기자본은 연금 외에 자본시장에서 형성되기가 매우 어렵다.

이러한 점에서 우리사회에서도 국민연금기금은 장기자본의 성격을 보임으로써 안정적경제 발전에 기여했다고 본다. 즉, 연금은 장기적 성장을 할 수 있는 기반을 제공한다. 특히 고령사회에서 노인들의 자금을 마련하는 것은 매우 긴 시간이 필요하다. 따라서 이러한 자금을 모아서 사회발전에 기여할 수 있도록 하는 것은 자본주의의 발전에 기여한다. 그러나 국민연금기금은 실질적인 자본시장의 효율화에 기여하지 않았다고 본다. 또한, 국민연금은 IPO에도 거의 참여하지 않았다.

연금사회주의의 개념은 노동조합 중심으로 연금기금을 분배적 목적에 사용하는 것을 의미한다. 사회정의나 형평성 소득재분배를 달성하기 위한 수단으로 연금을 활용한다. 이 경우 연금의 수익성은 저하될 수밖에 없다. 우리나라는 연금을 기업지배구조의 개혁 등에 사용될 가능성을 배제할 수 없다. 지배구조의 획일화나 경직화는 창의성을 전제로 하는 기업경영을 위축시켜서 기업들의 미래가치를 훼손할 가능성이 높다. 국내 기업에 대한 연금사회주의는 글로벌 경제에서 우리기업에 대한 역차별을 우리가 자초하는 결과로 이어질 수 있다. 이러한 점에서 국민연금기금은 연금사회주의의 도구가 될 가능성이 높다.

〈그림 1〉 각국의 자본시장에서 연금기금의 비중(2016)

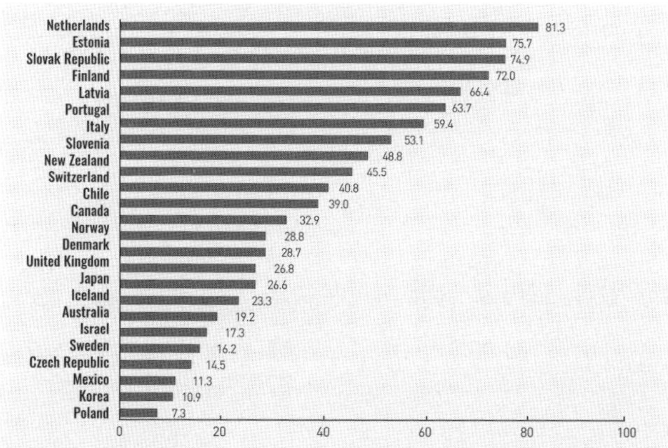

출처: OECD(2018)

연금자본주의의 대표적인 나라는 호주, 앵글로-섹슨 국가인 미국과 영국이고 연금사회주의의 대표적인 나라는 한국이다. 같은 제도로 양국은 완전히 다른 결과를 보이고 있다.

호주는 1992년 우리나라의 퇴직연금에 해당되는 수퍼애뉴에이션(Superannuation)연금을 도입했다.[23] 기여율은 9%이며, 2016년 현재 기금은 1,800조원이고 5개유형의 187개펀드로 다양하게 경쟁적으로 운용되고 있다. 수익률은 10%이상으로 우리 나라 보다 높다. 글로벌기관투자자로서 맥쿼리 등을 육성했다. 스튜어드십을 적용하지 않고 있다. 적립방식으로 운영되고 있기 때문에 사실상 재정안정의 걱정은 하지 않는다.

반면, 우리나라는 같은 시기에 국민연금을 도입했다. 그리고 확정급여형으로 운영되고 있어서 항상 재정안정화 문제가 제기되고 있다. 그리고 적절한 제도 개선이 이루어지지 않고 있어서 연금수급 불안이 점차 심화되고 있다. 연금자본주의는 기금이 자본시장에 흐름으로써 경제발전에 기여한다는 의미를 갖는다. 그러나 연금사회주의는 자본이 사회주의화의 도구로서 사용됨을 의미한다.

전자는 연금이 자본주의를 이끌어가는 핵심수단임을 의미한다. 실제로 자본의 반이 연금기금으로 유입되어 자본주의의 중요한 안정수단이 되고 있다. 그리고 연금은 자본주의가 낳을 수 있는 문제들의 견제 역할을 하면서, 현재의 고령화 시대에 고령화 해소의 수단도 된다.

23) 김원식(2013?), 김경희(2017) 참조.

후자는 연금이 자본주의가 아닌 시장 규제와 형평성을 유지하는 데 수단으로 사용된다. 사회적 문제의 수단으로 활용된다. 연금이 기업을 매입하고 기업이 사회주의(혹은 정부의 정책 수행)의 수단이 되게 하여 비시장적 사회정치적 목표를 달성하게 한다. 연금은 결국 자본주의를 파괴하는 수단이 된다.

영국에서 2010년 도입된 스튜어드십 코드의 내용은 글로벌 수준의 ESG 특히 근로자인권 사항을 중심으로 한 내용이었다. 즉 직접적 지배구조에 영향을 미치는 내용은 아니었다. 따라서 수익성과 관련 없다. 그럼에도 불구하고 정부는 스튜어드십이 수익률을 극대화하기 위한 것이라고 주장하고 있다. 보건복지부는 수익율 제고보다는 기금의 수익율 중심의 부작용을 최소화하기 위한 수단 (노후재산의 안정적 지키기)으로 밖에 볼 수 없다.

정부가 정한 스튜어드십 코드 7개 세부 원칙은 다음과 같다.

〈표 2〉 스튜어드십 코드 7대 원칙

(원칙 1): 수탁자 책임 정책 제정·공개. 국민연금 성격, 코드 도입 목적, 원칙별 핵심내용 등 명시
(원칙 2): 이해상충 방지) 가입자 대표 추천 민간전문가로 구성된 수탁자책임전문위원회 설치·운영, 내부통제 및 투명성·책임성 강화 조치
(원칙 3): 투자대상회사 주기적 점검) 재무요소 외 환경·사회·지배구조 등 비재무요소도 점검
(원칙 4): 수탁자 책임 활동지침 마련 및 주주활동 수행) 주주가치 훼손 우려 기업은 ▲중점관리 기업 선정, ▲비공개 대화, ▲공개서한 발송, ▲기업명 공개, ▲의결권 행사 연계, ▲주주대표소송 등 다양한 주주활동 수행
(원칙 5): 의결권 정책 제정 · 공개, 행사내역 사유 공개) 의결권 지침 기 공개, 의력권 내역 사전공시 등
(원칙 6): 의결권 행사, 수탁자 책임 활동 주기적 보고) 주주활동(의결권 포함) 보고서 매년 발간 등
(원칙 7): 수탁자 책임의 효과적 이행을 위한 역량과 전문성 확보) 기금본부 인력 확충,역량 및 전문성 강화를 위해 국내외 기관투자자 등과 교류 확대 등

이상의 원칙을 개별적으로 평가하면 다음과 같다.

(원칙 1)의 수탁자 책임정책의 공개는 수익을 추구하는 투자담당자의 책임과 상충 가능성이 높다.

(원칙 2)의 이해상충 방지정책에 관련된 것은 경영학적 문제라기보다 법률적 판단의 문제이다. 그리고 이에 따른 판단에는 오랜 기간이 걸릴 수 밖에 없고, 이 과정에 수탁자들의 기금의 운용여력은 떨어질 수밖에 없다.

(원칙 3)에서 투자대상회사의 주기적 점검을 한다고 하지만 투자는 시장의 평가가 우선이다. 고배당 요구 등은 기업의 독자적/영업비밀의 투자기회에 관련된 사항이다. 이미 우리 기업들은 주력업종, 중소기업업종지정 등의 사업기획 박탈로 기업 가치 훼손 중에 있어서 이중의 규제가 된다.

(원칙 4)[24]의 주주활동의 수행은 민간의 영역이다. 그리고 배정정책은 주가에 반영되게 되어서 수익률을 높이는 것 아니다. 최근 법원에 대한 불신은 주주대표 소송 등이 결국 정부의 영향력에 있는 법원의 판단에 다를 가능성이 높다. 또한, 사외이사 후보 추천 등은 사실상의 낙하산인사이며 투자대상기어의 국영기업화를 의미한다. 그리

24) (원칙 4)에 관련한 수탁자 책임활동 지침마련 및 주주활동 수행에 있어서 연차별 계획을 수립해 놓고 있음: 2018년에는 배당정책 수립요구강화(연 4~5 → 8~10개), 의결권 내역 공시, 주주대표소송, 손해배상 소송 등 시행근거 마련, 기업가치훼손에 대한 의결권 행사. 2019년에는 기금수익, 주주가치 등과 밀접한 사안 선정 개선 요구, 이사회 구성 운영 가이드라인, 위탁운영사 코드 도입시 가산점, 비공개 대화. 2020년에는 비공개 및 공개 중점관리기업 선정, 이사 사외의사 선임안건 반대, 사외이사 후보추천 및 주주제안(독소조항), 의결권 위임장 대결.

고 비공개 대화는 현 경권에서 이미 적폐로 몰린 사안이기도하다. 최근 문제된 오너의 일탈 등에 관련된 이슈 역시 오너에 대한 개인적 법적 책임 우선이다. 법원의 판단이전에 인민재판의 가능성이 높다. 오우너 갑질에 대한 정부의 대응은 주가에 반영될 수밖에 없고 오히려 국민연금의 장기적 개입은 투자가치를 더 떨어뜨릴 것이다.

(원칙 5)의 의결권 행사내역 사유공개 등은 객관성이 떨어질 수 밖에 없는 여론재판이 된다. 의결권 행사 내역 공개는 결국 국민연금기금이 대주주여서 기금의 손실로 이어지는 이해상충의 문제가 발생한다.

(원칙 6)의 의결권 행사, 수탁자 책임 활동 주기적 보고 등은 결국 ESG를 중심으로 이루어질 수 밖에 없는데 이는 산업을 편향된 방향으로 이끌 가능성이 높다. ESG는 기업수익을 위한 전략의 하나이며 기업의 본질이 아니다. 경우에 따라서는 재벌개혁에 대한 정치적 실적으로 변환 가능성이 높다.

(원칙 7)의 역량전문성 확보: 국내외 기관투자자와 협력, 책임투자실 강화 등은 핸재와 같은 관료체제의 국민연금기금 운용체계 하에서 양성된 인력의 경쟁력은 한계가 있을 수 밖에 없다. 자칫 국민연금기금운용본부 출신들의 '마피아'화가 우려된다.

정부의 스튜어드십은 기본적으로 기업의 도덕성을 강조함으로써 상장기업은 투자자(principal)들의 자산을 탕진하는 나쁜 대리인(agent)이라고 가정하고 있다. 이에 따라 정부를 대신하여 국민연금기금이 나선다는 것이 주주권 행사의 논리이다. 그러나 그들은 생존을 위하여 최선의 노력을 다하고 있음을 인정해야 한다. 그렇지 않으면 투자자들이 투자를 하지 않을 것이기 때문이다. 국민연금기금을 위탁운영하면서 스튜어드십 코드의 가이드라인을 주면 운용사들은 수익율을 극대화하기 위한 사실상 최선의 투자전략을 세울 수 없게 된다.

2004년 주주권 행사 논쟁은 지배구조에 중립적이라는 전제 하에 주주권을 행사해야 한다는 것이었다. 그러나 현재의 스튜어드십을 통한 주주권행사는 지배구조에 중립적이지 않다는 점에서 차이가 있다.

6. 국민연금기금의: 정책방향

스튜어드십과 관련된 국민연금기금의 정책방향은 다음의 두 가지로 설정되어야 한다: 첫째, 지배구조 개혁 둘째, 스튜어드십 코드의 임의화이다.

1) 지배구조 개혁

기금운용의 지배구조의 결정이 우선되어야 한다. 스튜어드십 코드의 적용하는데 있어서 기금운용의 핵심이 될 국민연금기금의 운용에 대한 지배구조가 아직 가변적이다. 현재와 같이 국민연금공단 내 기금운용본부에서 기금을 관리하도록 할 것인지 혹은 외부에 기금운용공단을 별도로 설치할 것인지에 대한 결론을 우선 맺어야 한다. 정부 예산보다도 큰 600조원에다가 앞으로 2,500조원까지 불어날 국민의 재산을 운용할 지배구조의 결정도 없이 관리원칙만 결정하는 것은 앞뒤가 완전히 바뀐 것이다. 국민연금기금의 지배구조부터 결정하고 스튜어드십의 도입 결정은 이들의 책임 하에 두어야 한다.

국민연금기금은 기금 규모가 커짐에 따라 호주와 같이 일정 규모로 지속적으로 분할해서 정치적으로 독립 운영하면서 서로 경쟁하도록 해야 한다. 국민연금기금은 영원히 존재하는 것이 아니다. 2030년대가 되면 기금은 감소하기 시작하여 2050년대 후반에는 기금이 완전히 고갈된다. 앞으로 10여년 후가 되면 주식을 처분하기 시작해야 한다. 이 경우 분할된 기금을 수익율 성적에 따라 해산시키면 된다.[25)]

분할된 연금기금의 운영자들은 독립적으로 운영하면서 당연히 스튜어드십의 적용을 고민할 것이다. 일부 기금은 적용할 것이고 일부는 그렇게 하지 않을 것이다. 그러나 그 선택은 생존을 위한 개별 연금기금의 몫이다. 이것이 수익률 극대화를 위한 국민연금기금의 최적 모델이다.

정부에 자본시장을 담당하는 금융위원회 혹은 기획재정부가 있음에도 불구하고 기업의 문제를 사전적인 조치 없이, 투자자로서 국민연금기금의 최고 책임자가 이러한 조치를 취하는 것은 정부가 사실상 투자대상 기업들을 정부기업(government-own company)으로 간주하고 있다는 것을 의미한다. 스튜어드십의 도입은 공기업 뿐 아니라

25) 해산되는 과정에서 조직은 그들이 민간부문의 연금기금을 위탁 운용하도록 전환될 수 있다. 이는 비록 기들이 국민연금기금 운용에서는 실패했으나 그들의 경험으로 재기할 수 있는 계기가 될 수도 있다.

국민연금의 투자대상도 정부기업에 준하는 가치와 국민적 기준을 맞추어야 한다는 것이다. 즉, 스튜어드십 코드의 적용은 국민연금기금이 투자하고 있는 전체 민간기업을 정부의 입김에 맞도록 행위를 통제하려는 것으로 밖에 보이지 않는다.

2) 스튜어드십 코드의 적용의 임의화

국민연금기금은 스튜어드십에 어려운 기업들을 가둘 것이 아니라 그들이나 우리 자본시장이 자생적으로 글로벌 시장에 적응할 수 있는 근력을 키울 수 있도록 도움을 주는 것이 바람직하다. 글로벌 세계에서 70년대 개발독재시의 폐쇄적 경제를 가정한 경직적 스튜어드십 코드의 지배구조는 쓸모가 없다. 글로벌 시대의 지배구조는 기업들이 글로벌 경쟁 속에서 스스로 창의적으로 만든 것이어야 한다.

그래야 우리나라도 세계적 기업인을 배출하고 기업들이 글로벌하게 성장할 수 있는 여력을 갖출 수 있다. 누가 어떻게 경영을 하던 기업이 국내에 있으면 그것은 국민들 것이고 그들에게 일자리를 제공함으로써 삶의 터전을 이루게 한다. 수익을 위하여 수단과 방법을 가리지 않는 헷지펀드들로부터 국내 기업을 보호하는 것이 국민연금기금의 또 다른 역할이다.

스튜어드십코드의 논쟁을 계기로 국민연금기금이 기업환경을 본질적으로 효율적으로 바꾸는 계기가 되어야 한다. 연금사회주의 성격의 국민연금을 연금자본주의로 전환해야 한다. 그리고 스튜어드십 코드보다 월스트리트룰을 적용하여 보다 철저하게 기업들을 평가하여 수익율을 제고해야 한다.

ESG에 있어서 환경기업에 대한 투자를 늘이고, 정부는 공채발행을 통하여 사회적자본에 대한 투자를 높인다. 그리고 지배구조는 투명한 기업에 투자를 하고 지배구조에 대한 간섭은 하면 안 된다.

스튜어드십에 대한 가장 큰 문제는 기업의 지배구조에 대한 통제이다. 국민연금기금은 이미 실제 주주권을 행사하면서도 더 나가서 스튜어드십 코드를 연차적으로 도입하겠다고 한다. 정부가 관리하는 국민연금기금이 기업 주식을 보유하면 대상 기업은 사실상 정부기업이다. 정부의 눈치를 안볼 수 없게 때문이다. 게다가 주주권을 행사하면 대주주들은 경영권을 포함한 유무형의 사유재산을 보호하기 위해 방어를 할 수 밖에 없다. 자사주 매입, 자발적 상장폐지, 상장포기, 혹은 해외 증시에 상장을 할 것이다. 자본시장을 활성화시키는 것이 아니라 망치는 것이다.

개발 독재도 아니고, 선진국 수준의 정상적 경제라면 지배구조는 기업 스스로 결정하게 숨통을 터주어야 한다. 외국인들의 눈으로 보면 투자가치나 성과가 중요한 것이지 기업들의 지배구조는 문제가 되지 않는다. 최적의 지배구조에 대한 공통된 견해는 없다. 외부적 위험 요인이 항상 산재해 있는 글로벌 경제에서는 다양한 지배구조를 형성하게 하는 것이 기업의 장기적 성장, 국가경쟁력, 그리고 경제 탄력성을 유지하는데 좋다.

따라서 국민연금기금은 기업들의 지배구조를 면밀히 모니터링하되 스튜어트십을 도입하지 말아야 한다. 문제가 되는 기업의 주식을 모두 매각하는 월스트리트룰을 적용해서 시장이 지배구조를 결정하게 하는 것이 훨씬 효과적이다. 월스트리트룰은 국민연금기금이 민간부문에 간섭하지 않는다는 정경분리의 시그널이 될 수도 있다.

국가발전을 위하여 기업들은 글로벌 경영을 하느라 바쁜데 정부는 70년대 폐쇄경제의 틀 속에서 편향된 이념에 바탕을 둔 규제나 명령만 시행하고 있다. 정부는 우리 경제의 지속성장을 위하여도 민간기업들을 '자유시장'으로 돌아가게 해야 한다.

7. 결론

국민연금기금은 연금기금자본주의의 수단으로 만들어야 한다. 이를 위하여 이제는 국민연금의 주주권행사를 최소한으로 해야 한다. 물론 국민연금은 각 기업의 지배구조를 치밀하게 점검하고 있어야 한다. 그리고 지배구조의 문제가 있으면 국민연금의 도움을 받지 않고 스스로 결정하도록 중립을 취한다. 그리고 정히 문제가 있으면 시장에 대하여는 주식 매각으로 대응하면 된다. 이는 기업에게도 매우 심각한 영향을 미칠 것이다. 경영권을 인수하거나 경영을 압박하려는 측은 국민연금 주식을 매입하고 주주권을 행사할 것이다. 굳이 정부에 로비를 할 필요가 없게 되고, 청탁이나 뇌물의 문제도 발생하지 않는다.

정부가 책임지는 국민연금기금이 단 1원이라도 투자되면 이는 공기업이다. 이렇게 국민연금이 지배구조에 사실상 간섭을 하게 되면

한전이 공기업이듯이 삼성전자나 현대자동차 등도 공기업이다. 이는 사실상 다국적기업인 삼성 등의 대외 신용도에도 관련될 수 밖에 없다.

국민연금기금이 최대주주라는 이유로 지배구조를 개혁하려 하지만, 사실 이들 기업은 이미 외국인들이 더 지분이 많다. 한국 회사가 아니라는 의미다. 이들이 우리 기업들의 지배구조가 왜곡된 것이라면 투자를 하지 않을 것이다. 결과적으로 우리가 보는 지배구조는 우리 기준에 따른 것이지 글로벌 투자자들의 기준은 아니다.

스튜어드십 코드의 국민연금기금 적용을 비롯한 노동계 중심의 정부정책으로 대한민국 기업이 통째로 위기에 있다. 기업에 기업가 정신의 기업인이 사라지고, 강성 근로자만 남고 있다. 자본주의에 자본은 없어지고 '노동주의'만 남는 길을 국민연금기금의 스튜어드십은 재촉하고 있다.

참고문헌

국민연금공단, 『국민연금 30년사』, 2018.

김원식, 「자금순환에 따른 국민연금의 운용 방안」, 『경제학 연구』 제 41집 1호, 1993, pp. 22-91.

______ ,"연기금의 주식투자와 의결권: 기금관리기본법 법률개정안을 중심으로", 『고령화의 경제적 파급효과와 대응과제 II』, 한국경제연구원, 2005.8.

______ , "[시론] 스튜어드십 주주권 행사 시급하지 않다." 한국경제, 2018.7.4.

______ , 외, 『국민연금의 중장기적 정책적 자산배분』, 국민연금관리공단, 2003.5.

매일경제, "국민연금 스튜어드십 코드 시동…16일 한진칼 주주권 행사 논의",

보건복지부, "국민연금기금운용지침: 국민연금기금 투자정책서", 2015.6.9.

______ , "국민연금 스튜어드십 코드 도입방안(안) 발표자료", 2018.7.17.

______ , 국민연금기금운용위원회, "국민연금기금 수탁자 책임에 관한 원칙(스튜어드십코드) 도입선언", 보도자료, 2018.7.30.

송민경, "국민연금의 한국 스튜어드십 코드 도입방안", 고려대학교 산학협력단, 2017. 11.15.

조선일보, "[사설] 국민연금의 기업경영 개입, 독립성 확보가 먼저다', 2019.1.17.

황영기, "[다산 칼럼] 국민연금 의결권행사 절대 안 된다", 한국일보, 2018.6,29.

Drucker, F. Peter, *The Unseen Revolution: How Pension Fund Socialism Came to America*, William Heinmann, London, 1976.

OECD, *Pension Markets in Focus*, 2018.

제5장

스튜어드십 코드와 국민연금기금 지배구조

1. 문제제기
2. 국민연금의 지배구조 관련 쟁점
3. 현 정부의 국민연금 지배구조개선안
4. 기금운용개편안 분석
5. 기금운용제도 개선 시 추가로 고려할 사항
6. 결어

(참고문헌)

[요 약]

국민연금이 투자대상기업의 경영에 적극적으로 참여해서 최대주주의 전횡을 견제함은 물론이고 이들 기업들의 지배구조를 개선하는데 적극 참여할 것으로 예상된다. 다만, 국민들의 노후보장의 최후보루인 연기금을 수익률 보장하는데 주력하지 않고 민간기업을 통제하기 위한 수단으로 경영참여를 강화하는 경우 해당 기업의 경영실패에 대한 책임은 연금가입자들의 몫이 될 수 있다는 점이 우려된다. 따라서 선진 각국은 국민연금을 통한 민간기업 상대 경영참여를 제도적으로 차단할 수 있도록 정부로부터 독립된 연기금의 지배구조를 확립시켜 왔다.

이에 반해 우리나라는 법제도적으로 국민연금의 지배권을 정부가 소유하고 있으며, 그 운용 역시 정부가 담당하도록 되어 있다. 이는 정치권과 정부가 결심만 하면 우량 민간기업에 대한 지배권도 확보할 수 있다는 것을 의미한다. 물론, 이러한 정부의 민간기업 지배가 경우에 따라서는 대한민국의 자본시장을 성장·발전시킬 가능성이 전혀 없는 것은 아니다. 그러나 역사적으로 보건대 십중팔구는 실패할 가능성이 높으며, 실패시 책임주체가 불명확한 것이 문제다. 민간기업의 지배권자인 경영자는 법령위반으로 경영에 실패한 경우에는 회사에 대해 민사책임은 물론이고 형사책임도 부담한다. 법령을 위반하지 않았더라도 경영실패에 대한 책임을 지고 경영에서 퇴진하는 것이 일반적이다.

그러나 국민연금이 적극적으로 경영에 참여해서 기업에 손실이 발생한 경우 그 원인 법령이나 정관을 위반이었다 하더라도 대통령이나 보건복지부장관이 민형사상 책임을 지도록 하는 법제도가 존재하지 않는다. 설령, 법령이나 정관위반이 아닌 경영실패로 인한 손해발생의 경우에도 국민연금은 이에 대해 경영상 책임을 지는 제도적 장치가 마련되어 있지 않다.

문제는 이러한 제도적 장치를 대통령이나 장관의 민형사상 책임을 법제화하는 방향으로 마련하는 것은 사실상 어렵다는 점이다. 따라서 선진 각국은 연기금이 경영참여하는 것을 원천적으로 봉쇄하거나 최소화하는 방법으로 공적 연기금의 지배구조를 정립해 놓고 있다.

그러나 우리나라는 국민연금법상 전문성과 독립성 보다는 정부나 정치권에 예속된 국민연금의 지배구조를 개선하지 못하고 있는 것이 현실이다.

이런 문제를 해결하기 위해서는 우리 국민연금의 최고의사결정기구인 기금운용위원회의 위원구성과 관련한 지배구조의 개편이 시급하다고 할 수 있다. 구체적으로는 전체 위원 20인 중 최소 10인 이상은 전문가들로 구성되도록 하는 것이 시급하다고 할 수 있다. 장기적으로는 기금운용위원회를 보건복지부로부터 독립시키고, 위원들은 지역가입자대표들로 구성된 추천위원회에서 추천하고 위원장이 임명하는 형태로 지배구조를 변경하는 것이 필요하며, 위원장은 호선하는 방안을 모색하는 것이 필요하다고 본다.

스튜어드십 코드와 국민연금기금 지배구조

전삼현

1. 문제제기

2018년 7월 30일 국민연금의 최고의사결정기구인 기금운용위원회가 국민연금 스튜어드십 코드(stewardship code)를 도입하기로 의결하면서 국민연금이 본격적으로 투자대상 민간기업에 대한 경영참여를 정당화하는 계기를 마련했다.

스튜어드십 코드는 타인의 자금을 관리하는 기관투자자가 투자대상기업에 주주권을 행사할 때 지켜야 할 "주주권 행사지침"이라고 할 수 있다. 물론, 이러한 스튜어드십 코드를 도입하지 않더라도 국민연금은 상법에서 규정하고 있는 주주로서 투자대상기업에 대한 경영참여가 가능하며, 과거에도 주주총회에서 의결권을 행사하는 방법으로 경영참여를 해왔다. 그 이유는 국민연금가입자들이 납입한 연기금을 가지고 국민연금이 민간기업들에 지분투자를 하고 있으며,

제도적 제한이 없는 한 연금가입자들을 대신해서 투자대상기업의 주주로서 주주권을 행사하는 것이 법리상 가능하기 때문이다.

그럼에도 불구하고 국민연금의 민간기업 경영참여를 두고 논란이 큰 이유는 두 가지이다. 첫째, 국민연금은 정부가 지배하고 있는 기관투자가라는 점이다. 즉, 국민연금의 경영참여는 정부의 경영참여를 의미하므로 민간기업의 공기업화 내지는 연금사회주의가 실현될 위험이 있다는 것이다. 둘째, 국민연금은 기관투자가 중 절대적으로 규모가 크다는 점이다. 우리 자본시장 규모가 선진 각국에 비해 작은 점을 고려해 보면, 마치 작은 연못에 고래가 자리를 잡고 있는 형국이라고 할 수 있다.

결국, 이번 국민연금의 스튜어드십 코드 도입문제는 절대적 자본시장지배자가 정치적 목적을 가지고 민간기업에 경영참여를 하는 경우 국민연금의 투자수익률이 감소하여 연금고갈사태를 앞당기는 결과를 초래할 것이라는 우려를 낳고 말았다. 물론, 스튜어드십 코드는 국민연금에게만 적용되는 것이 아니라 모든 기관투자가에게 적용되기는 한다. 그럼에도 앞에서 언급한 바대로 이들 기관투자가와 국민연금과는 그 규모면에서 비교대상이 되지 아니할 정도로 규모면에서 차이가 있기 때문에 국민연금이 스튜어드십 코드를 도입하는 것이 논란이 되고 있는 것이다.

국민연금의 기금 규모는 2018년 8월 말 기준 650조 620억 원이며, 기금 증가율이 매년 급상승하고 있다. 이러한 국민연금이 투자기업을 상대로 주주권을 적극적으로 행사하는 경우 우리나라의 자본시장이 국민연금에 의해 좌지우지될 수 있음은 물론이고 민간기업에 대한 국민연금의 지배권이 과도하게 강력해져서 연금사회주의 논란을 가져올 수 있다는 우려들이 나오고 있다.

또한 연금사회주의가 실현된다면 이는 우리 헌법 제126조에서 "국방상 또는 국민경제상 긴절한 필요로 인하여 법률이 정하는 경우를 제외하고는, 사영기업을 국유 또는 공유로 이전하거나 그 경영을 통제 또는 관리할 수 없다"라는 규정에 위배되는 것으로서 대한민국의 헌법적 가치를 침해하는 결과를 가져올 수 있다. 따라서 그동안은 국민연금이 국내 상장기업들의 최대주주 또는 2대주주임에도 불구하고 적극적으로 경영참여를 하는데 소극적이었다. 그리고 이 소극적인 경영참여가 자본시장의 발전과 성장에 순기능을 해 온 것으로 평가받고 있다.

그럼에도 지난 수년간 국민연금이 적극적으로 투자대상기업의 경영에 적극적으로 참여해서 최대주주의 전횡을 견제함은 물론이고 이들 기업들의 지배구조를 개선하는데 적극 참여해야 한다는 견해들이 많았다. 특히, 정치권에서 이러한 주장들이 강력히 제기되었으며 앞으로는 국민연금의 지배구조의 특성을 고려해 볼 때 정부 또는 정치권이 국민연금을 통해 민간기업들의 경영에 적극적으로 참여가 가능할 것으로 예상된다. 다만, 국민들의 노후보장의 최후보루인 연기금을 수익률 보장하는데 주력하지 않고 민간기업을 통제하기 위한 수단으로 경영참여를 강화하는 경우 이로 인하여 발생할 수 있는 경영실패책임을 정치권이나 정부가 아닌 국민들이 고스란히 부담해야 하는 불상사가 발생할 수도 있다.

따라서 선진 각국은 국민연금을 통한 민간기업 상대 경영참여를 제도적으로 차단할 수 있도록 정부로부터 독립된 연기금의 지배구조를 확립시켜 왔다. 이에 반해 우리나라는 법제도적으로 국민연금의 지배권을 정부가 소유하고 있으며, 그 운용 역시 정부가 담당하도록 되어 있어서 사실상 국민연금이 정부나 정치권으로부터 독립하기 어려운 것이 사실이다. 이는 정치권과 정부가 결심만 하면 국민연금을 통해 자본시장을 지배하는 것은 물론이고, 특정의 우량 민간기업을 대상으로 지배권을 확보할 수 있다는 것을 의미한다.

그동안은 연금사회주의에 대한 비판 때문에 국민연금은 소극적인 자세로 경영참여를 할 수 밖에 없었다. 물론, 간헐적으로 경영참여를 통해 주주권을 행사하기는 했지만 지배권을 확보하지는 못했었다. 그러나 전 세계적으로 민간 기관투자자들이 투자자들을 대신해서 주주권을 행사하는데 사용하는 "스튜어드십 코드의 행사지침"을 공적 연기금인 국민연금이 채택함으로써 사실상 연금사회주의화에 대한 비판으로부터 벗어나서면서도 동시에 민간기업에 대한 정부지배의 정당성도 확보하고자하는 것으로 이해되고 있다.

물론, 이러한 정부의 민간기업 지배가 경우에 따라서는 대한민국의 자본시장을 성장·발전시킬 가능성이 전혀 없는 것은 아니다. 그러나 역사적으로 보건대 십중팔구는 실패할 가능성이 높다. 이처럼 실패한 경우 국민연금의 손실이 클 수밖에 없으며, 이때 그 책임을 누가 부담하는지가 명확치 않다.

민간기업의 지배권자인 경영자는 경영 중 정관이나 법령을 위배해서 회사에 손해를 가하는 등 경영에 실패한 경우에는 회사에 대해 민사책임은 물론이고 형사책임도 부담하도록 법제도가 정비되어 있다(상법 제399조·제401조·제401조의2·제622-637조의2, 형법 355-361조, 특정경제범죄가중처벌법 등). 그리고 법령을 위반하지 않았더라도 경영실패에 대한 책임을 지고 경영에서 퇴진하는 것이 일반적이다. 그러나 국민연금이 적극적으로 경영에 참여해서 기업에 손실이 발생한 경우 그 원인 법령이나 정관을 위반이었다 하더라도 대통령이나 보건복지부장관이 민형사상 책임을 지도록 하는 법제도가 존재하지 않는다. 설령, 법령이나 정관위반이 아닌 경영실패로 인한 손해발생의 경우에도 국민연금은 이에 대해 경영상 책임을 지는 제도적 장치가 마련되어 있지 않다.

따라서 국민연금이 적극적으로 경영참여를 하기 위해서는 이러한 책임에 대한 제도적 장치가 선행되는 것이 필요하다. 그러나 사실상 이러한 제도적 장치를 대통령이나 장관의 민형사상 책임을 법제화하는 방향으로 마련하는 것은 사실상 어렵다. 따라서 선진 각국은 연기금이 경영참여하는 것을 원천적으로 봉쇄하거나 최소화하는 방향으로 지배구조를 제도화하고 있다. 반면에 우리나라는 국민연금법상 적극적 경영참여가 가능한 국민연금의 지배구조를 갖고 있다.

국민연금의 적극적 경영참여를 위한 스튜어드십 코드 도입이 우리 자본시장과 국가경제발전, 민간기업의 투자확대라는 긍정적 효과를 끌어내기 위해서는 무엇보다도 국민연금의 기금운용과 관련된 지배구조의 개편이 전제되어야 한다. 이하에서는 이러한 관점에서 국민연금의 주주권행사와 경영참여, 그리고 책임, 감사 등을 중심으로 지배구조관련 개선방안을 제시해 보고자 한다.

2. 국민연금의 지배구조 관련 쟁점

1) 국민연금 지배구조의 본질

지배구조라 함은 다수이해관계자가 참여한 단체나 기관의 구성원 간의 이해충돌을 방지할 수 있는 효율적인 역학구조라고 할 수 있다. 지배구조가 효율적으로 작동하기 위해서는 단체나 기관을 주도적으로 이끌어가는 핵심주체가 있어야 하며, 이러한 핵심주체를 선택하는 효율적인 제도가 정착되어 있어야 한다. 그럼에도 이 핵심주체가 잘못된 선택을 할 수 있는 위험성이 있는 경우에 이를 사전에 견제할 수 있는 감독 및 감사주체가 존재해야 하며, 잘못된 선택으로 인해 단체나 기관에 손해를 가한 경우에는 이에 대한 책임을 추궁할 수 있는 제도가 정비된 구조를 지배구조라 한다.

국가의 경우에는 행정부와 입법부, 사법부가 3권 분립이라는 이름으로 효율적인 지배구조를 갖추고 있으며, 전 세계적으로 보편화된 국가지배구조라고 할 수 있다.

기업의 경우에는 이사회와 주주총회, 그리고 감사라는 조직을 통해 이해관계자간의 이해충돌과 갈등을 사전에 예방하는 지배구조를 갖추고 있다. 문제는 각 정부기관의 지배구조이다. 각 정부기관의 경우에는 권력기관의 특성상 핵심주체를 선택하는 방법과 그를 견제하는 제도, 그리고 이해관계자들이 책임을 추궁할 수 있는 시스템, 즉 지배구조가 명확하게 정립되어 있지 않다.

따라서 정부기관의 지배구조와 민간기업의 지배구조가 상충되거나 충돌하는 경우 극심한 혼란 또는 갈등이 초래될 수 있다. 정부로부터 독립되어 있지 못한 공적 지배구조를 가지고 민간기업의 사적 지배구조에 영향을 미치는 경우도 이와 동일한 결과를 가져 올 수 있다. 공적 지배구조가 민간영역에서도 능동적으로 적용하기 위해서는 공적 지배구조를 민간영역의 지배구조와 유사하게 개편하는 것이 필요하다고 할 수 있다. 최근 논란이 되고 있는 국민연금의 사기업 경영참여도 이러한 관점에서 검토하고 이에 대한 문제점 및 대안 제시가 필요한 것이다.

2) 스튜어드십 코드 도입에 대한 우려

정부는 국민연금이 투자한 대상기업의 경영에 적극적으로 참여할 수 있도록 스튜어드십 코드를 도입한다는 취지 및 명분을 제시하였다. 그리고 국민연금의 투자대상 기업에 대한 주주권 행사 강화 지침인 '스튜어드십 코드'의 도입이 2018년 7월 결정됨에 따라 자본시장법상 '경영참여'에 해당하는 임원의 선임·해임 관련 주주제안 등의 경영참여 주주권을 제한적으로 행사하는 것이 2019년 정기주주총회 기간을 정점으로 활발히 진행될 것으로 예상된다.

현행 자본시장법은 경영참여, 즉 "그 보유 목적이 발행인의 경영권에 영향을 주기 위한 것"으로 "임원의 선임·해임 또는 직무의 정지, 이사회 등 회사의 기관과 관련된 정관의 변경"등을 법 제147조 제1항에서 명문으로 규정하고 있다. 그리고 법시행령 제154조 제1항에서는 이를 좀 더 구체화하여 경영참여를 "회사나 그 임원에 대하여 사실상 영향력을 행사"하는 것이라고 개념정의를 한 후 구체적으로 ①임원의 선임·해임 또는 직무의 정지 ②이사회 등 회사의 기관과 관련된 정관의 변경 ③회사의 자본금의 변경 ④회사의 배당의 결정 ⑤회사의 합병, 분할과 분할합병 ⑥주식의 포괄적 교환과 이전 ⑦영업전부의 양수·양도 또는 금융위원회가 정하여 고시하는 중요한 일부의 양수·양도 ⑧자산 전부의 처분 또는 금융위원회가 정하여 고시하는 중요한 일부의 처분 ⑨영업전부의 임대 또는 경영위임, 타인과 영업의 손익 전부를 같이하는 계약, 그 밖에 이에 준하는 계약의 체결, 변경 또는 해약 ⑩회사의 해산 등을 열거해 놓고 있다.

사실상, 경영참여란 회사의 운명은 물론이고 경영 전반에 걸쳐 포괄적으로 의사결정에 참여하는 것을 말한다. 따라서 국민연금이 스튜어드십 코드를 통해 명분만 확보한다면 대주주로 있는 기업의 경영에 "주인의 재산을 관리하는 집사(steward)"가 아닌 경영자로서 기업의 경영을 좌지우지하는 결과를 가져올 수 있을 것으로 예상된다.

물론, 이러한 국민연금의 경영참여가 기업의 수익률 제고를 위해 순기능을 할 수도 있다. 그러나 경우에 따라서는 혼란과 갈등을 가져올 여지도 매우 크다. 우선, 정부의 산하기관인 국민연금과 이러한 국민연금에 노후보장을 위한 연금을 위탁한 연금가입자들의 이해관계가 상이한 이해충돌이 발생하는 경우 이를 해결할 수 있는 제도적 장치가 마련되어 있지 못하다. 예를 들어 국민연금의 최고의사결정 기관인 기금운용위원회가 정치적 목적 또는 이념적 목적에 따라 경영참여를 하여 투자대상기업에 손해가 발생하여 국민연금의 수익률이 감소하더라도 기금운용위원회가 국민연금공단과 보건복지부에 자금의 운용상황을 보고만 하면 그 누구도 책임지지 않는 결과를 가져올 수 있다.

이러한 관점에서 본다면 국민연금의 스튜어드십 코드 도입은 국민연금이 민간기업의 경영에는 참여하면서도 책임은 지지 않는 누군가의 도덕적 해이를 불러올 가능성이 증가하게 되었다. 이는 국민연금을 통한 연금사회주의가 현실화될 수 있다는 우려는 지속적으로 제기하는 계기가 되었으며, 동시에 이러한 우려가 해소되지 않는 한 설령 스튜어드십 코드가 실행된다하더라도 우리 자본시장이 발전되기 보다는 오히려 퇴보하는 결과를 가져 올 수도 있게 되었다. 이는 현행 국민연금법상의 지배구조 문제가 심각한 문제에 직면하고 있다는 것을 의미하기도 한다.

물론, 이미 선행적으로 스튜어드십 코드를 실행한 국가들의 경우에 이 코드를 도입한 이후 해당 국가의 자본시장이 성장했다는 통계들이 나오고 있다. 그러나 이러한 통계들이 대한민국의 자본시장에도 그대로 적용될지는 미지수이다. 더욱이 국민연금법상의 지배구조가 불합리한 상태에서 외국의 통계를 가지고 그 성공여부를 예단하는 것은 자칫하면 우리 자본시장을 붕괴시키고 국민연기금의 고갈사태를 시기적으로 앞당기는 결과를 초래할 수도 있다.

따라서 금번 스튜어드십 코드를 제정하고 운용함에 있어서 성공적으로 이를 정착시킨 국가들의 특성을 고려한 우리의 스튜어드십 코드의 제정 및 운영방안이 제시되는 것이 필요하다고 본다. 즉, 대한민국 국민연금의 지배구조를 명확히 하는 것이 필요하다.

스튜어드십 코드는 주주중심의 룰이며, 경우에 따라서는 주주행동주의의 원동력이 될 수도 있어 헷지펀드들에게만 유리한 제도로 전락할 수 있는 가능성이 높다. 국민연금이 스튜어드십 코드 제도를 도입함에 있어서는 지배구조문제를 해결하기 위해서는 그 제정 및 운영을 함에 있어서 공정함에 초점을 맞추어야 한다고 본다. 이를 위해서는 주주(자산보유자)간에 공정함이 보장되는 것이 매우 중요하며, 이를 위한 전제조건은 자산운용사 간의 공정함, 의결권자문기관간의 공정함이 보장되어야 한다.

3. 현 정부의 국민연금 지배구조개선안

1) 기금운용발전위원회 안

국민연금관리공단에서 설치한 "국민연금 기금운용발전위원회"(이하 '발전위원회'라 함)'는 2018년 8월 17일과 20일, 국민연금 기금운용과 관련된 발전방향을 제시한 바 있다. 이 발전방안에서는 지배구조개선과 관련해 현행 국민연금법을 개정하지 않으면서 현행 직제만을 개편해 기금운용위원회를 활성화시키고자 하는 방안을 제시함으로써 불투명한 지배구조를 그대로 유지하는 것을 제시했다.

이 발전방안의 핵심내용은 연금재정과를 중심으로 보건복지부 연금정책국의 직제를 개편하는 것이며, 구체적으로는 연금재정과의 인원과 직무를 대폭 확대해 기금운용위원회의 사무국 역할을 하도록 해 위원회를 준상설화 하는 방향으로 지배구조를 개편하고자 하는 것으로 이해된다. 현재는 국민연금의 최고의사결정기구인 기금운용위원회가 자체적으로 지원 사무국을 확보하지 못한 상태이다. 따라서 보건복지부 연금정책국이 법령상 처리해야 할 안건을 처리하기 위해 보건복지부장관이 연간 5~6회 정도 소집하여 운영되고 있어 제 기능을 못하고 있다는 비판들이 많았다. 오래 전부터 기금운용위원회의 상설화가 법제도적으로 보장되어야 한다는 주장들이 제기되어 온 이유이다.

그럼에도 기금운용위원회를 준상설화하는 것이 효과적인 지배구조개편 방안이라고 보기는 어렵다. 즉, 이 발전방안은 그동안 문제되어온 국민연금의 지배구조 개선방안이라기 보다는 오히려 스튜어드십 코드를 통한 연금사회주의화를 촉진하는데 목적을 둔 구체적인 계획이라고 평가하는 것이 더 설득력이 있어 보인다.

2) 국민연금의 지배구조 개선을 위한 전제조건

가. 스튜어드십 코드 적용을 위한 전제조건

국민연금의 지배구조 개선의 일환으로 채택한 스튜어드십 코드가 제 기능을 다 하기 위해서는 주주(자산보유자)간 공정성과 자산운용사

간의 공정성, 의결권자문기관간의 공정성, 그리고 헌법적 정당성을 확보해야 한다. 우선 자산보유자간 공정성에 관한 한 스튜어드십 코드는 회사주식에 직접투자한 주주나 연금/펀드 등에 자산운용을 위탁한 자산보유자 모두에게 공정한 룰이 되어야 한다.

우리나라는 국민연금의 주무기관인 보건복지부가 스튜어드십 코드를 제정하였는데, 구체적으로 누가 스튜어드십 코드의 이행여부를 점검하는지가 불분명하다. 이는 자칫하면 스튜어드십 코드가 국민연금가입자들에게 유리한 방향으로 이행되거나 국민수혜자들의 이익을 보호한다는 명분을 가지고 정치적 목적으로 악용될 수 있다. 오히려 자본시장을 위축시키는 결과를 가져 올 수도 있다.

추정컨대 거래소의 지원을 받고 있는 한국지배구조원의 홈페이지에 보면 스튜어드십 코드 센터에서 담당하는 업무로 "국내외 기관투자자 등의 코드 가입 및 이행 지원"이 규정되어 있는데 이행지원을 하면서 이행여부를 점검할 것으로 예상된다. 이는 스튜어드십 제정자가 운용하고 이행도 감독하는 결과를 가져 올 수 있다는 점에서 독립적으로 이행여부를 판단할 기관이 필요하다고 본다.

참고로 영국의 경우에는 회계감독당국인 재무보고조사위원회(FRC, Financial Reporting Council)가 제정하고 관리운용하고, 기관투자가들의 준수여부를 감독도 하고 있다. 일본의 경우에는 금융청과 민간 전문가들 주도로 2014년 완성됐으며, 금융청(FSA: Financial Services Agency)이 운용하고 점검하고 있는 것으로 알려지고 있다.

우리 보건복지부가 모델로 한 영국과 일본의 스튜어드십 코드는 정부주도형이다. 그러나 캐나다, 스위스, 미국, 네덜란드, 이태리의 경우에는 민간이 주도했다. 이를 고려하여 기관투자가 협회인 금융투자협회 등과 같은 독립된 기관이 점검을 담당하는 것도 좋은 대안이 될 수 있다고 본다.

그리고 스튜어드십코드가 제기능을 하기 위해서는 자산운용사간의 공정성이 보장되어야 한다. 자산운용기관에 해당하는 국민연금의 경우 2018년 8월 현재 그 규모가 650조이며, 내년이면 700조가 될 것으로 예상되는 세계 3대 연기금 중의 하나이다. 그 가입자 또한 현재 가입자 2,156만명, 매월 연금을 받는 사람은 434만명(2017년 8월 기준)에 이른다. 일각에서는 조만간에 1,000조에 달할 것으로 예상하고 있다. 그리고 135조원에 이르는 국민연금 국내 주식시장 운용자산은 약 290여개 상장기업에 투자되었으며, 국내 대기업의 최대주주 또는 대주주임은 물론이고, 우량 상장사의 주요주주에 해당하는 10% 이상의 지분을 갖고 있다.

이는 다른 기관투자자들과의 관계에서 스튜어드십 코드 자체가 이들간의 공정성을 확보하지 못하면 운용에 있어서는 극복할 수 없을 정도의 불균형이 발생할 수 있다. 경우에 따라서는 국민연금과 무관한 투자자들에게 불이익이 가해질 수 있기 때문이다. 이는 자산운용시장에서 절대적 강자에 대한 경쟁제한 감독이나 적정한 권한분산 장치가 필요하다는 것을 의미한다. 이러한 문제를 해결하기 위해서는 발전위원회의 도입 안에 담겨있는 내용대로 위탁운용 하는 주식에 한해 민간운용사에 의결권 행사를 위임하는 방안을 구체화하는 것이 필요하다고 본다. 현재 국민연금 주식투자 46%는 위탁운용사가 담당하고 있는데, 그 비율을 확대하는 것도 좋은 방안이 될 수 있다고 본다.

구체적으로는 우리 헌법 제126조에서 "국방상 또는 국민경제상 긴절한 필요로 인하여 법률이 정하는 경우를 제외하고는, 사영기업을 국유 또는 공유로 이전하거나 그 경영을 통제 또는 관리할 수 없다"라고 규정하고 있는 점을 감안하여 볼 때에 국방상 또는 국민경제상 긴절한 경우에 한하여 국민연금이 직접적으로 의결권을 행사하고 여타의 경우에는 민간기관투자가인 위탁운용사에게 의결권을 위임하고 사후보고를 받도록 하는 것이 타당하다고 본다. 이는 미국사회보장연기금이 주식시장에 투자하는 것이 금지되어 있고, 연방재무부가 발행하는 미국채만 매입하도록 법제화되어 있다는 점을 보더라도 잘 알 수 있다.

경우에 따라서는 기금운용위원회를 독립시키는 방안도 고려볼 필요가 있다고 본다. 그리고 그동안 제기되어 온 민간 위탁운용사 이해상충 문제와 실효성 문제에 대해서는 독립형 점검기관이 이를 판단하는 기준을 제시하고 점검하는 것이 바람직하다고 본다. 또한 스튜어드십 코드가 제 기능을 하기 위해서는 의결권자문기관간의 공정성이 확보되어야 한다. 스튜어드십 코드의 성공적 운용을 위해서는 의결권자문기관들 간의 공정성이 확보되어야 한다. 현재는 한국계 3개 기관(한국기업지배구조원, 서스틴베스트, 대신지배구조연구소)과 2개의 외국계 기관(ISS, 글라스루이스)이 역할을 담당하고 있다.

외국계의 경우에는 세계 1, 2위에 해당하는 자문기관이라는 점에서 그 자문내용을 가볍게 여길 수 없는 것은 사실이다. 그러나 국내 기업들의 지배구조 현황에 대해 자세히 알 수 없기 때문에 총론부분에서는 이들의 자문내용이 나름 의미는 있으나 각론에 들어가면 자문내용이 현실과 괴리되거나 경우에 따라서는 외국계 투기자본들에게 유리한 자문이 이뤄질 수 있다는 점에서 전적으로 신뢰하기에는 한계가 있다고 보여진다.

한국계의 경우에는 한국기업지배구조원[1], 서스틴베스트[2], 대신지배구조연구소[3]가 담당하고 있지만 여전히 전문성과 다양성 차원에서 외국계 자문기관들의 의견의 타당성을 점검할 수 있는 수준에 도달했다고 보기에는 어려움이 있다. 이러한 문제를 해결하기 위해서는 다양한 의결권자문기관이 탄생해야 하며, 전문성도 확보될 수 있도록 투자가 확대되어야 할 것으로 보인다. 그리고 의결권자문기관들과의 공정성이 확보되기 위해서는 이 기관들 간의 형평성이 확보되어야 한다고 본다.

한국 스튜어드십 코드의 권고 원문에 따라 한국기업지배구조원의 스튜어드십 코드 센터가 코드의 제·개정지원, 기관투자자 등의 참여 및 이행지원, 이행점검 등을 담당할 것으로 알려지고 있다. 이 스튜어드십 코드 센터는 사업본부로부터 독립된 형태로 조직·운영되고

---

1) www.cgs.or.kr참조.

2) http://sustinvest.com참조.

3) www.deri.co.kr참조.

있으며, 양 조직간 업무 분리를 통해 이해상충 문제를 원천적으로 차단하고 있다는 내용을 홈페이지에 게재하고 있다. 그러나 한국기업지배구조원은 형식상 민간기관이나, 실제로는 한국거래소로부터 일정자금을 받아 운영되는 공적 성격이 강한 기관이라고 할 수 있다. (주)한국거래소는 주무기관이 금융위원회(거래소 홈페이지에 명시)이며, 현재 한국거래소는 주식회사이기는 하나 회원제식으로 운영되는 비상장법인으로서 공공기관 지정에서 해지(2015년)되기 전까지 금융위 산하 금융공기업 중 하나였다.[4)]

이는 한국거래소로부터 일정자금을 지원받아 스튜어드십 코드 원칙을 정하고 이를 이행·점검하는 한국기업지배구조원이 환경(environment)·사회(social)·지배구조(governance)를 지칭하는 ESG 평가와 기관투자가 대상 의결권 자문 사업까지 함께하는 것은 이해관계 상충의 소지가 있다고는 것을 의미한다. 따라서 한국기업지배구조원은 의결권 자문은 담당하지 말고, 이행지원이나 이행점검을 담당하는 기관으로 역할을 한정하는 것이 스튜어드십 코드의 효율을 제고할 수 있는 방안이라고 생각한다.

마지막으로, 스튜어드십 코드가 제기능을 하기 위해서는 헌법적 정당성을 확보해야 한다. 이번 스튜어드십 코드의 도입과 관련하여 일각에서는 연금사회주의화에 대한 우려들이 있는 것이 사실이다. 그러나 분명한 것은 이러한 우려들이 해소되어야 스튜어드십 코드의 도입목적이 달성될 수 있는 것이다. 우리 헌법도 제126조에서 "국방

4) www.krx.co.kr참조.

상 또는 국민경제상 긴절한 필요로 인하여 법률이 정하는 경우를 제외하고는, 사영기업을 국유 또는 공유로 이전하거나 그 경영을 통제 또는 관리할 수 없다"라고 규정함으로써 연금사회주의화를 금지하는 입장에 있는 것으로 해석된다.

나. 발전위원회안의 전제조건 충족여부

국민연금의 지배구조개선 차원에서 기금운용위원회를 상설화하는 것을 실현하기 위해서는 국민연금법을 개정해야 하는데, 이에 대한 사회적 공감대를 형성하기 어렵다는 점을 감안하여 그 대안으로서 준상설화 방안을 제시한 것으로 이해된다.

그러나 전통적으로 국민연금의 가장 큰 문제점 중의 하나는 기금운용위원회의 비독립성 문제였다. 이런 점을 감안해 볼 때 현 상황에서 보건복지부의 연금정책국이 기금운용위원회의 준상설기구로서의 역할을 하도록 조직을 개편하는 것은 오히려 국민연금이 영원히 보건복지부로부터 독립하지 못하는 결과를 초래할 수 있다.

또한 국민연금기금운용발전위원회가 17일 공청회에서 기금운용본부 전주 이전에 따른 근무 및 생활여건 변화에 대한 대책 관련, 국회 보고나 회의가 잦은 부서와 운용역의 생산성 제고 차원에서 기금운용본부 서울사무소 설치를 고려할 필요가 있다고 제안한 바 있다. 그러나 기금운용본부 서울사무소 설치안 역시 사회적 합의가 충분히 이뤄지지 못한 과정에서 제기된 안이라는 점에서 보다 신중한 접근이 필요하다고 본다.

그 밖에 2018년 3월 기금운용위원회는 국민연금이 연금납입자들의 예탁금을 집사처럼 성실히 관리해서 고객들의 노후를 안전하게 보장하기 위해서는 투자한 기업의 장기적인 주주가치에 영향을 미치는 사안에 대해 제대로 의결권을 행사할 수 있도록 행사지침을 마련한 바 있다. 이와 관련해서 2018년 8월 17일에 발전위원회는 의결권행사 전문위원회 위원 3명 이상이 요구하는 사안에 대해 전문위원회가 이를 검토·결정할 수 있도록 의결권 행사지침을 개정했다.

그리고 국민연금의 신뢰 유지에 큰 영향을 줄 수 있는 인수·합병 사안에 대한 의결권을 공정하게 행사하기 위해서는 의결권행사 전문위원회에 이를 부의하는 것을 사전에 확정하여 공지하도록 하는 등 국민연금의 의결권행사 세부기준을 구체화하고 주주권 행사를 강화하는 것을 내용으로 하는 발전방안들이 제시되었다. 좀 더 구체적으로 보면 2018년 10월 5일에는 국민연금 최고의결기구인 기금운용위원회가 전체회의를 열어 위원 20명 중 3분의 1 이상(7명 이상)이 동의하면 안건을 전체회의에 올릴 수 있도록 법령을 개정하기로 했다.

이 결의 내용대로 법령이 개정되는 경우 특정 기업의 이사 추천이나 위임장 대결 등 특별 안건을 전체회의에 상정하고자 하는 경우 과거와는 달리 위원장이 반대해도 근로자 대표(3명)나 지역가입자 대표(6명) 등이 특정 기업 경영에 참여하는 안건을 상정할 수 있을 것으로 예상된다. 물론, 이처럼 법령을 개정하고자 하는 취지는 각계 추천 위원의 권한을 강화시키는 것이라고 할 수 있다.

국가경제에 지대한 영향을 미치는 사안을 일부 위원이 합의해 추진할 수 있도록 하는 것에 대한 우려가 제기되는 것은 당연할 일일 수도 있다. 그러나 기금운용위의 독립성이 보장되지 않은 상태에서 의결권 행사지침을 통해 투자대상기업들의 경영에 직접적으로 참여하거나 경영간섭 등의 행위를 하는 경우에는 연금사회주의 논란만 가중시킬 수 있다는 점에서 이 또한 신중한 접근이 필요하다고 할 수 있다. 오히려 이러한 발전위원회의 제안보다는 그동안 국민연금 기금운용체계와 관련되어 지속적으로 제기되었던 근본적인 문제점들을 개선하는 방향으로 발전방안이 제시되는 것이 더 바람직하다고 본다.

그동안 국민연금 기금운용체계와 관련해서는 지속적으로 전문성 부족, 독립성 미확보, 소극적이고 보수적인 기금운용 등에 대한 문제 제기들이 있어 왔다.

앞으로 국민연금이 진정한 국민노후보장의 최후의 보루로서의 역할을 다하기 위해서는 이러한 근본적인 문제들에 대한 답을 제시하는 것이 더 효율적이라고 생각된다. 이러한 관점에서 본다면 국민연금 기금운용의 문제는 현상에 대한 임시미봉책이 아닌 본질에 대한 해결방안을 제시하는 지배구조 개편안이 나와야 할 것으로 생각된다.

이하에서는 이러한 관점에서 이번 보건복지부 등이 제안한 국민연금 기금운용체계와 관련된 안들을 중심으로 전문성, 독립성, 적극성의 관점에서 그 타당성과 효율성을 검토해 본 후 이에 대한 대안을 제시해 보고자 한다.

4. 기금운용개편안 분석

1) 국민연금 기금운용관련 쟁점

국민연금 기금운용체계와 관련해서는 지속적으로 전문성 부족, 독립성 미확보, 소극적이고 보수적인 기금운용 등에 대한 문제제기들이 있어 왔다. 우선, 전문성 부족과 관련해서는 기금운용위원회 자체에 대한 전문성뿐만 아니라 기금운용본부의 전문성에 대한 문제제기들도 있어 왔다.

기금운용위원회는 현재 전문성보다는 대표성과 공공성에 초점을 맞추어 위원구성을 하다 보니 국민연금의 최고의사결정기관으로서의 역할을 제대로 감당하는데 한계가 있다는 지적들이 많다. 즉, 근로자 대표, 시민단체 대표, 가입자 대표 중심으로 위원회가 구성되어 있기 때문에 국민연금의 지배구조상 전문성을 가지고 기금 운용에 필요한 방향 설정 및 전략적 자산배분에 관한 합리적 의사결정을 하는데 한계가 있다는 것이다.

그 밖에도 현재의 국민연금공단 기금운용본부의 조직과 인력으로는 650조 원에 달하는 거대기금을 운용하는데 한계가 있다는 지적들이 있다. 즉, 현재 국민연금공단 기금운용본부의 전문성이 매우 미흡하다는 것이다. 독립성 미확보와 관련해서는 연금가입자들의 노후를 책임져야 하는 국민연금이 정부나 정치권으로 과도한 간섭을 받고 있다는 지적들이 많다. 특히, 전문성이 부족한 보건복지부와 연금공단의 간섭으로 기금운영위원회가 효율적인 의사결정을 하지 못하고 있다는 지적도 제기되고 있다. 이러한 독립성 문제는 기금운용위원회가 보건복지부 내에 설치되어 주무부처 장관이 위원장을 맡고 있는 현 법제도 내에서는 사실상 해결되기 어려운 문제라고 할 수 있다.

소극적이고 보수적인 기금운용과 관련해서는 "고위험 고수익" 투자가 제도적으로 어려워 선진 연기금보다 수익성이 낮아 재정불안을 해소하는데 한계가 있다는 지적들이 있어왔다. 이러한 문제는 국민연금이 갖고 있는 근본문제인 전문성 부족 및 독립성 결여와 밀접한 연관이 있으며, 이는 결국 소극적이고 보수적인 기금운영의 중요한 요인이 되고 있다.

2) 쟁점별 분석

가. 전문성

① 현황

앞에서 언급한 바대로 국민연금의 기금운용과 관련해서 전문성이 부족한 이유로서 크게 2가지가 지적되고 있다. 첫째는 현 기금운용위원회가 가입자 대표 중심으로 구성되어 있어 기금 운용에 필요한 방향 설정 및 전략적 자산배분에 관한 합리적 의사결정을 할 수 있는 전문성이 결여되어 있다는 것이다.

이처럼 전문성이 결여되었다는 이유로 국민연금의 최고의사결정기구인 기금운용위원회의 위원 구성을 들고 있다. 이 운용위원회는 위원장인 보건복지부장관, 당연직 위원인 기획재정부차관, 농림축산식품부차관, 산업통상자원부차관, 고용노동부차관과 공단 이사장 등 당연직 위원 6인이 포함된다. 그리고 위원장인 보건복지부장관이 위촉하는 민간위원들로 구성되는데 이에는 사용자대표 3인이 포함되는데, 이들은 사용자단체가 추천하도록 규정되어 있다. 여기에 근로자대표 위원 3인이 포함되는데, 이들 대표위원은 노동조합을 대표하는 연합단체가 추천하게 되어 있다.

또한 지역가입자를 대표하는 위원 6인이 포함되는데, 이들 중에는 농어업인 단체가 추천하는 위원 2인, 자영자 관련 단체가 추천하는 위원 2인, 소비자단체 및 시민단체가 추천하는 위원 2인이 포함된다. 그리고 관계 전문가로서 국민연금에 관한 학식과 경험이 풍부한 위원 2인이 포함되게 된다(국민연금법 제103조 제2항).

이처럼 국민연금의 최고의사결정기구인 기금운용위원회 20인의 위원 중 단 2인 만이 전문가로 구성되어 있다는 점이다. 더욱이 이들의 임기는 2년이며, 1차에 한해 연임이 가능하여 최대 4년만 위원으로 활동할 수 있다. 특히, 장관들과 차관들의 임기가 2년 미만이 일반적인 점을 감안하면 기금운용위원회가 연속성을 가지고 기금운용위원회의 업무를 수행하기가 용이치 않은 것이 현실이다.

그럼에도 이 운용위원회가 결정해야 할 사안들은 매우 중대한 것이며, 이 업무는 법으로 명문화되어 있기 때문에 의결과 동시에 효력을 발휘하게 된다. 그 내용은 구체적으로 ①기금운용지침에 관한 사항 ②기금을 관리기금에 위탁할 경우 예탁 이자율의 협의에 관한 사항 ③기금 운용 계획에 관한 사항 ④보건복지부장관이 기금의 운용 내용을, 기획재정부장관이 관리기금에 예탁된 기금의 사용 내용을 각각 다음 연도 6월 말까지 운용위원회에 제출하여야 하는데, 이에 따른 기금의 운용 내용과 사용 내용에 관한 사항 ⑤그 밖에 기금의 운용에 관하여 중요한 사항으로서 운용위원회 위원장이 회의에 부치는 사항이다. 즉, 전문성이 확보되지 않으면 의결하기 어려운 사항들임은 분명하다.

더욱이 운용위원회의 회의는 연 4회 이상만 개최하면 되고, 의결요건도 재적 위원 과반수의 출석으로 개회하고, 출석 위원 과반수가 찬성하면 의결하게 되며, 출석하지 않은 위원은 의결권을 행사하지 않은 것으로 의제된다(법 제103조 제5항).

이는 전문가가 참여하지 않은 상태에서도 의결이 이뤄질 수 있다는 것을 의미한다.

따라서 기금운용과 관련해서는 최소한 기금운용위원회 위원 중 전문가가 최소한 50%는 포함되어야 한다고 본다.

물론, 국민연금공단의 기금운용본부가 전문성이 확보되어 있다면 기금운용위원회의 전문성이 고도화될 필요성은 적다고 할 수 있다. 그러나 전문가들은 650조원에 달하는 거대기금을 운용하기에는 국민연금공단 기금운용본부의 전문성도 부족하다는 지적들이 많은 것이 현실이다.

② 발전위원회 안

국민연금기금운용발전위원회는 전문성을 확보하는 수단으로 연금재정과의 인원과 직무를 대폭 확대해 기금운용위원회의 사무국 역할을 하도록 해 위원회를 준상설화하는 안을 제시하였다.

구체적으로는 직원들이 관련 부서에서 5년 안팎 장기근무할 수 있도록 하고, 이들에게 기금운용위원회와 실무평가위원회 및 산하 3개 전문위원회에 대한 사실상의 상시적 사무국 책무를 부여하면 전문성이 제고될 수 있다고 생각하는 듯하다.

그리고 기금운용본부의 성과보수체계를 개선하면 전문성이 제고될 수 있는 것으로 보고 있는 듯하다. 특히 기금운용위원회 활성화 차원에서 위원들의 전문역량 강화, 실무지원을 위한 관련 부서 인력 대폭 확대도 방안으로 제시했다. 이와 함께 위원회는 국민연금기금 성과보상체계가 현재 실효성에 문제가 있고, 장기근속자에 대한 보상이 필요한 것으로 판단했다.

즉, 해외 공적연기금과 마찬가지로 우수한 운용 전문인력을 확보를 위해 민간 금융투자업 대비 경쟁력을 지닌 보상 수준이 중요하다는 것이다. 그리고 그 구체적인 방안으로 ①기본급의 비중이 높은 현재의 보상체계를 유지하되 기본금의 수준을 현재보다 높임으로써 총보수가 경쟁 운용기관 대비 75% 수준 유지 ②조직성과급 비중의 조정을 위해 절대성과(β) 보상 신설 및 조직성과급 감축 ③정량평가 성과지수를 장기운용 운용 수익률을 기준으로 전환하는 것 고려 ④전반적인 보상 수준의 상향 조정과 전주 이전에 따라 전반적인 근무 및 생활 여건이 종전에 비해 저하되므로 이를 보완하기 위한 복리 후생 측면에 대한 보상체계에 반영 등의 개선안을 제안했다. 결국, 기금운용발전위원회는 보건복지부에 기금운용위원회의 사무국을 설치하고 성과보상체계를 인상하면 전문성이 확보될 것으로 믿고 있는 듯하다.

③ 평가 및 제언

기금운용위원회 구성 자체에 대한 전문성과 기금운용본부의 전문성 제고없이 사무국만을 설치한다고 그동안 지적되어온 전문성 문제가 해결되는 것은 아니라고 본다. 이는 오히려 독립성만 훼손하는 결과를 가져 올 수 있다. 즉, 득보다는 실이 클 수 있다는 것을 의미한다.

구체적으로는 기금운용위원회의 구성에 대한 개선이 필요하다고 본다. 물론, 발전위원회는 기금운용위원회 개최를 정례화하고, 위원들의 출석 의무 등 충실의무를 신설하는 방법으로 위원회 운영을 활성화하면 전문성 문제도 간접적으로 해결할 수 있는 것으로 보고 있는 듯하다. 그러나 전문성 없는 위원들이 출석을 자주한다고 해서 기금운용의 전문성 문제가 해결된다고 보기는 어렵다.

앞에서 언급한 바대로 국민연금의 기금운용에 관한 최고의사결정기관인 기금운용위원회의 경우 20인의 위원으로 구성되는데, 기금운용위원회의 구성과 관련해서 우리나라는 대표성과 공공성에 초점을 맞추어 구성하고 있다. 20인의 위원 중 전문가는 2인만으로 구성되게 되어있다.

연기금의 운용에 관해 우리나라처럼 정부가 주도하고 있는 일본의 경우에도 기금운용에 관해서는 공적연금적립금관리운용독립행정법인(Government Pension Investment Fund: GPIF)이 담당하고 있다.

GPIF의 이사회는 3인으로 구성되는데 이사회 의장과 감사는 후생노동성장관이 임명하고, 의장은 이사 2명을 선정하여 이사 지명은 후생노동성 장관에게 후보자를 보고하고 허가를 받은 후 결정하게 된다. GPIF에는 운용위원회가 설치되어 있으며, 경제 금융과 관련하여 높은 식견을 가진 자, 그 외에 학식경험을 가진 자 중에서 후생노동성 장관이 임명하는 11명이내의 위원으로 조직되도록 되어 있다.[5)]

즉, 일본의 경우에 우리나라처럼 기금운용과 관련해서는 정부가 주도하기는 하지만 우리나라의 기금운용위원회와 같은 GPIF의 경우 후생성장관이 이사회 의장이 되는 것이 아니라 후생성장관이 전문성이 있는 인사를 이사회의장으로 선임하며, GPIF의 운영위원회는 전문가 11인만으로 위원회를 구성한다는 점에서 우리나라보다는 전문성이 확보된 지배구조를 구성하고 있다고 할 수 있다.

캐나다의 경우에는 국민연금(CPP)과 기금운용기관인 CPPIB이 분리되어 독립적으로 운용되고 있다. 즉, 캐나다는 자국의 연금기금과 관련하여 운용부분에 대해 정부로부터의 독립성을 확보하기 위해 캐나다 공적연금을 CPP와 CPPIB로 나누어 운용되고 CPPIB의 최고 의사결정기관인 이사회는 정부로부터 독립되어 있으며, CPPIB의 경영자들은 정부에 보고하지 않고 전문가로 구성된 이사회에 보고하고 있다. 이사회 총 구성인원은 의장을 포함해 12명이며, CPPIB의 경영관리 등 관리책임을 지고 있으며, 이사회는 4개의 의원회, 즉 투자위원회, 감사위원회, 인적자원 보상위원회,지배구조위원 등이 존

---

5) https://www.gpif.go.jp/en/about/board.html

재하며, 이 위원회 중 투자결정을 하는 투자위원회가 핵심 역할을 하고 있다. 재무부장관은 이사의 지명을 위해 장관을 자문할 위원회를 설치할 수 있고, 이 위원회에는 장관이 지명한 대표자와 CPP제도에 참가하고 있는 9개 주의 각 재무부장관이 지명한 대표자로 구성된다. 개별 이사들은 위원회의 추천에 의거하여 위원회의 의장(the Governor in Council)이 지명한다. 이러한 이사 지명절차는 입증된 재무능력을 갖추고 있고 관련된 일을 해본 경험이 있는 이사들을 이사회가 확보함으로써 CPPIB가 그 목적을 효과적으로 달성할 수 있도록 하는 데 있다.[6)]

미국의 대표적인 연기금인 캘리포니아공무원연금공단 (CalPERS: California Public Employees' Retirement System)은 우리나라의 기금운용위원회과 같은 역할을 하는 최고의사결정기관으로 위원회를 두고 있으며 위원회는 13명의 위원으로 구성되어 있으며, 위원회(Board of Administration)는 CalPERS의 모든 업무를 감독하는 기능을 하고 있다. 그리고 그 구성은 가입자에 의해 선출된 6인, 임명에 의한 3인, 법의 직권에 의해 지명되는 당연직 이사 4인으로 구성되며, 위원장은 위원들의 투표로 선출되도록 되어 있다. 위원회 구성은 법정사항으로 캘리포니아 주에 등록된 투표자의 과반수의 찬성없이는 변경시킬 수 없도록 되어 있다.[7)] 즉, 대표성과 공공성보다는 가입자들이 자신들의 이익을 위해 수익성을 담보할 수 있는 전문가들을 위원으로

6) http://www.cppib.com/en/

7) https://www.calpers.ca.gov/

선임할 수 있는 지배구조를 갖고 있다고 할 수 있다.

네덜란드 공무원연금(ABP)의 경우에는 2008년 독립적이고 전문적인 기금운용을 위해 자회사 APG(All Pension Group)를 설립하고, 기금운용업무를 APG로 이전했기 때문에 기금운용에 관한 최고의사결정기관인 이사회는 전적으로 수익성 제고를 위한 전문가들로 구성되어 있다.[8] 이 ABP는 아웃소싱 계약을 맺는 방식으로 APG에 기금운용을 위탁하고 있기 때문에 민간자산운용사들이 기금운용을 담당하고 있어 전문성이 확보되어 있다고 할 수 있다.

이런 점을 고려해 볼 때 기금운용위원회도 대표성과 공공성보다는 수익성에 초점을 맞추어 전체 위원 20인 중 최소 10인 이상은 전문가들로 구성되도록 하는 것이 필요하며, 가입자대표들로 구성된 추천위원회에서 위원후보를 추천하는 방식으로 위원을 선임하는 경우 다소나마 전문성을 제고할 수 잇을 것으로 판단된다.

장기적으로는 기금운용위원회를 보건복지부로부터 독립시키고 기금운용위원회의 위원은 국민연금공단에서 지역가입자대표들로 구성된 추천위원회에서 추천하고 위원장이 임명하는 형태로 지배구조를 변경하는 것이 필요하다고 본다. 그리고 위원장은 위원들 중에 투표를 통하여 선출하는 방안을 모색하는 것이 필요하다고 본다.

8) https://www.apg.nl/en

<표 1> 기금운용기관의 전문성 확보 현황

연기금	전문가 확보 현황	지배구조 성격
한국	• 기금운용위원회 20인의 위원 • 위원장은 보건복지부장관 • 보건복지부장관이 위촉하는 전문가 2인	대표성, 공공성
일본	• GPIF의 이사회는 3인으로 구성 • 이사회 의장과 감사는 후생노동성장관이 임명 • 의장이 이사 2명을 선임 • GPIF의 운용위원회는 경제 금융과 관련하여 높은 식견을 가진 자, 그 외에 학식경험을 가진 자 중에서 후생노동성 장관이 임명하는 11명이내의 위원으로 조직	공공성, 수익성
캐나다	• 9개 주의 각 재무부장관이 지명한 대표자로 구성된 이사추천위원회 구성 • 위원회가 전문성을 고려해 추천한 후보자를 위원회의 의장(the Governor in Council)이 이사로 지명.	수익성
캘리포니아	• 위원회는 13명의 위원으로 구성 • 위원회는 가입자에 의해 선출된 6인, 임명에 의한 3인, 당연직 이사 4인으로 구성 • 가입자들이 선출하는 과정에서 전문성 고려	수익성, 대표성
네덜란드	• 독립성과 전문성 확보위해 APG 설립하고, 기금운용업무 이전 • APG는 수익성 제고를 위해 전문가들로 이사회 구성	수익성
대안	• 기금운용위원회의 20인의 위원 중 10인 이상을 전문가로 구성 • 전문가들은 지역가입자대표들로 구성된 추천위원회에서 전문성을 고려하여 추천한 자 중에서 위원장이 위촉 • 위원장은 위원들에 의한 투표로 선출	수익성, 대표성

나. 독립성

① 현황

국민연금의 최고의사결정기구인 기금운용위원회는 위원장인 보건복지부장관, 당연직 위원인 기획재정부차관·농림축산식품부차관·산업통상자원부차관·고용노동부차관과 공단 이사장 등 당연직 위원 6인이 포함되어 있다. 그리고 위원장인 보건복지부장관이 위촉하는 민간위원들로 구성되어 있다. 즉, 지배구조상 기금운용위원회가 정부로부터 독립될 수 없는 본질적인 한계를 갖고 있는 것이다.

국민연금의 기금운용과 관련해서 정부로부터의 독립성이 미비해서 수익성 제고보다는 정치적 목적으로 악용되거나 관치의 대상이 될 수 있다는 지적들이 많았다. 예를 들어 국민연금이 삼성물산-제일모직 합병에 찬성한 과정을 보면, 당시 복지부 장관이 해당 안건을 외부 전문가 등으로 구성된 기금운용위 산하 의결권 행사 전문위에 넘기지 않고 기금운용본부 투자위원회에서 찬성 결정을 내리도록 압력을 행사했던 것으로 나타난 바 있다. 즉, 국민연금이 관치의 대상이 될 가능성이 높다는 것을 보여준 대표적인 사례라고 할 수 있다. 특히, 전문성이 없는 보건복지부와 국민연금공단의 간섭으로 기금운영위원회가 효율적인 의사결정을 하지 못하고 있다는 지적들이 지속적으로 제기되고 있는 것 또한 사실이다.

② 발전위원회 안

발전위원회는 국민연금의 독립성에 대해서는 직접적인 제안을 하지 않고 있다. 오히려 전문성을 제고한다는 명분하에 보건복지부의 연금재정과의 인원과 직무를 대폭 확대해 기금운용위원회의 사무국 역할을 하도록 해 위원회를 준상설화하면 전문성은 다소 개선될 수 있으나 독립성의 문제는 더욱 악화될 수 있다는 지적들이 많다.

결국, 발전위원회는 국민연금의 지배구조를 개선한다는 명분을 내세우기는 하였지만 그동안 문제점으로 지적되어 온 독립성 문제에 대해서는 전혀 검토를 하지 않고 전문성만 강조하는 불균형적 지배구조개선방안을 제시한 것이다.

③ 평가 및 제언

객관적으로 보더라도 기금운용위원회가 보건복지부 내에 설치되어 있고, 보건복지부 장관이 위원장을 맡고 있고 20명의 위원 중 6인이 당연직 공직자이고 14인의 민간위원마져도 보건복지부장관이 위촉하고 있는 현실을 감안해 볼 때 기금운용위원회가 정부로부터 독립된다는 것은 사실상 불가능하다고 할 수 있다.

이와 관련해서 참여연대 소속이었던 경제개혁연구소는 현재 국민연금공단 산하에 있는 기금운용본부를 분리해 국민연금 기금운용공사로 확대 개편해야 한다는 주장을 하고 있다. 이에 따르면 현재 국민연금 기금운영위원회를 기금운용공사에 설치하고 그 구성은 총 11인의 위원으로 구성하되, 5인은 기금 운용에 전념할 수 있도록 상임위원으로, 6명은 비상임위원으로 상임위원을 견제하는 지배구조를 구축해야 한다는 것이다. 이때 비상임위원들은 정부, 정치권, 투자 대상 기업으로부터도 독립성뿐만 아니라 기금 운용 등에 필요한 최소한의 전문성도 갖춰야 한다고 한다.

이때 보건복지부는 목표수익률과 위험 허용 한도를 정하고, 전략적 자산배분 등 투자 권한은 기금운영위원회가 갖는 방식을 제안했다. 동시에 책임성을 제고하기 위해 국가재정법 제84조에서 정하고 있는 손해배상책임 규정을 운용위원들에게 확대·적용하고, 일정 수 이상의 국민연금 가입자(또는 수급권자)는 공사에 책임을 추궁할 수 있도록 제소할 권한을 보장해야 한다는 방안을 제시하고 있다.

그러나 기금운용본부를 공사체제로 전환하는 것 역시 국민연금의 독립성을 확보하는데 여전히 한계가 있다고 판단된다. 특히, 공사의 경우에는 인사권을 정부가 갖고 있다는 점에서 형태만 다를 뿐 현행 국민연금의 기금운용체제와 크게 다르지 않을 것으로 생각된다. 특히, 운용위원들에게 직접적인 손해배상책임을 부과하는 경우 적극적 기금운용이 어려워 재정안정성을 확보하기 어려울 수도 있다.

따라서 캐나다의 CPP(Canada Pension Plan)처럼 캐나다의 전국민 연금제도와 기금 운용을 완전히 분리하여 운용은 독립된 공적연금투자위원회(CPPIB: Canada Pension Plan Investment Board)라는 정부로부터 독립된 기금운용공사에서 전문적으로 전담하고 있다.

이러한 CPPIB의 지배구조는 정치적인 간섭을 차단할 수 있도록 캐나다연금투자위원회법(Canada Pension Plan Investment Board Act)을 통하여 보장하고 있으며, CPPIB의 의사결정은 투자이외의 목적에 의해 영향을 받지 않고 있다. 그리고 CPPIB의 투명성을 확보하기 위해 투자정보를 상세히 공시하고 있다.

CPPIB의 최고의사결정기관인 이사회는 의장을 포함해 총 12인으로 구성된다. 재무부장관은 이사선임을 위해 자문위원회를 설치하며, 자문위원회에는 장관이 지명한 자문위원과 CPP에 참가하고 있는 9개 주의 각 재무부장관이 지명한 대표자로 구성되며, 이 위원회가 추천한 인사를 위원회의 의장(the Governor in Council)이 지명하게 된다. 네덜란드공적연금(ABP)은 기금규모면에서 우리나라와 비슷하며 국민연금처럼 내부 부서를 통해 자금을 운용해오다 2008년 자회사인 APG(All Pensions Group, 네덜란드연기금자산운용)를 설립했다. 기금운용부서의 독립성을 확보하기 위해 운용과 관리를 분리해서, 기금을 독립적으로 운용하면서 전문 인력을 배치하고 기금의 전문성도 확보한 것으로 평가받고 있다.[9] 즉, 2008년 이후부터는 우리 국민연금과는 지배구조가 상당히 다르게 변화되어 성공적으로 운영되고 있다는 점에서 우리에게 시사하는 바가 크다. 우선, 기금운용주체와 관련하여 우리나라는 보건복지부이지만 네덜란드는 독립된 전문기관인 APG가 담당하고 있다. 기금의 관리 및 감독도 우리나라는 보건복지부장관이 위원장으로 있는 기금운용위원회인 반면에 네덜란드는 ABP의 수탁자위원회(Board of Trustees)가 담당하고 있다. 전문인력 구성과 관련해서는 우리나라는 대표성과 공공성에 초점을 맞추고 있는 반면에 네덜란드는 전문성과 독립성에 초점을 맞추어 구성 및 운영되고 있다. 연금제도와 기금운용과 관련해서도 우리나라는 미분리이지만 네덜란드는 분리이다.

기금규모 세계 2위인 노르웨이 국부펀드(GPFG)의 경우에는 기금관리 주체는 재무부이지만 기금운용은 노르웨이중앙은행 내의 자산운용조직인 노르웨이중앙은행투자관리처(NBIM)가 담당하고 있다. 즉, 기금관리 주체인 재무부가 기금의 원천인 원유수익금을 NBIM에 기금운용을 위탁하고 있어서 재무부가 기금운용에 대해 관여할 수

9) 자본시장 weekly, 국민연금과 네덜란드연기금의 비교 및 시사점, 2014-47호 1면 이하 참조.

있는 여지가 원천적으로 차단되어 있어 독립성이 보장된다고 할 수 있다.

미국의 대표적인 연기금인 캘리포니아공무원연금공단(CalPERS: California Public Employees' Retirement System)은 1992년 연금보호(California Pension Protection Act, 1992)으로도 알려진 주헌법 개정을 통해 PERS이사회에 PERS의 투자결정과 운영에 대해 독립적이고 배타적인 권한(sole and exclusive authority)을 부여하고 있다.

이런 점을 감안해 볼 때 독립성 문제를 해결하기 위해서는 네덜란드 연기금이 중요한 모델이 될 수 있다고 본다. 다만, 우리나라처럼 정부가 기금운용의 주체이며 동시에 관리감독을 하고 있는 국가로는 대표적으로 일본을 들 수 있으나 참고로 세계 6대 연기금 중 2017년 일본의 연기금 수익률이 6.9%로 최하위에 머물고 있으며, 한국도 7.28%로 5위에 머물고 있다. 결론적으로 기금운용위원회를 준상설화하기 위해 보건복지부의 연금재정과의 역할을 제고하기 보다는 독립성을 확보하는 방안을 제시하는 게 더 필요하다고 본다. 이를 위해서는 보건복지부는 관리만하고, 기금관리 및 운용은 전적으로 기금운용위원회에 두되, 기금운용위원회 위원의 구성과 관련해서는 현재의 기금운용위원회를 위원후보추천위원회로 역할을 변경하는 것이 바람직하다고 본다. 그리고 기금운용위원회는 전문성을 중심으로 10인 이내의 위원으로 구성하고 권한과 책임을 강화하는 방향으로 개선하는 것이 바람직하다고 본다.

〈표 2〉 기금운용기관의 독립성 확보 현황

연기금	독립성 확보 현황	독립성 유무
한국	• 기금운용위원회 20인의 위원 • 위원장은 보건복지부장관 • 위원인 기획재정부차관, 농림축산식품부차관, 산업통상자원부차관, 고용노동부차관과 공단 이사장 등 당연직 위원 6인 • 민간위원은 사용자대표 3인, 근로자대표 위원 3인, 지역가입자 대표위원 6인 • 지역가입자 대표는 이 포함되는데, 농어업인 단체 추천 위원 2인, 자영자 관련 단체 추천 위원 2인, 소비자단체 및 시민단체 추천 위원 2인 • 관계 전문가 2인 • 정부로부터의 독립성 전혀 없음	독립성 전혀 없음
일본	• 후생노동성이 기금운용과 제도운용의 전반을 관장하는 정부주도형 • 후생노동성은 연금기금관련 법제도의 기획, 입안, 공적연금적립금의 운용기본방침 수립, 연금적립금 운용의 평가 등의 역할 및 기능 수행 • 연금적립금관리운용독립행정법인(GPIF)이 신탁은행 통해 시장에서 채권, 주식 등 운용 • 일본의 공적연금의 운용은 외부	기금운용에 대한 독립성 일부 허용
캐나다	• 재무부와 공적연금투자위원회 분리 • 캐나다연금투자위원회법을 통해 독립성 보장 • 투명성 확보위해 투자정보 공시 • 재무부장관은 투자위원회 이사선임 자문위원회 설치 • 자문위원회는 장관이 지명한 자문위원과 9개 주의 각 재무부장관이 지명한 대표자로 구성	독립성 법적으로 보장
캘리포니아	• 1992년 연금보호법으로도 알려진 주헌법 개정 통해 PERS이사회에 PERS의 투자결정과 운영에 대해 독립적이고 배타적인 권한부여 • 이사회 위원는 선출된 6인, 임명에 의한 3인, 당연직 4인으로 구성 • 가입자들이 선출하는 과정에서 전문성 고려	독립성 법으로 보호
네덜란드	• 독립성 확보위해 APG 설립하고, 기금운용업무 이관	독립성 확보
대안	• 국부펀드(GPFG)의 기금관리 주체는 재무부 • 기금운용은 중앙은행 내의 자산운용조직인 중앙은행 투자관리처(NBIM)가 담당	독립성 확보
대안	• 기금운용위원회를 준상설화하기 위해 보건복지부의 연금재정과의 역할을 제고하는 것은 독립성 확보에 역행 • 보건복지부는 관리만 하고, 기금관리 및 운용은 전적으로 기금운용위원회 이관 • 현재의 기금운용위원회는 위원후보추천위원회로 역할 변경 • 기금운용위원회는 전문성을 중심으로 10인 이내의 위원으로 구성 • 위원들의 권한과 책임 강화하는 입법적 개선 필요	국민연금법 개정을 통한 독립성 학보

다. 보수적 기금운용

① 현황

소극적이고 보수적인 기금운용과 관련해서는 국민연금이 전문성과 독립성이 결여된 지배구조(Governance) 때문에 소극적이고 보수적인 기금운영을 하고 있어 재정불안을 해소하기 어렵다는 지적들을 받아왔다. 이런 지적은 국민연금의 수익률이 최근 급감하면서 더욱 설득력을 얻어가고 있다. 국민연금의 2015~2017년 국내 주식 부문 수익률은 11.58%, 2017년 25.88%를 기록했으나 2018년 5월에는 - 1.18%로 급락한 것으로 나타났다. 이는 코스피지수보다 0.93%포인트 하회한 것으로 나타나 포트폴리오상의 문제점이 큰 것으로 지적되고 있다.

문제는 이런 현상이 단기간에 그치지 않고 장기화될 수 있다는 점이다. 그 이유로는 국민연금의 금융투자부문 포트폴리오가 국내 주식과 국내 채권에 편중되어 있다는 점을 들 수 있다. 국민연금공단에서 2018년 1분기말 기준으로 공시한 자료를 보면 국내 주식(20.9%)과 국내 채권 (46.7%)을 합한 비중은 67%에 달하는 반면 해외 주식 (18%)과 해외 채권(3.8%), 대체투자 (10.6%) 비중은 상대적으로 낮은 것으로 나타났다.

그리고 2018년 1분기말 기준으로 국민연금은 국내 기업 799곳에 131조 원을 직접투자하고 있으며, 이는 전체자산대비 20.9%에 해당하는 비율을 차지하고 있다.

이는 거대한 연기금이 국내 자본시장에만 머물면서 과대한 시장

영향력을 행사하고 있어 부작용이 불가피하다는 것을 의미한다. 대표적인 예로 적립금이 축소되는 시기에 국민연금이 주식을 매각하면 시장이 붕괴될 수 있다는 가설이 바로 그것이다.

따라서 지금부터라도 국민연금이 해외투자를 확대해야 한다는 의견들이 제시되고 있다.

이와 관련해서 글로벌 3대 연기금인 노르웨이 국부펀드(GPFG)는 자국 기업 주식은 전혀 보유하지 않고 해외 기업에만 투자하면서도 13.7% 수익을 냈다고 한다. 세계최대연기금인 일본의 공적연금펀드(GPIF)는 우리 국민연금과 유사하게 자국기업의 주식에 대한 투자 비중이 25%에 달하는 것으로 알려지고 있다. 그러나 일본은 연기금이 직접 투자하는 것이 아니라 전량을 위탁운용하고 있다.

참고로 국내 사학연금의 경우 2017년 수익률이 9.2%로 국민연금 수익률 7.2% 보다 높은 것으로 나타났다. 해외 채권투자율도 6%로 국민연금 3.8%보다 높았으며, 대체투자률 역시 16%로 국민연금 10.6%보다 비중이 높았다. 반면에 국내 채권투자률은 37%로 국민연금 46.5%보다 비중이 적은 것으로 나타났다.

공무원연금의 경우에도 국민연금 수익률보다 높은 8.8%를 기록했으며, 해외 채권투자율도 4.7%로 국민연금 3.8%보다 높았으며, 대체투자률 역시 15.5%로 국민연금 10.6%보다 비중이 높았다. 국내 채권투자률 역시 41%로 국민연금 46.5%보다 비중이 적은 것으로 나타났다.

② 발전위원회 안

기금운용발전위원회는 직접적으로 적극적인 기금운용에 관한 방안을 제시하지는 않았다. 다만, 재정불안 문제를 해결하기 위해서는 장기재정목표를 수립하는 것이 시급하다고 판단하고 장기재정목표를 통해 적극적인 기금운용을 할 수 있는 기반을 마련해야 한다는 제언을 한 것으로 추정된다.

따라서 기금운용발전위원회는 장기적으로 자산배분 전략이 필요하다는 의견을 대안으로 제시했다. 우선 위원회는 10년 이상의 기간에 걸쳐 기금운용의 장기적인 성과평가 기준이 되는 장기 SAA(전략적 자산배분, Strategic Asset Allocation)의 필요성을 강조했다. 전략적 자산배분(SAA)이란 연금의 장기 자산배분로 연금이 실행해야 할 중요한 장기 투자의사결정을 의미한다.

또한 발전위원회는 주식과 채권만을 대상 자산군으로 하는 단순형 장기기준 포트폴리오를 구성하고, 주식·채권만으로 기준포트폴리오를 설정하는 SAA는 기금운용위원회가 이를 의결하도록 해야 책임소재가 분명해진다고 본 것으로 이해된다. 그러나 초과수익을 위한 단기투자의사결정인 전술적 자산배분(Tactical Asset Allocation TAA)에 속하는 동적자산배분(Dynamic Asset Allocation : DAA)의 경우에는 전담 조직을 신설해서 권한과 책임을 이양해야 한다는 제안을 했다. 그러나 이 역시 구체적으로 주식과 채권에서 벗어나 고위험·고수익 특성의 대체투자에도 적극적으로 나서야 한다는 사회적 요구에 부응하지는 못할 것으로 예상된다.

물론, 2017년 7월 보건복지부가 '국민연금 향후 5년간(2018~2022) 전략적 자산배분 계획 수립'을 통해 2022년말 기준 자산군별 목표 비중을 주식 45% 내외(국내 주식 20% 내외, 해외 주식 25% 내외), 채권 45% 내외(국내 채권 40% 내외, 해외 채권 5% 내외), 대체투자 10% 이상으로 정했다고 발표한 바 있다. 그러나 현실적으로 과거와 크게 달라진 것이 현실을 감안해 볼 때 보다 구체적이고 실현가능한 제도적 장치가 마련되어야 가능하다는 지적들이 제시되고 있다.

③ 평가 및 제언

고위험·고수익 특성의 대체투자에도 적극적으로 나서기 위해서는 이를 담당할 인력들이 존재해야 한다. 그러나 실제로 국민연금 기금운용본부에서는 2013년부터 2018년 6월까지 97명의 직원이 퇴사했으며, 현재 정원의 11.5%가 공석인 것으로 알 려져 있다. 국민연금의 최고투자책임자인 기금운용본부장(CIO)직도 1년이 넘도록 공석이며, 해외대체투자실장, 주식운용실장, 해외증권실장 등 각 부문 실장마저 부재 상태인 것으로 알려지고 있다.[10)]

이는 국민연금 기금운용본부가 고위험·고수익 특성의 대체투자에 적극적으로 나설 수 있는 환경 자체가 조성되어 있지 않다는 것을 의미한다. 특히, 기금운용위원회나 기금운용본부가 정부로부터 독립되어 있지 않는 한 고위험·고수익 특성의 대체투자는 사실상 불가능할 수 있다. 그 이유는 여러 가지가 있겠지만 수익실현에 실패하는 것은

10) 매경이코노미 2018.08.13. 기사.

물론이고 손실을 봤을 때 국정감사나 감사원의 정책감사의 대상이 되어 면책될 가능성이 낮기 때문이다.

이런 문제를 해결하기 위해서는 성과보수체계를 개편하는 것도 필요하지만 우선적으로 기금운용본부의 독립성을 보장하는 것이 급선무라고 할 수 있다. 이를 위해서는 단기적으로는 기금운용업무를 기금운용본부가 직접 수행하기 보다는 대체투자에 관한한 전적으로 민간에 위탁하고 그 성과에 대해서는 정책감사의 대상이 되지 않도록 하는 제도적 장치의 마련이 필요하다고 본다.

그리고 장기적으로는 기금운용위원회와 기금운용본부를 독립시켜서 공사화하거나 민영화하는 방안을 모색하는 것이 필요하다고 본다. 현행 국민연금 제도는 세대 간 소득 역분배, 국민연금관리공단의 독점운영, 사회안전망 기능문제 등 많은 문제점이 있는 것으로 지적되고 있다. 만약 국민연금이 민영화되어 정부의 개입이 배제된다면 민간기관이 그 상품을 개발하고 운용하는 주체가 될 수 있기 때문에 정치적 압력으로부터 자유로워 질 뿐만 아니라 전문성을 제고하여 수익성도 확대될 수 있을 것으로 기대된다.

5. 기금운용제도 개선 시 추가로 고려할 사항

1) 투자자·국가 간 분쟁 (ISD)

2018년 4월 엘리엇 매니지먼트사가 정부를 상대로 “삼성물산과 제일모직 간 합병 과정에서 한국 정부의 불공정한 행위로 주주 권리를 제대로 행사하지 못했다"며 한국 정부를 상대로 투자자·국가 간 분쟁(ISD: Investor-State Dispute)방법으로 중재 신청을 했으며, 손해배상 청구 금액이 7억 7,000만 달러(약 8,600억원)인 것으로 알려지고 있다. ISD는 외국에 투자한 투자자가 상대국가로부터 협정상의 의무나 투자계약을 위반해 손해를 입었을 경우 상대국 정부를 상대로 제3자의 민간기구에 국제중재를 신청해 손해배상을 받을 수 있도록 하는 제도를 말한다. 이를 통해 해외투자자는 부당한 현지의 정책이나, 법으로 인한 재산상의 피해를 실효적으로 보호받을 수 있다.[11]

국민연금공단이 삼성물산·제일모직 합병에 찬성한 배경에 박 전 대통령의 지시나 승인이 있었다고 법원이 최종 판단을 하는 경우 우리 정부가 엘리엇에게 상당한 금액을 배상해야 할 상황에 직면하고 있다.

그 밖에도 엘리베이터 제조 기업인 쉰들러도 현대그룹 회장의 지배권 보호를 위해 한국 정부가 규정을 위반했다고 주장하면서 2,900억 원 상당의 손해배상을 주장하는가 하면, 재미교포도 한국 정부의 토지 수용을 문제 삼으며 35억 원의 손해배상을 요구하는 등 ISD가 급증하고 있다. 이는 국민연금이 경영참여의 목적으로 주주총회 등에서 적극적으로 의견을 개진하거나 의결권을 행사하는 경우 지속적으로 ISD가 제기될 가능성이 증가하고 있다는 것을 의미한다.

---

11) 세계은행(IBRD) 산하의 민간기구인 국제투자분쟁해결기구(ICSID)가 중재 절차를 관장한다. 중재재판부는 3인의 중재인으로 구성되며, 중재인은 양측에서 각각 1명씩을 선임하고, 위원장은 양측의 합의에 의해 선임한다.

이러한 문제로부터 벗어날 수 있는 길은 기금운용위원회를 정부로부터 독립시키는 것이며, 기금운용본부를 국민연금으로부터 독립시켜 공사화하거나 민영화하는 방안을 모색하는 것이 시급하다는 것을 의미한다.

2) 스튜어드십 코드 도입과 행정지도화 우려

지난 달 30일 국민연금의 최고의사결정기관인 기금운용위원회는 조건부로 경영참여를 허용하는 스튜어드십 코드를 도입하기로 결의했다.

도입취지는 연기금이 정권의 집사역할에서 탈피해 진정한 고객(가입자)의 집사가 되기 위함이라고 한다. 그럼에도 여전히 연금사회주의 또는 연금관치주의에 대한 우려가 존재하는 것은 사실이다.

법리적으로는 스튜어드십 코드를 도입하지 않더라도 국민연금이 의결권을 행사하거나 경영참여를 하는 데는 전혀 문제가 없다. 실제로도 국민연금이 대상기업의 주주총회에 참석해서 임원의 선임에 반대하는 의결권을 행사한 적도 있었다. 다만, 연금관치주의 내지는 연금사회주의라는 비판 때문에 적극적으로 의결권을 행사하거나 경영참여를 하는 것을 자제해 왔던 것이다.

그러나 문재인 정부가 출범하면서 좌파학자들을 중심으로 이 코드를 도입해야 한다는 주장들이 제기되기 시작했다. 그 이유는 크게 두 가지였다. 하나는 영국과 일본 등 10여 개 국에서 이미 스튜어드십 코드를 시행하고 있다는 것이었다. 다른 하나는 스튜어드십 코드가 적용된 기업들의 자기자본이익률(ROE)이 증가했다는 것이었다. 이와 관련해서 반드시 간과해서는 안 되는 점이 있다. 그것은 바로 외국 연기금들과 우리 국민연금 간에는 상당히 큰 차이점이 있다는 것이다.

우선, 우리 국민연금은 선진국의 연기금과는 달리 정부나 정치권으로부터 전혀 독립되어 있지 못하다는 점이다. 국민연금의 최고의 사결정기관인 기금운용위원회의 구성을 보면 대통령과 복지부장관이 임명하는 위원들로 전원 구성되어 있다. 이는 연금관치주의가 현실화될 수 있다는 것을 의미한다. 코드안대로 국민연금이 기업들을 상대로 탄소배출량, 급여, 고용, 협력업체 지원활동, 이사회 독립성, 관계사 거래 비중 같은 비재무적 요소를 매년 평가해서 비공개대화를 하는 경우 행정지도와 같은 효과가 발생할 수 있기 때문이다.

지난 수십 년 간 대한민국 정부는 경제발전이란 명분을 가지고 행정지도라는 이름으로 민간기업들의 경영에 간접적으로 개입해 왔다. '행정지도'란 행정기관이 일정한 행정목적을 실현하기 위하여 특정인에게 일정한 행위를 하거나 하지 아니하도록 지도·권고·조언 등을 하는 행정작용을 말하며(행정절차법 제2조), 그 특성상 행정기관은 법적 책임을 부담하지 않으면서도 상대방의 동의를 전제로 행정목적을 쉽게 달성할 수 있다는 점에서 정부의 감독기관이 피감독자들의 사업활동에 개입하는데 널리 이용되는 제도이다. 특히, 사업조정 및 가격조정시 널리 활용하고 있는 제도이다.

법리상으로 이러한 행정지도는 형식적으로는 구속성이 없고 강제성이 없다고는 하지만, 인·허가권, 광범위한 감독권 등을 가지고 있는 행정기관의 행정지도는 사실상 구속적 효력이 있다. 따라서 사업자들이 이러한 행정지도를 '임의적인' 것으로 간주하고, 이를 거부하기란 용이하지 않다. 결국, 스튜어드십 코드를 통해 국민연금이 직접적으로 경영참여를 하지 않더라도 비공개대화라는 명분으로 투자대상회사의 임원들과 면담을 하는 과정에서 행정지도와 유사한 부작용이 발생할 수 있다. 물론, 행정지도는 우리나라 특유의 역사적·구조적 문제 관행의 문제라고 할 수 있으며, 발전 과정에서 다소의 순기능을 한 것으로 이해할 수 있다.

그러나 정부주도로 경제발전이라는 효과를 보기 어려운 현실에서도 정부가 행정기관을 통해 여전히 행정지도를 통해 비공식적인 방법으로 시장에 개입하는 것은 시장을 위축시키는 요인이 될 수 있다는 지적들을 하고 있다. 만약, 국민연금이 스튜어드십 코드를 적용한다는 이유로 경영참여를 결정하기 이전에 경영진을 상대로 비공개대화를 요구하는 경우 행정지도와 같은 결과가 발생할 수 있는 우려는 당연히 존재할 수 있다고 한다. 특히, 국민연금이 최대주주 또는 2대주주 등 대주주로서 있는 국내상장기업들의 경우 비공개대화라는 명분으로 행정지도와 유사한 행위들이 이뤄질 가능성이 매우 높은 것이 현실이다.

이는 2018년 9월 30일 기업경영성과 평가사이트 "CEO스코어"가 발표한 자료에 따르면 국민연금이 국내 4대그룹 계열사 중 38개 기업의 지분을 5% 이상 보유하고 있다고 한다. 이 중에서 10% 이상의 지분을 소유한 기업도 15개에 달하며, 삼성전자의 경우에는 국민연금이 9.5%를 소유한 단일 최대주주임은 물론이고 총수일가의 합계액보다도 많다고 한다.

이는 비공개대화라는 명분을 가지고 국민연금이 행정지도식 경영개입을 강화하여 결과적으로 연금사회주의가 현실화될 수 있는 가능성이 그 어느 국가보다도 높다는 것을 의미하기도 한다.

물론, 기금운용위원회의 특별결의가 있어야 경영참여를 할 수 있다는 단서를 붙임으로써 외형적으로 연금사회주의에 대한 우려를 불식시키고자 했던 것으로 이해된다. 그러나 특별결의 요건이 무엇인지가 아직 불분명하다. 다만, 논의과정에서 "심각한 주주 가치 훼손" 또는 "사회적 여론 형성" 등이 언급된 것으로 알려지고 있다. 그러나 이 요건은 매우 추상적이어서 기금위의 주관적 판단에 따라 결정될 수밖에 없는 것이 현실이다. 경우에 따라서는 사회적 가치에 반한다는 이유로 대상기업 임원의 선·해임, 정관 변경, 임시주총 소집 등과 같은 경영참여가 이뤄 질수도 있다.

결국, 국민연금의 스튜어드십 코드 도입의 성공여부는 위에서 언급된 문제점들을 어떻게 보완하는지 여부에 달려있다. 우선, 비공개대화라는 이름으로 행해지는 행정지도식의 부당한 경영간섭을 차단할 수 있는 제도적 장치의 마련이 시급하다. 기금운용위원회의 특별결의 요건을 객관적이고 구체적으로 정하는 것이 역시 시급하다. 법적 안정성이 확보돼야 기업들이 수익을 낼 수 있음은 물론이고 지속성이 담보될 수 있기 때문이다.

3) 스튜어드십 코드도입의 위헌성

스튜어드십 코드 도입을 통한 국민연금의 경영참여가 헌법적 정당성을 확보하고 있는지를 검토해 볼 필요가 있다. 우리나라 헌법은 정치적으로는 자유민주주의를, 경제적으로는 자유시장경제질서를 기본이념으로 정하고 있다.

이와 관련해서 헌법재판소는 자유민주주의를 정의함에 있어서 "자유민주주의적 기본질서"를 정의한 내용 중 사법(私法)과 관련된 부분은 "사유재산과 시장경제를 골간으로 한 경제질서"라고 한 바 있다.[12] 그리고 그 헌법적 근거는 우리 헌법 제23조와 제37조 제2항에서 국민의 재산권을 명문으로 보장하고 있는데서 찾을 수 있다. 그리고 헌법 제119조 제1항에서도 민간기업의 사유재산보호와 사적자치를 근간으로 하는 경제질서의 기본원리를 규정하고 있으며, 제10조에서는 행동의 자유와 자기책임의 원칙에 따라 행복을 추구할 수 있는 권리를 인정하고 있다.

따라서 이러한 민간기업들의 사적인 권리를 지배구조개선이라는 공공의 복리를 위하여 어느 정도까지 통제할 수 있는지 여부를 판단하기 위해서는, 이러한 통제가 우리 헌법이 보장하고 있는 자유민주적 기본질서에 위반되는지 여부를 판단하는 기준을 제시하는 것이 필요하다.

특히, 스튜어드십 코드를 통한 국민연금의 경영참여는 구체적으

12) 헌법재판소 1990. 4. 2. 89헌가113; 2001. 9. 27. 2000헌마238; 1994. 4. 28. 89헌마221; 2005.10.27, 2003헌가3.

로는 우리 헌법 제126조에서 "국방상 또는 국민경제상 긴절한 필요로 인하여 법률이 정하는 경우를 제외하고는, 사영기업을 국유 또는 공유로 이전하거나 그 경영을 통제 또는 관리할 수 없다"라는 규정에도 정면 배치되는 것이라고 할 수 있다.

그리고 헌법 제37조 제2항에서 규정하고 있는 과잉금지의 원칙에도 위배될 가능성이 높다. 우리 헌법은 법리상 위헌적 판단을 하는 기준으로서 3가지를 제시하였는데 첫째, 공공의 복리를 달성할 수 없는 국민의 기본권제한 입법은 위헌이라는 것이다(방법의 적절성). 둘째, 보다 덜 기본권 침해적 방법으로 공공복리를 달성할 수 있음에도 불구하고 이를 고려하지 않은 기본적 침해적 입법은 위헌이라는 것이다(피해의 최소성). 셋째, 자유시장경제질서와 사적자치의 원칙과 같은 헌법상의 기본적 가치들에 대한 희생을 무릅쓰면서까지 경영의 자율성을 제한해야 할 공공의 필요성이 감소하였음에도 불구하고 경영 자율성을 통제하는 극단적 방법을 여전히 사용하는 것은 공공의 필요에 비하여 지나치게 민간기업의 재산권행사와 사적자치권을 제한하는 것은 위헌이라는 것이다(법익의 균형성). 스튜어드십 코드를 통한 국민연금의 경영참여는 상기의 과잉금지의 원칙의 3요소를 침해할 가능성이 있다.

6. 결어

국민연금은 국민들의 노후를 보장하는 최후의 보루라는 점에서 그 중요성을 아무리 강조해도 지나치지 않다. 문제는 현재의 국민연금제도 개선이 연금을 수령하고 있거나 조만간에 수령하게 될 국민들의 입장에서 이뤄져서는 안 된다는 점이다. 즉, 미래세대를 위한 연금제도 개선작업이 필요하다는 것이다.

이는 정치적 목적을 가지고 지지층을 확보하기 위한 수단으로 연금제도를 활용해서는 안된다는 것을 의미한다. 그럼에도 불구하고 국민연금 기금운용발전위원회는 지배구조 개선을 위해 법개정보다는 운용상의 묘를 발휘해 현상의 문제를 해결하고자 하는 것으로 이해된다. 그러나 미래 세대를 위한 연금제도 개선작업이 이뤄질려면 본질적인 문제점들을 중심으로 해결방안을 모색해 나가는 것이 필요하다고 본다.

국민연금문제는 지속적으로 전문성과 독립성, 소극적 자산운용에 집중되어 있었다. 그리고 실질적으로도 이러한 문제점을 개선하지 않는 한 국민연금은 고령자들을 위한 제도로 전락할 수 있으며, 미래에 그 존속여부가 불투명해 질 수 있다. 그래서 국민연금을 해산해야 한다는 주장들도 나오고 있는 것이다. 현재의 국민연금 문제의 모든 출발점은 기금운용과 관련된 모든 제도와 운용이 보건복지부로부터 독립되어 있지 못하다는데서 시작된다고 할 수 있다. 독립성만 확보된다면 전문성은 물론이고 적극적 기금운용 또한 현저히 개선될 것으로 판단된다.

금번 발전위원회가 제안한 대로 법은 개정하지 않고 기금운용위원회의 준상설화만 실현된다면 국민연금의 정부지배와 국민연금을 통한 연금사회주의 논란은 더욱 가속화될 수밖에 없을 것으로 생각된다. 이번 기회를 통해 임시미봉책보다는 국민연금과 기금운용본부를 분리하고, 기금운용본부는 기금운용을 전적으로 민간에 위탁하는 근본적인 법개정을 추진하는 것이 바람직하다고 본다.

〈참고문헌〉

1. 임대웅, 주요국 공적연기금 책임투자 현황, 운영사례 및 시사점, 국회예산정책처 연구보고서 (2017. 12)

2. 원종욱/손지훈, 해외 주요 공적연기금의 운용조직 및 직급체계 비교, 보건복지포럼 (2015. 4.)

3. 신정순, 배당정책 관련 연기금의 역할과 과제, 한국경제연구원 정책연구 (2015-04)

4. 이병기, 국민연금기금의 주주권 행사 의무화 및 지배구조의 문제점과 과제, 한국경제연구원 (2013-03-21)

5.원종욱 외 3인, 국민연금기금 운용시스템 및 관리감독체계 개선방안 연구, 한국보건사회연구원 연구보고서(2007-07)

6. 남재우, 국민연금의 배당기준 수립 방안, 국민연금, 자본시장연구원(2014)

7. 박영석 외 4인, 국민연금 의결권 행사 개선 방안, 한국증권학회지 (2012), 41-1.

8. UNEP Finance Initiative, Principles for Responsible Investment and The Generation Foundation (2016). Investor Duties and Obligations in 6 Asian Markets.

제 6 장

전문경영 vs 오너 경영: 오너가 사라진 기업의 실상

1. 들어가는 글
2. 비교 분석 대상의 선정
3. 전문 경영 대 오너 경영: 차이점 요약
4. 재벌개혁 정책과 한국 기업의 미래 모습
5. 요약 및 앞으로의 연구과제

참고문헌

[요 약]

한국에서 재벌개혁은 오너 즉 소유경영자가 경영하는 기업들을 타겟으로 하고 있다. 대기업 오너 즉 소유경영자를 무력화하거나 전문경영자가 대체하려는 것이다. 스튜어드십 코드도 마찬가지다. 이는 전문경영자가 오너보다 기업과 사회에 더 좋다는 인식을 전제로 한다. 필자는 이 인식이 비현실적이라고 본다. 이 글은 실제 전문경영 기업과 같은 업종의 소유 경영 기업의 특성을 비교함으로써 재벌개혁의 전제가 옳은지 틀린지를 판단하기 위함이다.

비교의 대상은 7개 업종 14개 기업이다. 1997년 부도 이전의 기아자동차와 같은 기간 동안의 현대자동차, 2001년 이후의 대우조선해양과 같은 기간 동안의 현대중공업, 2004년부터 2010년까지의 대한전선과 같은 기간 동안의 LS전선 등이다.

비교의 결과를 요약하면 다음과 같다. ①전문경영 체제보다 오너 체제의 성과가 높다. ②오너보다 능력이 뛰어난 전문경영인이 많지만 그 능력을 회사를 위해 쓰려는 의지가 부족하다. ③전문경영 체제는 위기 시에 특히 더 취약하다. ④전문경영 체제는 단기적 성과에 치중한다. ⑤전문경영 체제가 오너 체제보다 더 부패하는 경향이 있다. ⑥전문경영 체제는 대중적 이미지가 좋다. ⑦전문 경영 체제는 오너 체제보다 경영권 교체가 순조롭다. 우리나라에서 전문경영 기업은 대중적 이미지와 경영권 교체 비용을 제외한 모든 측면에서 오너 기업보다 경쟁력이 떨어진다. 현실에서 전문경영 기업이 드문 것은 이런 이유 때문이다.

실제의 상황이 이러함에도 불구하고 대부분 정책들은 소유경영자의 역할을 전문경영자로 대체하는 방향을 향하고 있다. 그 정책이 성공할수록 한국 기업들의 성과는 낮아질 것이다. 투자자의 수익은 줄어들 것이고 장기적으로는 노동자의 소득과 일자리 자체도 줄어들 것이다. 전문경영에 대한 환상을 버려야 한다. 오너 경영을 무력화하는 정책들을 재고할 필요가 있다.

전문경영 vs. 오너 경영: 오너가 사라진 기업의 실상

김정호

1. 들어가는 글

2017년 2월, 삼성그룹이 위기를 맞았다. 대주주 오너인 이재용 부회장은 구속됐고 그룹의 사령탑 역할을 해오던 미래전략실은 해체됐다. 위기임이 분명한 그 상황에서 역설적인 현상이 발생했다. 삼성그룹 특히 삼성전자의 주가가 오른 것이다. 상식대로라면 선장이 없는 배는 침몰해야 하는데 오히려 그 반대의 현상이 나타난 것이다. 총수의 지배력이 약화될수록 기업이 더 투명해지고 경영성과도 나아질 거라는 외국인 투자자들의 전망 때문이라고 한다. 투자자들은 오너의 존재가 최소한 삼성그룹에는 해롭다고 느끼고 있는 셈이다.

하물며 일반인들과 정치인들의 오너에 대한 인식이 어떨지는 길게 설명할 필요가 없을 것 같다. 오너가 물러나고 전문경영인들이 경영해야 기업이 잘 될 것이라는 기대가 팽배해 있다.

순환출자 고리를 끊어내기 위한 규제들, 회사의 중요 의사결정에서 대주주의 의결권을 제한하는 규제들, 국민연금 등 기관투자자의 적극적 의결권 행사를 촉구하는 스튜어드십 코드 제정 등의 각종 재벌개혁 조치들은 오너 경영 체제에 대한 부정적 인식에 바탕을 두고 있다. 그리고 그 이면에는 오너를 대체하게 될 전문경영인에 대한 기대도 깔려있을 것이다.

필자는 오너 체제에 부정적 인식과 전문경영인에 대한 낙관적 기대에 의문이 생겼다. 오너가 물러나고 전문경영인이 경영을 맡으면 회사가 더욱 투명해지고 경영 성과도 좋아질까. 나의 상식과 경험으로는 동의하기가 어려웠다. 오너들에게도 문제가 많지만 전문경영인들은 더욱 문제가 많다는 것을 경험으로 알고 있기 때문이다.

대기업 중에서 스스로 전문경영 체제로 전환한 대표적 사례가 기아자동차이다. 1981년 오너이던 김상문 회장이 경영권을 공채 출신 김선홍 사장과 노조에 넘기면서 대기업으로서 한국 최초의 전문경영 체제를 갖췄다. 하지만 결과는 안 좋았다. 초반에는 잘 되는 듯 했지만 1997년 부도 상태에 이르고 말았다. 오랜 기간에 걸친 대규모의 조직적 분식회계도 드러났다.[1] 당시 기아자동차에게는 전문경영 체제가 효율적이지도, 투명하지도 않았던 것이다.

또 다른 전문경영 기업, 대우조선해양 역시 비슷한 모습을 드러냈

1) "기아자동차는 1991년부터 1997년까지 전산장부를 조작하여 가공의 할부수익을 계상하고 차입금을 매출채권과 상계처리하는 수법으로 3조148억원의 분식결산을 했다." 하승수(2011).

다. 2001년 전문경영 체제를 갖춘 후 한 때는 잘 되는 듯했다. 매출과 이익이 급증했다. 그러나 2008년 이후 거대한 적자를 기록하며 실질적 부도 상태에 빠졌다. 기아자동차(1997년 이전)와 마찬가지로 이곳도 분식회계와 비리가 있음이 드러났다.

두 기업 모두 전문경영 체제로 출발한 뒤 처음 몇 년간은 성과가 좋았다는 사실이 흥미롭다. 기아자동차는 봉고신화와 프라이드의 선전으로 1980년대 내내 고속성장을 했고, 대우조선 역시 2008년까지 처음 7년은 성과가 좋았다. 두 기업 다 초반에는 잘하다가 어느 정도 시간이 지난 후부터 성과가 떨어지고 도덕성도 추락했다.

지배구조에 대한 평가도 좋았다. 기아자동차는 국민기업으로 많은 사람의 응원을 받았고 대우조선해양은 3번이나 연속 지배구조 우수 기업으로 선정되기도 했다. 그러나 두 기업 모두 대규모의 분식회계로 적자를 감추다가 적발됐다.

이런 사실을 고려했을 때 삼성전자처럼 오너가 구속된 후 당장 주가가 오른다고 해서 전문경영 체제가 더 낫다고 결론을 내릴 수는 없다. 재벌 기업들의 오너들을 무력화시키고 전문경영인 에게 경영전권을 맡길 때 한국의 경제의 성과가 좋아질 것이라는 기대하는 것은 더욱 성급하다. 만약 오너가 물러나고 전문경영인에게 맡길 때 더 성과가 높아진다면 이미 스스로 전문경영인에게 맡기는 오너가 여러 명 나왔을 것이다. 전문경영자로 인해서 회사의 성과가 높아지면 주가도 높아질 것이고 그 주식으로 구성된 오너의 재산 가치도 늘어날 것이기 때문이다. 현실에서 오너가 자발적으로 전문경영인에게 경영권의 전권을 넘긴 사례를 찾기 어렵다는 것은 전문경영인에게 맡기지 못할 만한 '사정'이 있음을 암시한다. 물론 그 '사정'이 오너 자신의 사익 추구일 가능성도 배제할 수 없다. 그럼에도 불구하고 오너 2, 3, 4세 가운데 최소한 몇 명은 전문경영인에게 맡기는 사례가 나왔을 법한데 그런 사례를 거의 찾을 수 없다는 것은 전문경영 체제에도 심각한 문제가 있을 수 있음을 암시한다.

생각이 여기에 미치자 필자는 우리나라의 전문경영 기업들이 어떻게 작동해왔는지를 구체적으로 밝혀 보고 싶었다. 전문경영 기업들에 어떤 사례가 있었고 그 성과는 어떠했는지(또는 어떠한지), 또 도덕성은 어떠했는지를 알고 싶었다. 그래서 많지 않은 사례 가운데 7개의 전문경영 기업을 선정해서 같은 업종의 유사한 오너 기업과 성과와 도덕성을 비교해 보았다. 그리고 한국 기업들이 그런 속성을 가진 상황에서 스튜어드십 코드 등 재벌개혁이라는 이름으로 진행되는 정책들이 한국 기업들에 어떤 영향을 미칠지에 대해서 예측해 보았다. 마지막으로 지금 이 시기에 한국 기업의 성공을 위해 우리에게 필요한 것이 무엇인지를 제시했다.

2. 비교 분석 대상의 선정

전문경영 기업을 관찰함에 있어서 가장 큰 장애는 관찰 대상 자체가 많지 않다는 것이다. 김호인·박용삼(2005)은 거래소와 코스닥에 2005년 매출액 기준으로 500대 기업을 조사했는데 90%가 오너 경영기업이었고, 10%만이 전문경영이라고 할만 했다. 그 10%의 전문경영 기업 중 60%는 IMF 위기 이후 재정난으로 인해 어쩔 수 없이 전환한 사례이다. 나머지 40%도 공기업이 민영화한 기업들이 대부분이어서 순수 전문경영 기업 또는 자발적으로 전문경영 체제를 택하고 그것으로 성공한 기업은 손으로 꼽을 정도다. 사정이 이렇기 때문에 이 연구에서의 조사대상도 체계적인 표본 추출 방식을 적용할 수 없었다.

연구의 대상은 크게 두 부류로 구성했다. 첫째는 오너 경영에서 전문경영인 체제로 전환한 기업들이고 두 번째는 처음부터 오너 없이 출발해서 성공을 거둔 기업들이다.

첫 번째 부류에 속하는 기업으로는 1981년 이후 김선홍 체제의 기아자동차(1981~1997), 2001년 이후의 대우조선해양(2001~현재), 1971년 이후의 유한양행(1971~현재)이 포함됐다. 2004년 이후 2010년까지의 대한전선은 형식적으로는 지배주주가 있긴 했지만 실질적으로 전문경영 경영체제였으므로 관찰대상에 포함했다. 두 번째의 부류, 즉 처음부터 전문경영 체제로 출발한 기업으로는 서울우유협동조합, 아이쿱생협(유기농식품 유통), 그리고 노동자가 주주가 되어 설립한 키친아트(주방용품 제조)을 선정했다.

첫 번째가 선택된 이유는 재벌개혁 조치들로 인해 재벌기업의 오너가 없어지거나 무력화될 경우 이들과 비슷한 모습이 될 것이기 때문이다. 두 번째 부류의 기업들은 개혁론자들에 의해 대안적 지배구조로 여겨지는 협동조합이나 노동자자주관리기업의 구체적 모습을 살펴보기 선정됐다.

이 두 종류 이외에도 은행이나 공기업, 그리고 KT나 POSCO처럼 공기업이었다가 민영화된 기업들은 전문경영 체제를 택하고 있다. 그러나 이들은 재벌개혁 논의와 직접적 관계가 없어서 관찰대상에서 제외했다.

전문경영 체제의 기업을 선정했으니 다음 순서는 같은 업종의 유사한 오너 체제 기업을 선정할 차례다. 기아자동차에 대해서 현대자동차, 대우조선해양에 대해서 같은 조선 기업인 현대중공업, 대한전선에 대해서는 LS전선, 유한양행에 대해서는 녹십자가 선택되었다. 생산자협동조합인 서울우유협동조합에 대해서는 주식회사인 매일유업, 소비자협동조합인 아이쿱생협에 대해서는 주식회사인 초록마을, 노동자자주기업인 카친아트에 대해서는 주방용품 주식회사인 락앤락이 비교대상으로 선정되었다. 이렇게 선정된 14개 기업의 리스트는 다음의 표와 같다.

〈표 1〉 비교·분석 대상 기업 및 비교 기간

업종	비교 대상 기업		비교 기간
	전문 경영	오너 경영	
자동차	기아자동차	현대자동차	1981~1997
조선	대우조선해양	현대중공업	2001~현재
전선	대한전선	LS전선	2004~2010
유가공	서울우유협동조합	매일유업	1969~현재
유기농식품 유통	아이쿱생협조합	초록마을	1998~현재
제약	유한양행	녹십자	1970~현재
주방용품	키친아트	락앤락	2001~현재

3. 전문 경영 대 오너 경영: 차이점 요약

지면의 제약으로 인해 14개 기업들에 대한 구체적이고 상세한 비교 결과의 소개는 생략한다.[2] 그 대신 비교의 결과 도출된 오너 경영과 전문경영의 차이점만 제시하고자 한다.

1) 전문경영 체제보다 오너 체제의 성과가 높다

7개의 사례 중 여섯 사례에서 전문경영 기업보다 오너 경영기업의 성과가 우수한 것으로 평가할 수 있다. 전문경영체제의 기아자동차는 부도를 냈지만 같은 기간 오너 체제의 현대자동차는 건재했다. 부도난 기아자동차를 인수하기까지 했다. 전문경영 체제의 대우조선해양은 실질적 부도상태에 빠졌지만 오너가 있는 현대중공업은 어려움 중에도 다시 흑자를 내기 시작했다. 실질적 전문경영 체제의 대한전선은 부도를 냈지만 오너 체제로 재출발한 LS전선은 혁신을 통해서 세계적 전선기업으로 도약했다. 서울우유는 수십 년간 우유업계 1위를 유지해왔지만 민영화 이후 매일유업이 오너 직접경영 체제로 전환한 이후 추격을 당해 매출액 1위를 내줬다. 원래 제약업계 1위이던 전문경영 체제의 유한양행은 34년 후에 출발한 오너 체제의 녹십자와 매출액이 거의 비슷해졌고 신약 개발에서는 오히려 녹십자가 앞섰다. 전문경영 체제의 키친아트는 창사 이후 매출액이 거의 비슷

2) 김정호(2017)의 원본을 보고 싶은 분은 kim.chungho@gmail.com으로 요청하시기 바람.

한 상태를 유지하지만 오너 체제의 락앤락은 성장한 기간이 더 많다.

전문경영 체제의 기업 중에서 유일하게 협동조합인 아이쿱생협은 고속성장을 지속해오고 있다. 그러나 비교대상인 초록마을 역시 오너 체제로 전환한 이후 고속성장 추세로 전환됐다.

이상의 결과는 전반적으로 전문경영체제의 오너 체제의 경영 성과가 전문경영 체제보다 우수함을 말해준다. 이런 결과는 오너 1세인지 2세인지의 여부와 무관하게 나타났다. 비교 기간 동안 현대자동차와 락앤락, 녹십자는 오너 1세였지만 현대중공업, LS 전선, 매일유업, 초록마을은 창업자의 2세가 최대주주였다. 이는 창업자 본인이 경영하든 그 후손이 경영하든 오너 경영 기업의 성과가 전문경영 기업의 성과보다 높다는 최우석·이우백(2005)의 한국 상장기업 대상 실증분석 결과와 일치한다.

2) 전문경영인, 능력은 많지만 회사를 위해 쓰려는 의지가 부족하다

전문경영인 체제가 오너 체제보다 성과가 떨어진다는 사실은 우리가 일반적으로 전문경영인 및 오너에 대해서 가지는 선입견을 거스른다. 일반적인 상식으로는 전문경영인이 오너보다 능력이 뛰어나야 한다. 특히 오너 2세나 3세보다 전문경영인의 경영능력이 더 나아야 한다. 경영능력은 유전적으로 타고나는 것이 아니기 때문에 '온실 속에서 곱게 자란' 2세 3세들보다 현장에서 산전수전을 겪으며 경쟁을 뚫고 올라온 전문경영인이 더 뛰어난 능력을 가지는 것은 당연해 보인다.

효성그룹의 창업자 조홍제의 3세인 조현문 변호사가 다른 재벌3세들에 대해서 가지는 견해도 비슷하다.

"바깥에서 보면 대부분의 재벌 3세들이 좋은 대학 나와서 좋은 경영수업을 받아 유능한 경영자가 될 자격을 갖춘 것으로 생각하지만, 실제로는 할아버지와 아버지 세대와 달리(무에서 유를 창조하는) 기업가정신이나 헌신성은 찾아보기 힘들다. 한마디로 온실 속의 화초 같아서 위험을 감수하려는 생각이 없다."[3)]

그런데 왜 전문경영인 체제의 기업이 오너 체제의 기업, 그것도 오너 2세 또는 3세의 기업보다 성과가 떨어질까? 그것은 기업의 성과가 능력에 의해서만 결정되는 것이 아니기 때문이다. 능력만큼이나 중요한 것이 의지와 태도다. 회사를 위해 최선을 다하겠다는 태도의 유무가 능력의 차이보다 경영의 성과에 더 큰 차이를 만들어낸 것이다. 조현문 변호사는 전문경영인의 왜곡된 인센티브에 대해서도 다음과 같이 말했다.

"이른바 가신으로 불리는 전문경영인의 진실 왜곡과 잘못된 의사결정이 심각하다. 그러다 보니 정작 그룹 회장이 회사의 문제점을 가장 늦게 알게 된다. 전문경영인들이 사익을 추구하고, 심지어 총수가족 간의 갈등을 조장하기까지 한다."[4)]

조현문이 지적한 것은 오너가 있는 상태에서 나타나는 전문경영인의 잘못된 행동이다. 오너가 엄연히 있는 데도 그 눈을 속여 가며

---

3) 효성그룹 차남 조현문의 "내가 재벌을 떠나는 이유" 허핑톤포스트 2014년 8월 10일자.
4) 효성그룹 차남 조현문의 "내가 재벌을 떠나는 이유" 허핑톤포스트 2014년 8월 10일자.

사익을 추구한다는 것이다. 진실의 왜곡이나 은폐, 갈등 조장 같은 것은 오너가 있는 상태에서 나타나는 문제들이다.

오너가 없어지면 도덕적 해이는 더욱 심해질 것이다. 미래를 위해 고통을 감수하기보다 편한 길을 택하는 것, 연구개발에 투자하기보다는 당장 매출이 나오는 제품을 선택하는 경향, 수출시장을 개척하기 보다는 내수 시장에 만족하는 경향 등이 오너 없는 전문경영 체제에서 나타나는 현상들이다.

3) 전문경영 체제는 위기 시에 더욱 취약하다

기업이 위기에 처하면 경영자는 고통스러운 결단을 해야 할 때가 많다. 수요 감소로 매출이 줄면 신제품 또는 신시장을 개척해야 한다. 힘들고 실패 위험도 크지만 그렇게 안하면 회사가 그냥 망할 수 있다. 적자를 줄이기 위해 인원 감축, 임금 삭감 등을 통한 비용 축소, 내부의 혁신을 통한 생산성 향상 같은 것들이 필요할 수 있다. 전문경영 체제는 오너 체제보다 위기 상황에서 결단을 하고 고통을 견뎌내는 능력이 떨어진다. 우리가 분석한 기업들에서도 그런 성향이 뚜렷하게 드러났다.

기아자동차는 80년대 말부터 국내 매출이 정체되고 비용이 상승해서 생긴 적자 문제를 정면으로 맞서지 않았다. 그 대신 분식회계를 통해 감추는 선택을 했다. 결과는 1997년의 부도였다. 반면 현대자동차는 적극적으로 미국 시장 진출을 시도했고 성공해서 글로벌 자동차 메이커로 도약했다.

전선업계도 2000년대를 맞이하면서 국내 매출의 정체라는 위기를 맞았다. 실질적 전문경영 체제의 대한전선은 기업인수와 매각 등 재무적 방법으로 대응했다. 조직 내부의 혁신 대신 유화적인 노사화합 분위기를 이어갔다.[5] 2008년 불황이 닥치자 주가 하락, 매출 감소 등의 무게를 견디지 못하고 부도 상태에 이르고 말았다. 반면 LS전선은 전사적인 혁신, 모든 구성원의 태도 변화를 통해서 조직의 생산성을 높였고 높아진 생산성을 바탕으로 세계 전선 시장의 강자로 성장해 갔다.

조선업계도 2012년 이후 유가하락의 여파로 극심한 수요의 위축 상황을 맞이한다. 현대중공업은 적자를 그대로 드러내면서 도크 폐쇄, 비조선 사업부의 분리 독립 등 강력한 구조조정으로 대응한다. 반면 대우조선해양은 분식회계로 적자를 감췄고 후임자의 제보로 부실이 드러난 후에도 내부의 혁신보다는 정부와 채권단의 선처를 요구하는 식으로 대응해왔다.

우유업계에서도 비슷한 현상이 관찰된다. 출산율 저하로 인한 우유 수요의 감소는 우유업계에 닥친 절대적 위기이다. 오너 체제의 매일유업은 외식업, 커피전문점 등 새로운 업종으로 진출했다. 반면 전문경영체제의 서울우유는 우유 이외의 업종을 고려하지 않고 있다.

제약업계가 당면한 위기는 지적재산권 제도가 강화된 것이다. 따라서 복제약 판매에만 의존하기 어려워졌다. 위기를 맞아 녹십자를 비롯한 오너 체제의 제약회사들은 신약 개발에 대한 투자를 늘리는

---

5) 대한전선 50년사(2005) 참조.

방식으로 대응했다. 그 결과 신약들도 많이 탄생했다. 상위 제약사로는 특이하게 유한양행은 신약개발 투자를 늘리지 않았다. 그 대신 외국 제약사의 신약들을 위탁판매하는 방식으로 매출을 유지하고 있다. 신약개발처럼 결과가 나오기까지 10년 이상의 오랜 시간이 필요하고 성공 여부도 불확실한 투자는 한국의 전문경영 체제가 선택하기 어려운 결단인 듯하다.

전문경영인들이 구조조정이나 연구개발 투자를 꺼리는 것은 오너경영자보다 능력이 부족해서가 아니다. 굳이 그런 고통을 겪고 싶지 않기 때문이다.

평탄한 시기에는 전문경영 체제도 잘 작동할 수 있다. 전반적으로 시장이 커지는 시기, 그러면서도 경쟁이 치열하지 않은 상황, 이럴 때는 오너가 있든 없든 큰 차이가 나지 않는다. 직원들에게 고통을 줘야 할 일도 없고, 실패의 위험을 무릅쓰고 결단을 내려야 할 필요도 없기 때문이다. 그러나 수요가 감소하는 시기, 기술이 급변하는 시기, 구조조정 등 노동자들이 고통 감수가 필요한 시기에는 전문경영 체제가 무력해진다.[6]

이런 현상은 어쩌면 한국적인 현상일 수 있다. 전문경영인 체제가 가장 잘 작동하고 있는 미국의 경우는 전문경영인이 비용절감을 위해 노동자에게 너무 가혹해서 문제가 되는 경우들이 많다.[7] 그러나

6) 위기 시에 오너 체제가 더 강하다는 관찰결과는 유재욱·민대완(2011)의 통계분석 결과와는 상반된 것으로 보인다. 이들의 논문에서는 환경역동성이 커질수록 최대주주와 사외이사의 존재가 기업의 성과와 부(-)의 관계를 가지는 것으로 나타났다.

7) 짐 콜린스(이무열 역)(2011).

우리나라에서 오너가 없는 기업에서 전문경영인들이 그렇게 행동하는 경우는 거의 찾아볼 수 없다. 전문경영인이 임직원들에게 지나치게 온정적이어서 결국 회사를 파국으로 몰고가는 것이 전문경영인 체제의 한국적 상황이다.

4) 전문경영 체제는 단기적 성과에 치중한다

위의 현상을 다른 각도로 본다면 경영의 단기적 시야와 장기적 시야의 차이다. 전문경영 체제는 오너 체제에 비해 단기성과에 치중하는 경향이 있다. 특히 연구개발이나 내부 혁신에 대해서 소극적이다. 그보다는 재무적 확장이나 당장 팔릴 수 있는 제품의 판매를 선택하곤 한다.

국내 시장의 포화 현상에 맞닥뜨렸을 때 LS전선은 생산성을 높이기 위한 내부 혁신을 선택했지만 대한전선은 재무적으로 외부의 기업들을 인수하는 하는 방법을 택했다. 그로 인해 내부의 임직원들이 힘들 것은 없었다.

복제약 판매만으로 매출을 유지하기 어려워졌을 때 녹십자는 신약개발에 대한 투자를 늘렸지만 유한양행은 외국 제약사의 신약을 들여다 파는 선택을 했다.

전문경영인은 능력면에서 오너, 특히 오너 2세나 3세보다 뛰어나지만 경영판단의 시야는 오너 2세 3세보다 짧을 가능성이 높다. 회사의 장기적 성장이라는 관점에서 봤을 때 전문경영인은 능력은 더 낫지만 태도는 못할 때가 많다.

5) 전문경영 체제가 더 부패하는 경향이 있다

이 연구를 하면서 발견한 놀라운 사실은 전문경영 체제가 쉽게 부패한다는 것이다. 이는 상식과 반대다. 부도덕함은 재벌 오너들의 전유물인 것처럼 되어 있다. 그들이 TV에 비쳐질 때는 대부분 검찰에 불려 다닐 때이니 그럴만하다. 그 때문에 오너가 없는 전문경영 체제는 그렇지 않을 것이라는 기대가 자연스럽게 형성되어 있다. 그런데 실제의 모습은 상당히 달랐다. 오너가 없는 전문경영 기업들이 부패한 경우가 많았다.

기아자동차는 91년부터 97년까지 7년간 최고경영자의 주도로 분식회계를 했다. 임원들은 자기 회사를 만들거나 협력업체와 결탁해서 납품비리를 저질렀다. 현장 관리자들은 돈받고 사람을 채용했다고 한다. 느슨하고 자유로운 분위기가 창의성을 이끌어낸 것이 아니라 전사적인 사익추구의 멍석이 되었던 셈이다. 반면 현대자동차는 내부의 납품 비리 등을 없애기 위해 협력업체 직원에게 설렁탕 한 그릇도 얻어먹지 말라는 것을 원칙으로 내걸었다. 물론 현대차에 납품비리가 완전히 없었는지는 알 수 없지만 최소한 공개적으로 드러난 것은 확인할 수 없었다.

대우조선해양의 부패도 매우 심각했다. 적자를 감추기 위해 대표이사의 주도로 분식회계가 이뤄졌다. 구매부서의 차장이 8년에 걸쳐 180억 원 횡령을 저질렀지만 제대로 감사를 받아본 적이 없다. 임원 수십 명이 조직적으로 납품비리를 저질러서 법적 조치를 받았다. 납품비리가 발생했다는 점에서 현대중공업도 마찬가지였다. 그러나 회사 측의 대응은 달랐다. 현대중공업은 관련자들을 모두 해고하는 등 엄격히 대응한 반면 대우조선해양은 엄포만 놓았을 뿐 실제로는 솜방망이 처벌에 그친 것으로 드러났다.[8)]

대한전선은 전문경영자가 자기 소유의 회사를 만들어서 회사의 자금을 빼돌렸다. 키친아트의 전문경영자도 회사의 납품대금을 사적인 용도로 횡령했다. 서울우유, 아이쿱생협에서도 전문영인과 직원의 납품 비리가 발생했다.

오너 체제에서도 비리와 불법행위가 발생했지만 전문경영체제에서와는 성격이 달랐다. 이 중에서 회사의 돈을 빼돌린 경우는 매일유업에서 발생했다. 오너 회장의 동생이 자기 소유 회사를 만들어 매일유업 본사에 납품할 때 통행료를 받아서 횡령한 것이 적발됐다.

LS 전선과 락앤락의 비리 또는 불법행위는 성격이 좀 달랐다. LS 전선의 비리는 자회사인 JS전선이 원자력발전소에 납품 할 때 다른 경쟁사들과 담합을 한데다가 제품의 시험성적을 조작하기 까지 했다. 이것이 부도덕한 비리인 것은 사실이지만 전문경영 체제에서 일반적으로 나타나는 비리와는 성격이 다르다. 전문경영 체제의 비리는 회사의 재산을 빼돌리는 것인 반면 LS 전선의 비리는 회사의 이익을 위해 타인의 것을 불법적으로 빼돌린 행위이다. 어느 쪽이든 사회에 해로운 행위임에는 차이가 없지만 다만 그 이익과 손해의 구조가 다르다는 사실은 기억해둘 필요가 있다.

락앤락도 불법행위를 해서 문제가 됐는데 이것 역시 전문경영 체

8) '납품비리' 대우조선 … 임원 전원 사표는 눈속임. 중앙일보 2014년 4월 22일.

제에서와는 성격이 다르다. 락앤락의 불법행위는 납품비리의 소지가 있는 협력업체를 언제든지 감사하겠다는 것이다. 타인의 장부를 강제로 보는 것은 당사자의 권리를 침해하는 행위다. 다만 이 경우 당사자 사이의 합의가 있어 정말 불법행위인지에 대해 논란의 여지가 있기는 하다. 이것이 법정에서 불법행위로 결론지어진다고 하더라도 그 본질은 전문경영 체제에서의 비리와는 성격이 다르다.

오너들은 일반적으로 회사의 재산을 빼돌린다는 이미지를 가지고 있다. 그리고 실제로도 그런 경우가 많다. 그러나 전문경영 체제에서도 빈번하게 그런 일이 발생함이 드러났다.

6) 전문경영 체제는 대중적 이미지가 좋다

전문경영인 체제의 가장 큰 장점은 대중적 이미지가 좋다는 것이다. 정치가 기업에 대해 강력한 영향력을 가진 한국에서 대중적 이미지가 좋다는 것은 커다란 경쟁력이다. 기아자동차는 그 힘을 적절히 활용했다.

1997년 기아자동차가 부도 상황에 직면했을 때 김선홍 회장과 기아차 노동자들은 국민기업을 살려야 한다며 호소했다. 참여연대, 경실련 등 80여개가 넘는 시민단체들이 공동으로 기아살리기범국민운동연합을 구성해서 대규모 시위를 벌렸다. 또 전국민을 대상으로 후원회원 가입, '기아살리기 국민저축통장갖기 운동', '기아자동차 사주기 운동'을 벌였다.[9] 이회창, 김대중 등 거의 모든 정치인들, 김기원

9) 공병호·박양균(1998), p. 25.

교수 같은 훌륭한 학자들이 기아자동차를 살리라고 정부에 요구했다. 분식회계의 규모가 너무 컸기 때문에 결과적으로 실패했지만 외환위기 상황만 아니었다면 정부와 채권단이 살려냈을 가능성이 높다.

전문경영 기업의 상징적 존재인 유한양행도 기업의 실적에 비해서 매우 좋은 이미지를 가지고 있다. 한국능률협회컨설팅이 매년 발표하는 〈가장 존경받는 기업〉 명단에 유한양행은 14년 연속 선정됐다. 존경받는 가장 큰 이유 중의 하나는 오너가 없이 전문경영인에 의해서 경영된다는 사실일 것이다.

아이쿱생협과 서울우유협동조합도 오너 체제가 아니라 전문경영 체제의 협동조합이라는 사실을 자랑스럽게 내세운다. 대우조선해양은 2015년 한국지배구조원이 선정한 사회책임경영 우수기업에 선정됐다. 과거에도 2004년부터 4번이나 지배구조 우수기업으로 선정되기도 했다. 오너가 없는 전문경영 체제라는 것이 중요한 이유다.

대중은 오너가 없는 기업에 대해서 호감을 가진다. 전문경영 체제의 가장 큰 장점은 바로 이것이다.

7) 전문 경영 체제에서는 경영권 교체가 순조롭다

전문경영 체제는 오너 체제에 비해서 대체로 경영권의 이양이 순조롭게 이뤄졌다. 조사 대상 기업 중 해당 기간 내 경영권 교체가 있었던 전문경영 기업들로는 대우조선해양, 서울우유협동조합, 아이쿱생협, 유한양행이 있는데 서울우유를 제외한 다른 곳에서는 순조롭게 경영권 교체가 이뤄졌다. 유한양행은 지난 47년 동안 최고경영자

교체 과정에서 한 번도 잡음이 없었다. 아이쿱생협과 대우조선해양도 최소한 겉으로 드러난 갈등은 없었다.

그러나 전문경영 체제라고 해서 경영권 교체 비용이 전혀 없는 것은 아니다. 서울우유의 경우 주요 정책에 대한 조합원들 사이의 다른 의견이 대립으로 나타나고 조합장 선거가 갈등을 증폭시키기도 했다. 그 갈등이 다시 조합장의 직무에 방해를 주는 사례도 관찰됐다. 경영권 교체 시스템이 발생시키는 비용들이다. 대우조선해양의 경우 기존의 대표이사가 재임을 위해서 일단 저가수주도 마다하지 않는 것, 분식회계를 통해서 부실을 덮어두는 것 등이 경영권 교체 시스템의 비용이라고 볼 수 있다.

전문경영 기업에 비해 오너 경영 체제의 기업들은 경영권 교체 과정에서 어려움을 겪는 경우가 상대적으로 더 많았다. 현대자동차의 경우 원래의 오너였던 정세영에서 정몽구로 넘어 가는 과정에서 몇 가지 불합리한 현상을 겪었다. A/S와 일부 지역의 판매 기능 등을 현대자동차서비스로 분리시킨 것, 1998년 기아자동차를 둘러싸고 나타는 두 사람 사이의 견해차와 그로 인한 혼란 등이 대표적이다.

녹십자의 경우 오너였던 허영섭 사후 동생이자 동업자였던 허일섭이 경영권을 승계했으나 지분을 상속받지 못한 허영섭의 장남이 반발해서 소송이 제기되는 등 가족 내부의 갈등을 겪었다. 이 과정에서 갑자기 배당액수가 많아지는데 아마도 주식인수 대금 확보를 위한 목적이 배후에 있는 것 아닌가 추측들을 하고 있다.[10] 그 추측이

10) 녹십자 전 부사장 허성수, 녹십자홀딩스 주식 매입 왜? 더벨 2014년 12월 19일자.

사실이라면 경영권 승계 갈등이 회사의 경영에 직접적 영향을 준 사례인 셈이다.

LS 전선과 매일유업처럼 순조롭게 경영권 승계가 이뤄지는 경우도 있었다. 그러나 상당수의 오너 체제의 기업들이 오너 가족 내의 갈등으로 인한 비용을 치르는 것이 현실이다.

이번 연구 대상 중에서는 그런 사례가 없지만, 경영권 승계 과정에서 편법이나 불법이 동원되는 경우가 많으며 그것이 한국 오너 체제의 치명적 약점이다. 이는 한국의 높은 상속세와 밀접하게 연관되어 있다. 한국의 상속세율은 상속 재산의 가액에 따라 10~50% 의 누진율이 적용된다. 경영권 승계가 이루어질 정도의 기업이라면 대개 가치가 30억원을 넘을 것이기 때문에 최고세율인 50% 해당한다. 게다가 피상속자가 최대주주일 경우 주식 가치의 30% 가 할증된다. 즉 50%에 30% 가 할증되니까 65% 가 된다. 경영권 승계에 대한 세율은 65%인 것이다.

〈표 2〉 한국의 상속 증여세율

과표 구간	세율(%)	최대 주주 할증
1억원 이하	10	산출된 세율의 30%
1억원 초과 5억원 이하	20	
5억원 초과 10억원 이하	30	
10억원 초과 30억원 이하	40	
30억원 초과	50	

세율이 이처럼 높다보니까 세금을 다 내고나면 피상속인이 경영권을 지켜내지 못할 정도로 지분이 낮아지는 경우가 생겨난다. 예를 들어 상속인이 30% 지분으로 경영권을 행사했다면 피상속인은 65%

를 세금으로 내고 35% 인 10.5%의 지분만 상속받는다. 지배권이 불안해지는 것이다. 만약 상속인이 10%를 소유하고 있었더라면 피상속인은 3.5%를 보유하게 되어 실질적으로 지배가 불가능해질 수도 있다. 이런 상황에서 편법, 탈법 행위가 등장한다. 차명계좌를 이용한 은밀한 상속, 피상속인인 2세, 3세의 지분이 큰 계열사에 일감을 몰아주기, 전환사채를 헐값으로 인수하기 등이 주로 사용되어 온 방법이다. 이런 방법으로 경영권을 승계할 수는 있지만 불법이거나 편법적 행위여서 두고두고 문제를 일으킨다. 불법이면 언제든 형사 처벌될 수 있고 설령 불법이 아니더라도 떳떳하지 못하기 때문에 새로운 오너의 정당성을 약화시킨다. 경영 성과에도 어떤 식으로든 악영향을 줄 거라고 생각한다.

다행인 것은 오너 체제 하에서 경영권 승계가 자주 잃어나는 일이 아니라는 사실이다. 경영권 승계는 수십 년 만에 한 번씩 일이어서 해당 기업으로 보면 큰 일이 아니라고도 볼 수 있다.

이상의 결과를 놓고 본다면 전반적으로 오너 체제가 오너 없는 전문경영 체제보다 더 나은 것으로 판단된다. 시장에서의 성과도 더 높고 도덕성도 못하다고 할 수 없다.

우리나라에서 전문경영 체제가 자리를 못 잡는 것은 그 체제가 시장에서의 경쟁력을 가지지 못하기 때문일 가능성이 높다. 만약 전문경영 체제가 오너 체제보다 경쟁력 있었다면 오너 체제를 대체했을 것이다. 매력 있는 제품을 생산하고 원가를 낮출 수 있었다면 시장점유율은 늘었을 것이고, 투자자들은 돈을 투자했을 것이다. 차츰 전문경영인 체제의 기업들이 시장점유율이 늘고, 생산의 규모가 커져서 오너체제의 기업을 몰아냈을 것이다. 오너 2세나 3세들도 자기가 직접 경영하기보다 전문경영인에게 맡기는 쪽을 선택했을 것이다. 그것이 자신의 주식 가치를 더 높여줄 것이기 때문이다. 그렇지 못했다는 것은 전문경영 체제가 한국의 상품시장에서, 또 자본시장에서 오너 체제보다 경쟁력이 낮았음을 시사해준다.

〈표 3〉 전문경영 체제와 오너 경영 체제의 장단점

	전문 경영	오너 경영
장점	• 순조로운 경영자 교체 • 능력 있는 경영자 선택 가능성 • 좋은 대중적 이미지	• 경영성과 전반적으로 좋음 • 장기적 관점에서의 경영. 질적 혁신 추구 가능 • 위기 시 고통을 견디는 능력 우수 • 종업원 부패 억제 능력 우수
단점	• 전반적으로 성과 부진 • 단기성과 추구 성향. 질적 혁신 기피 • 위기시 구조조정/사업축소 능력 취약 • 본인의 사익추구/종업원 부패 억제 능력 부족 • 정치에 노출될 가능성 • 조직 내 파벌 형성 가능성	• 대중적 이미지 나빠 정치적 불이익 당할 가능성 • 승계 과정에서의 비효율 • 상속세 회피위한 사익추구 • 오너 본인의 부패 가능성 • 오너 본인의 무능 가능성

4. 재벌개혁 정책과 한국 기업의 미래 모습

1) 재벌개혁 정책들과 오너의 영향력 축소

많은 정책들이 재벌개혁이라는 목적으로 제안되어 있다. 대부분 오너들의 영향력을 줄이기 위한 수단들이다. 집중투표제의 의무화, 노동자와 소액주주 대표자를 이사회에 의무적으로 참여시키는 방안, 감사위원 선출시 대주주의 의결권 3%로 제한, 전자투표제 의무화,

순환출자 금지 및 해소, 다중대표소송제, 지주회사 설립시 자사주 의결권 부활 금지 등이 제안되거나 국회에 발의되어 있는 정책들이다. 재벌개혁에 대한 여론의 지지가 압도적이기 때문에 이와 관련된 입법안들도 어렵지 않게 국회를 통과할 것으로 보인다. 이 제도들이 시행되면 어떤 결과가 나타나게 될까.

집중투표제 의무화: 집중투표제란 여러 명의 이사를 동시에 투표하게 해서 소액주주의 대표가 이사로 선임될 확률을 높이는 제도이다. 예를 들어 3명의 후보자 중에서 2명의 이사를 뽑는다고 해보자. 1명씩 투표를 하면 2명 모두 지배주주가 원하는 사람이 뽑히기 마련이다. 이것이 단순투표다. 반면 집중투표제에서는 여러 명의 이사를 동시에 선출한다. 예를 들어 3명의 후보 중에서 2명을 뽑는 투표를 한다고 해보자. 만약 소액주주들이 특정 후보로 표를 몰아주고 지배주주는 표를 분산할 경우 소액주주의 몰표를 받은 후보가 이사로 선임될 가능성이 높아진다. 집중투표제가 의무화되면 기관투자자 같은 소액주주의 대표가 이사로 선임되는 경우들이 늘어날 것이다. 이들은 지배주주 측 이사들의 결정을 견제하고 반대하는 역할을 할 것이다.

이사회에 노동자와 소액주주를 대표하는 이사 1인 의무화: 집중투표제가 소액주주 측 이사의 선임가능성을 높이는 제도라면 이 제도는 의무적으로 소액주주 대표와 노동자 대표를 이사로 선임하게 만드는 제도이다. 지배주주 측의 결정에 대한 반대와 견제가 늘어날 것이다.

감사위원 선출시 의결권 제한: 자산 2조원 이상의 주식회사에는 감사위원회를 둬야 한다. 감사위원은 이사 중에서 선임하는데 이때 지배주주와 특수관계인 등은 아무리 많은 주식을 소유했더라도 3/100 이상의 의결권을 행사할 수 없다. 이 규제로 인해서 소액주주들이 연합할 경우 자신들의 대표를 감사위원으로 선임할 수 있는 가능성이 높아진다.

전자투표제 의무화: 전자투표란 주주들이 총회에 직접 출석하지 않고 온라인으로 투표할 수 있게 하는 제도이다. 현재도 가능은 하지만 대부분의 기업에서 쓰이지 않고 있다. 소액주주들은 직접 총회장까지 오는 것이 번거로워 참석안하는 사람이 대부분이다. 총회장에 참석하기 마련인 지배주주에 대한 반대표가 많이 나오지 않는다. 전자투표제가 실시되면 온라인 투표에 참석하는 주주가 늘 것이고 반대표도 증가할 것으로 보인다. 지배주주의 지배력도 줄어들 것이다.

다중대표소송제: 모회사의 주주가 자회사의 경영자에 대해 경영책임을 물을 수 있게 허용하는 제도이다. 지금은 해당 회사의 주식(1% 이상)을 소유한 주주만이 해당 회사의 경영자를 대상으로 소송을 제기할 수 있다(주주대표소송). 다중대표소송이란 모회사 주식 1% 이상 소유한 주주가 자회사의 경영자를 대상으로 소송을 제기할 수 있게 하는 제도다. 경영자에 대한 책임추궁 가능성이 높아진다. 그러나 이 제도가 지배주주의 지배력을 낮출지는 분명치 않다.

신규순환출자 금지: 순환출자란 3 이상의 회사가 순차적으로 다른 회사에 출자를 해서 순환고리를 이루는 현상을 말한다. 예를들어 A,

B,C 세 회사가 A는 B에 투자해서 지배주주가 되고 B는 C에 투자해서 지배주주가 되고, C는 다시 A에 투자해서 지배주주가 된다고 해보자. 그러면 이 그룹의 총수는 A에 대해서만 지배주주의 지위를 가지더라도 A, B, C 세 회사를 지배할 수 있다. 즉 순환출자는 작은 돈으로 여러 회사에 대해서 지배권을 행사할 수 있게 해주는 장치이다. 상속세 65%를 낸 후 약해진 지배력을 이런 방법으로 보완한 경우가 많았다. 신규순환출자가 금지되면 상속세 때문에 지분이 35%로 줄어들어 발생하는 지배력의 감소를 해결할 방법이 없다. 즉 선대에는 지배권을 행사하던 기업 중에 상당수를 누군가에게 매각해야 하는 상황이 발생하게 된다.

기존 순환출자 해소: 기존 순환출자 해소는 신규순환출자 금지보다 재벌구조에 가져다주는 변화가 크다. 순환출자는 작은 지분으로 많은 회사를 지배하기 위한 수단이다. 그렇기 때문에 기존 순환출자를 없애야 한다면 총수가 각각의 계열사에 대해서 더 많은 주식을 소유해야 한다. 총수의 재력은 한정되어 있기 때문에 순환출자가 금지될 때 지배할 수 있는 계열사의 숫자는 필연적으로 줄어든다. 예를들어 순환출자를 통해서 A, B, C, D, E, F 6개사를 지배했다면 순환출자가 금지될 경우 A, B, C 3개사만 지배가 가능하고 D, E, F 3사는 지배력이 미치지 않게 된다. 이들은 사모펀드가 인수하거나 또는 지배주주가 없는 상태의 기업이 될 것이다.

지주회사 설립시 자사주 의결권 부활 금지: 이 규제로 인해서 앞으로 새로운 지주회사가 만들어지기 어려울 것으로 보인다. 2001년

LG 그룹 이후 순환출자로 지배권이 유지되어 오던 재벌구조가 지주회사 체제로 전환된 사례들이 많았다. 54개의 그룹형태의 기업들이 지주회사로 전환했다. 순환출자를 해소하면서 지배권을 유지하자면 총수가 추가로 많은 현금을 투입해야 하는데 그렇지 않으면서도 순환출자 없이 그룹체제의 유지가 가능했던 것은 자사주 의결권 부활이라는 방법 때문이었다.[11] 자사주란 회사 돈으로 자기 회사의 주식을 매입한 것인데 의결권이 인정되지 않는다. 그러나 지주회사 설립을 위해서 회사를 분리할 경우(인적분할) 신주를 배정받게 되는데 그 때 의결권이 되살아나는 것은 허용해 왔다. 즉 자사주가 총수의 주식처럼 되어 버리는 것이다. 이런 방법을 통해서 여러 회사에서 순환출자가 해소되어 왔다. 그런데 자사주의 의결권 부활을 금지하는 법률안이 발의되어 있다. 이것이 통과된다면 지주회사 전환을 통해서 순환출자로 엮인 계열사들을 지배하기가 어려워진다. 결국 순환출자를 해소하려면 자신이 지배하는 계열사의 숫자를 줄여야만 한다. 지배범위에서 벗어나게 되는 기업은 사모펀드에 팔리거나 또는 다른 어떤 지배체제를 가지게 될 것이다.

이상에서 살펴본 재벌개혁 정책들의 직접적 효과를 정리해보면 다음과 같다.

기존 재벌 계열사 중에서 총수의 지배력이 미치지 않아서 매각되거나 또는 의도치 않게 계열 분리되는 기업들이 등장하게 될 것이다.

---

11) 지주사 전환시 펼쳐지는 두 가지 '마술'…대주주, 많게는 조단위 이득 챙겨, 한겨레 신문 2017년 2월 8일자.

이 기업들은 사모펀드가 인수하거나, 다른 중견재벌들에 인수될 수 있다. 누구도 인수하지 않을 경우, 또는 노조가 인수당하는 것을 적극적으로 저항할 경우 노동자 기업이 될 수도 있다.

원래의 오너가 여전히 지배하는 재벌 계열사들에서는 총수들의 지배력이 약화될 것이다. 경영에 직접 참여하기보다 이사회 의장으로 물러나서 감시자의 역할을 하는 경우가 많이 나타날 것이다. 이사회에서는 소액주주와 노동자들의 대표가 이사로 참여하는 경우가 많을 것이고 그들의 반대 목소리가 높아질 것이다.

2) 새로운 체제에서 기업 경영 방향 예측

재벌개혁 조치들로 조성될 새로운 지배구조 체제에서 우리나라의 기업들은 지속적으로 발전해갈 수 있을까. 이 질문에 대한 답은 기업의 새로운 의사결정자들이 기업의 가치를 높이는 방향으로 의사결정을 해갈 것인지의 여부에 달려 있다.

기업가치를 높이려면 제품의 매력과 품질을 높이고 가격은 낮춰서 상품의 경쟁력을 높여야 한다. 수요가 사라진 상품은 과감히 버리고 새로운 수요가 있는 쪽으로 생산을 전환할 수 있어야 한다. 필요하다면 신속하고 과감하게 구조조정도 할 수 있어야 한다. 사업부를 매각하거나 해고가 수반될 수 있지만 그런 고통도 견뎌낼 수 있어야 한다. 그렇게 해야 기업이 망하지 않고 지속가능하게 발전할 수 있다.

또한 도덕성이 뒷받침해줘야 한다. 회사의 공금은 공적인 용도로만 사용해야 한다. 누가 감독하지 않더라도 근무시간에는 회사 일에만 집중하고 개인적인 일은 삼가야 한다. 새로운 체제에서 새로운 사람들은 이처럼 도덕적으로 행동할 수 있을까?

새로운 체제에서의 오너 경영

여전히 기존의 오너가 지배하는 계열사들에서도 오너의 지배력은 약해지고 소액주주와 노동자의 목소리는 커질 것이다. 그 결과 지금보다 오너의 사익추구 가능성, 일방적 의사결정의 가능성은 줄어들 것이다. 특히 '일감 몰아주기'를 이용한 사익추구는 강화된 규제와 감시 장치들로 인해서 줄어들 수밖에 없다. 오너의 일방적 의사결정에 견제세력이 생겨서 잘못된 결정을 막는 효과도 있을 것이다. 오너 경영의 해악이 줄어드는 만큼 기업의 가치가 올라가는 효과가 있을 것이다.

그러나 반대의 효과도 생각지 않을 수 없다. 해로운 일감몰아주기를 억제하다 보면 기업 가치에 도움이 되는 일감몰아주기도 같이 억제될 수 있다. 소액주주나 노동자들이 회사의 이익보다는 자신들의 이익을 위해 회사의 경영을 지연시키거나 왜곡시킬 수도 있다. 이런 것들은 기업 가치를 낮추는 요인들이다.

지금으로서는 어느 쪽의 효과가 클지 미리 내다보기 어렵다. 다만 분명한 것은 소액주주나 노동자들이 사익추구보다는 회사 전체의 이익, 즉 주주가치를 높이는 방향을 향할 때 부정적 효과는 줄어들 것이라는 사실이다.

미국식 전문경영 체제는 생겨나기 어렵다

기존 오너의 지배를 벗어나는 기업들의 경영은 어떤 모습을 하게 될까? 먼저 말해두고 싶은 사항은 우리나라에서 당분간 미국식 전문경영체제의 기업은 나오기 어렵다는 것이다. 미국식 전문경영체제에서 대개의 전문경영인은 주주의 대표가 되어 기업가치를 높이는 데 최선을 다한다. 그렇지 않으면 이사회나 주주총회에서 해고될 가능성이 높다. 또 주식시장에서 적대적 M&A의 표적이 될 수도 있다. 그렇기 때문에 미국의 전문경영인들은 가혹하다 싶을 정도로 사업 구조조정을 감행하고 노동자를 해고하기도 한다. 우리나라에서 전문경영인이 그런 식으로 경영을 하다가는 노동자들의 항의와 파업에 직면하게 될 것이다. 정치권으로부터의 질타도 받게 될 것이다. 오너경영자라면 미래를 위해서라도 그럭저럭 견뎌나가려 하겠지만 전문경영인이 굳이 그런 고통을 자초할 이유가 없다. 한국에서의 전문경영인은 미국식의 주주가치 경영이 아니라 노동자의 이익을 위해 봉사할 가능성이 높다.

노동자 주도 기업의 모습

노동자가 주도하는 기업의 모습은 어떨까. 결론부터 말하면 과거의 기아자동차처럼 될 가능성이 커 보인다. 기존 제품을 버리고 새로운 상품으로 전환하려면 기존 생산부서를 폐지하고 노동자들을 전환배치해야 하는데 누가 나서서 그런 일을 하려고 할지 의문이다. 가격경쟁력을 유지하려면 엄격히 비용을 통제해야 하고 조직구성원에 대한 감시가 따를 수밖에 없다. 이것 역시 누구도 원하지 않는 정책이 될 것이다. 노동자가 지배하는 기업은 기업 가치를 높이기보다 노동자의 편암함을 추구할 가능성이 높다. 그 결과 경쟁력의 추락으로 이어질 가능성이 높다.

사모펀드가 인수한 기업의 모습들

사모펀드가 인수하는 기업들은 노동자 기업과는 상당히 다른 모습을 할 것으로 보인다. 사모펀드가 주식을 사고파는 이유는 차익을 얻기 위함이다. 그런 사모펀드가 기업의 경영권을 인수했다는 것은 해당 기업을 경영해서 기업의 가치를 높이겠다는 의도가 전제되어 있다. 그렇게 해야 주식을 높은 값에 되팔아서 수익을 낼 수 있다. 사모펀드의 경영목표는 기본적으로 기업가치 극대화 또는 주주가치 극대화가 된다.

그런 면에서 사모펀드 경영은 제대로 된 오너경영과 기본 방향이 같다. 다만 오너는 대대손손 기업을 이어나가려 하는 반면 사모펀드는 짧은 기간(2~5년) 안에 경영권을 되팔아서 수익을 내야 하기 때문에 선호하는 전략에 차이가 있을 수 있다. 그러나 사모펀드가 기본적으로 주주가치 경영을 원할 것이라고 보는 데에는 무리가 없다.

하지만 우리나라의 현실에서 사모펀드 경영이 성공할 수 있을지는 미지수이다. 사모펀드 경영에 성공한 대표적인 사례가 OB를 인수해서 재매각한 KKR 의 사례이다. KKR은 2009년 뮤인베브로부터 OB 맥주의 경영권을 인수한 후 2014년 AB인베브에게 되팔아서

2.6배의 차익을 남겼다.[12] 오비맥주 직원들에게도 근무 년차에 따라 1년차 1000만원, 2년차 2000만원, 3년차 3000만원, 4년차 4000만원, 5년차 이상은 5000만원의 격려금을 지급했다.[13] 기업 가치를 올려서 모든 이해당사자가 이익을 본 사례이다.

그러나 실패한 경우도 있다. 사모펀드 H&Q 는 2009년 경영난에 빠진 제화업체 에스콰이어를 인수했다. 외부에서 유능한 경영자를 영입해서 경영을 맡겼다. 처음 3년간 매출도 늘고 흑자도 발생해서 새 전략이 주효한 듯했지만 다시 매출과 이익이 줄었다. 노조와의 갈등도 심각해졌다. 회사는 워크아웃에 들었고 결국 경영권을 형지에 넘기게 되었다.[14]

재벌개혁 정책이 힘을 발휘할수록 사모펀드가 인수해서 경영하는 기업도 늘어날 것이다. 그러나 이것이 성공적 기업지배구조로 자리 잡을지는 아직 미지수다.

정부가 오너인 기업의 모습들

조선, 철강, 석유화학, 자동차, 해외건설 등 한국의 주력업종 기업들이 성장의 한계에 부딪혔거나 쇠락의 양상을 보이기 때문에 앞으로 부도 위기에 처할 기업들이 많을 것이다. 신속하게 매각하거나 청

12) 이대상(2015), p. 8.

13) 오비맥주, 올해도 결렬된 임단협…구조조정 신호탄?, 아시아경제신문 2016년 4월 5일자.55

14) 잘못된 만남…H&Q의 에스콰이아 투자 실패, 무엇이 문제였을까 조선비즈 2015년 2월 18일.

산하는 것이 가장 합리적이지만 현실에서는 그렇게 할 수 없는 경우가 많다. 그 결과는 대우조선해양처럼 산업은행이 대주주가 되는 모습으로 나타날 것이다. 산업은행 대출을 주식으로 출자전환하면 바로 대주주가 된다. 실질적으로 정권이 대주주가 되는 것이다. 최고경영자는 청와대가 결정할 것이어서 경영자는 정권의 요구를 거부하기 힘들 것이다. 정권의 초점은 정치에게 부담이 안 되면서 '공신'들에게 논공행상을 하는 일이 중요해질 것이다. 이런 관행이 계속된다면 대우조선해양과 같은 실패의 경로를 걷게 될 것이다. 정부가 대주주인 기업은 가급적 만들지 말아야 한다. 부득이 그래야 한다면 기업이 망하는 것을 막기 위해 정부와 경영자와 노동자 모두의 도덕성이 높아지기를 바랄 뿐이다.

5. 요약 및 앞으로의 연구과제

한국 경제성장의 원동력이었던 오너 경영 체제가 한계에 달한 느낌이다. 경영권 유지를 위한 여러 가지의 편법·불법행위들로 정당성을 상실한데다가 여러 가지의 '재벌개혁' 입법들 때문에 오너의 지배력이 약화일로에 들어섰다.

오너의 지배력이 사라진 기업의 모습은 어떤 것일까? 그것은 과연 성공할 수 있을까? 성공하기 위해서 무엇인 필요할까? 이러한 질문들에서 연구는 출발했다.

오너가 없는 기업들의 실제 모습이 어떤지를 파악하기 위해 비오너 기업 중 비교적 잘 알려진 7군데를 골라서 같은 업종의 오너 기업과 비교해 봤다. 비교의 포인트는 기업의 성과와 도덕성, 경영권 승계 과정에서의 갈등 비용이었다. 비교 관찰의 결과 다음과 같은 차이점을 발견했다.

기업의 성과면에서 비오너경영 기업은 오너 경영 기업보다 전반적으로 저조했다. 비오너기업들은 전문경영으로 전환되고 나서 처음에는 좋은 성과를 보이다가 시간이 지나면서 적자로 전환하는 속성이 있었다. 특히 비오너기업은 위기를 만났을 때 과감하게 돌파하는 능력이 현저히 부족했다.

도덕성 면에서도 비오너기업이 더 못했다. 오너 기업의 경우 오너가 비리를 저지르는 경우가 있지만 본인 이외의 조직구성원들의 비리에 대해서 엄격히 감시하기 때문인 듯하다. 반면 오너가 없는 체제에서는 전문경영인 자신이 사익을 추구하는 경우도 많고 조직구성원에 대한 감시도 느슨해서 비리가 조직 전반에 스며드는 것으로 추정된다.

순조로운 경영권 승계라는 차원에서는 비오너경영이 더 나은 것으로 드러났다. 오너 경영 기업들은 체계화된 경영권 승계 프로그램이 없는 경우가 대부분이어서 승계시 문제를 일으키는 경우가 많다. 오너가 갑자기 사망할 경우 경영권공백상태가 되기도 하고 가족들 사이에 경영권 다툼도 흔히 발생한다. 비오너 기업의 경우 대체로 순조롭게 경영권 승계가 이뤄지지만 협동조합처럼 투표로 경영자가 선발될 경우 파벌싸움이 벌어지기도 한다.

종합해보건대 오너가 없는 기업은 시간과 더불어 경쟁력이 떨어져서 도태되는 경향이 있었다. 관찰 대상 7개 중 3개가 부도를 냈거나 비슷한 상태였다. 2곳은 정체 상태에 빠져 있었다. 지속적으로 성장하는 곳은 2개뿐이었다.

선진국들 중에서도 전문경영 체제가 일반화된 나라는 미국과 영국, 캐나다 등 일부 국가에 불과했다. 독일, 프랑스, 스웨덴, 이탈리아 같은 나라들의 기업들은 대부분 지배주주가 존재했다. 차이는 소액주주 보호 장치와 더불어 주주가치 경영을 받아들이는가, 그리고 그 사회 구성원들의 정직한 정도와 관련이 있는 것으로 드러났다.

한국에서도 지난 20년 가까이 외부 주주 보호 장치들이 꾸준히 만들어져왔고 이제 상당한 실효성도 생긴 듯하다. 지금 가장 필요한 것은 사회 전반의 도덕성을 높이는 것 그리고 사회가 주주가치 경영의 필요성을 받아들이는 것이다.

노력은 많이 했지만 아직도 모자라는 것이 많은 연구이다. 더 많은 비오너 기업들에 대해서 더 깊이 있는 탐구가 필요하다. 또 우리 사회에 주주가치 경영의 필요성을 설득하기 위해 어떤 일이 필요한지, 전문경영인과 조직구성원의 도덕성을 높이기 위해서 무엇이 필요한지에 대한 연구는 앞으로의 과제로 남겨 두겠다.

〈참고문헌〉

공병호·박양균, 『기아자동차 일지』, 자유기업센터, 1998. p. 25.

김정호, 오너 경영, 전문경영, 그리고 한국 기업의 미래, 2017, (미발표원고).

김호인·박용삼, 소유구조와 경영성과간 인과관계 분석, POSRI 경영경제연구 8권2호, 2008, pp.32-56

대한전선, 대한전선 50년사, 2005.

이대상, 사모펀드의 밸류업(Value-Up) 테크닉에서 배우는 가치경영 노하우, POSRI 연구소, 2015.12.

짐 콜린스(이무열 역), 『좋은 기업을 넘어 위대한 기업으로』, 김영사, 2011.

하승수, 분식회계의 실태와 그 근절방안에 관한 검토, 경제개혁연대, 2001.

제 7 장

스튜어드십과 노사관계

1. 들어가는 글
2. 혼란을 부추긴 기업의 사회적 책임
3. 경제민주화가 경제우민화로
4. 공공성 강화의 일그러진 모습

[요 약]

한국판 스튜어드십 코드는 국민의 노후생활을 불안하게 만들뿐 아니라 노사관계를 왜곡시키고 노동시장도 악화시킬 가능성이 크다. 본래의 스튜어드십은 민간 기업의 경영에 민간 투자자가 수익률을 높이려고 기업 집사로서 관여하는 제도다. 그러나 한국은 국민연금을 동원해 정부가 스튜어드십 코드 도입을 설계하고 적용을 주도한다. 게다가 스튜어드십 코드를 통해 노동이사제도까지 도입하려 한다. 정부는 스튜어드십 코드의 순기능을 강조하지만 한국의 현실에서는 역기능이 클 수밖에 없다. 기업의 사회적 책임, 경제민주화, 공공성의 강화는 스튜어드십 코드 도입의 명분이 되고 있는데 이 3가지 모두 본래의 취지와 달리 왜곡 또는 변질되어왔다.

정부는 사회적 책임에 충실한 기업이 경영 성과가 좋다면서 국민연금을 투입해 기업의 사회적 책임을 높여야 한다고 주장한다. 그렇다고 하더라도 기업의 사회적 책임을 강화하려고 구태여 국민연금을 동원하는 것은 득보다 실이 많다. 한국은 고령화에 따라 국민연금의 안정성도 흔들리고 있기 때문에 더욱 그렇다. 국민연금을 둘러싼 국민과 국가의 사회계약을 정부가 깨뜨리는 결과를 초래할 수 있다. 경영 성과가 좋은 기업에 국민연금이 투자해 수익을 올리는 것이 사회계약의 원리에 맞다. 기업의 사회적 책임 강화만큼 정부와 노동조합의 사회적 책임을 높이지 못하면 스튜어드십 코드는 민간 기업도 정권의 전리품으로 만들고 국민에게 기업 부실의 부담을 떠넘길 수 있다.

경제민주화는 본래 경제주체간의 힘의 균형과 협력을 통해 소득격차를 줄이고자 하는 경제시스템의 문제다. 경제민주화의 원조로 불리는 독일과 달리 한국은 경제민주화가 왜곡되었다. 대기업은 노사의 힘의 균형이 깨졌고 노사관계가 대립적으로 되었다. 노동계의 정치적 영향력과 노동정치의 강화는 정책무대를 소수의 대기업 노동조합에게 기울어지게 만들었다. 대기업 정규직노동조합의 고임금과 고용 보호는 중소기업과 비정규직을 소외시켜 노동시장 이중구조 문제와 10:90 사회를 만들었다. 국민연금으로 대기업에 스튜어드십 코드와 노동이사제도를 도입하면 대기업 노동조합의 기득권은 더 강화되고 노사의 힘의 균형은 더 기울어져 경제민주화가 경제우민화로 변질될 수 있다.

공공성의 강화는 공공의 이익을 중시하는데 목적이 있다. 그러나 한국의 현실은 정반대다. 지배구조의 허점 때문에 공공성의 강화가 특권 계층을 만들고 사익 추구에 이용될 소지를 키웠다. 스튜어드십 코드 도입으로 정부가 민간 기업도 공공의 이익을 우선하도록 만들고 노동조합은 경영참여를 통해 기업을 실제로 지배한다면 임금인상과 고용보호의 도구로 악용될 수 있다. 공기업이 공공의 이익보다 구성원의 이익을 앞세웠고 주인 없는 은행이 금융의 공공성을 강조하지만 실제로는 노동조합의 힘만 커지고 고객은 무시했다. 이런 현실을 고려하면 스튜어드십 코드와 노동이사제도는 노동계의 경영참여에 이용되고 공공의 이익을 희생시킬 가능성이 크다.

스튜어드십과 노사관계

김태기

1. 들어가는 글

1) 스튜어드십 코드로 불리는 기업 집사제도

기업 수난시대. 정부가 일자리는 기업이 만든다고 추켜세우면서 새로운 짐을 지우고 있다. 정부와 노동계는 좋겠지만 근로자나 일반 국민에게 손해를 끼칠지 모르는 그런 짐이다. 정부는 스튜어드십 코드라는 생소한 용어의 제도를 도입하려고 한다. 스튜어드십은 쉽게 설명하자면 돈 많은 집의 재산을 집사가 관리해주는 제도, 그게 기업이라면 경영에 관여하는 기업 집사제도라고 할 수 있다. 스튜어드십 코드는 기업 집사가 지켜야할 준칙이라고 볼 수 있다. 정부가 스튜어드십 코드를 도입해 기업을 감시하겠다는 것이다. 안 그래도 정부의 각종 규제 때문에 신음하는 기업이 이제는 비우호적인 기업 집사의 비위까지 맞추어야 할 신세가 될 것 같다. 기업가정신을 키우는 것은 고사하고 정부 눈치나 봐야하는 일이 벌어지게 될 것이다. 기업이 사업을 확대하고 일자리를 창출하고 싶어도 바깥에서 규제로 안에서 기업 집사로 발목 잡히게 생겼다.

정부는 외국에서 스튜어드십 코드를 도입했다면서 별 문제가 없다고 한다. 그러나 도입의 이유와 환경은 물론 도입 방식이 다르다는 점은 무시한다. 뿐만 아니라 스튜어드십 코드를 도입한 일부 외국에서도 이 제도는 여전히 실험적인 단계에 있다는 점도 외면한다. 외국에서는 해당 기업에 투자하는 투자자들이 필요에 따라 자발적으로 스튜어드십 코드를 도입한다. 정부는 단지 스튜어드십 코드를 도입할 수 있는 근거를 만들어준다. 도입 여부는 투자자와 기업이 자율적으로 결정할 문제다. 스튜어드십 코드를 도입하는 이유도 기업이 환경이나 인권 등 소홀하기 쉬운 문제를 기업 스스로 챙기도록 만들자는데 있다. 한국은 이렇지 않다는데 문제가 있다. 정부가 국민의 노후생활 자금인 국민연금을 이용해 도입하겠다는 것이다. 사실상 강제성을 띄게 된다. 국민연금을 동원하기 때문에 스튜어드십 코드 도입은 기업은 물론 국민연금도 위험에 빠뜨려 경제를 위태롭게 할 수 있다.

2) 국민연금을 동원하는 것이 맞나?

한국은 노후대비가 부족한 나라다. 고령화가 매우 빠른 속도로 진행되고 있는데다 빈곤화로 나타나고 있다. 그러기에 국민연금은 더욱 국민의 노후생활을 책임지는데 충실해야한다. 미래를 위해 국민이 낸 돈이기 때문에 국민연금의 안정성과 수익률은 절대적으로 중요하다. 한국은 국민연금이 다른 나라와 비교가 되지 않을 정도로 막대한 규모인데다 정부의 통제 하에 있다. 또한 국민연금은 웬만한 대기업에 다 투자하고 있기 때문에 스튜어드십 코드는 반 강제적인 제도가 되기 십상이다. 게다가 스튜어드십은 정부가 민간 기업의 경영에 개입하는 통로가 될 수 있다. 국민연금이 투자 기업의 대주주가 되면 정부는 사실상 민간 기업의 주인이 되는 것이다. 이렇게 되면 스튜어드십 코드 도입은 자본주의 질서까지 완전히 바꿀 수 있다는 가능성을 생각하지 않을 수 없다. 한국은 노사관계와 노동시장에서 정부의 영향력이 크기 때문에 자본과 노동이 모두 정부의 통제 하에 들어갈 수 있다.

국민연금을 동원해 스튜어드십 코드를 도입하는 것은 위험한 일이다. 국민연금의 수익률은 물론 안정성까지 해쳐 국민에게 손해를 끼치기 쉽기 때문이다. 튼튼한 기업이지만 정권의 입맛에 맞지 않으면 그 기업에 대한 투자를 줄이거나 아니면 투자를 해놓고는 스튜어드십 코드를 이용해 그 기업을 괴롭힐 수 있다. 거꾸로 부실한 기업인데도 불구하고 정권의 입맛에 맞는 기업에 투자를 하면 국민연금은 부실해진다. 정경유착의 폐해를 보지 않았던가. 어떠한 경우든 국민연금이나 해당 기업은 손해를 보게 된다. 한국은 관치금융의 폐단과 부실기업에 대한 정책금융의 실패로 경제가 곪아가고 있다. 그 부담은 국민에게 고스란히 돌아갔다. 그러나 문제가 터진 다음에는 이런 저런 핑계로 정부가 책임을 피해가고 원인 규명도 못하는 일이 대부분이었다. 이러한 풍토에 비추어보면 국민연금을 동원한 스튜어드십 코드 도입은 국민의 노후생활을 더 불안하게 만들 가능성이 농후하다.

3) 기업의 지배구조 개선과 노동정치

정부는 스튜어드십 코드 도입과 함께 기업의 지배구조 개선에 매달리고 있다. 그 일환으로 국민연금공단이 노동계의 추천을 받아 투자 기업에 사외 이사와 감사를 임명하는 방안까지 추진하고 있다. 이렇게 되면 국민연금공단이 선택한 기업 집사나 이사는 국민의 이익이 아니라 정권의 이익에 따라 움직이기 십상이다. 기업 집사나 사외 이사의 잘못으로 국민연금이 투자한 기업이 손해가 나고 국민연금도 수익률이 떨어지지만 회복할 수도 없다. 결국 국민연금을 동원한 기업의 지배구조 개선정책은 국민연금을 붕괴시키는 결과를 초래할 수 있다. 뿐만 아니라 정부의 신의성실을 믿은 국민은 배신당하는 셈이기 때문에 민주주의도 위협에 빠질 수 있다. 정부가 삼성 등 대기업을 관리하고 연금사회주의를 지향하다는 우려가 제기되고 있는데 기업 집사나 이사 및 감사를 좌파 성향 인사로 채운다면 연금사회주의는 현실이 될 수 있다. 특히 문재인 정부의 이념적 성격과 핵심 인사의 발언과 활동을 보면 더욱 그렇다.

국민연금까지 동원해 스튜어드십 코드를 도입하려는 무리수는 어떻게 봐야하나? 스튜어드십 코드나 사외 이사 도입은 노동계와 좌파 시민단체의 요구였다. 이런 점에서 스튜어드십 코드 도입과 기업 지배구조 개선정책은 경제체제까지 전환하려는 의도로 볼 수 있다. 민주노총 등 노동계는 참여연대 등 좌파 시민단체와 손을 잡고 사회개혁을 요구해왔다. 이렇게 하면서 노동계는 정치적 영향력을 키워왔고 '촛불혁명'의 동지로서 문재인 정부의 등장과 공약에도 큰 기여를 하였다. 노동정치가 국민연금까지 동원한 스튜어드십 코드 등의 도입 요구로 나타났다고 볼 수 있다. 이런 정황은 노동계 입김이 강한 서울 등 지자체에서 이미 나타났다. 서울시는 공공성의 강화를 내세우며 산하 공기업에 노동이사제도를 도입했다. 이는 노동조합의 경영참여 확대가 스튜어드십 코드 도입과 맞물려 돌아가고 있다는 것을 보여준다. 뿐만 아니라 민간 시중은행 노동조합이 금융의 공공성을 주장하며 노동이사제의 도입을 요구했고 금융감독원은 이를 뒷받침하도록 관련 법제도를 손본다는 말도 나왔다.

4) 스튜어드십 코드 등의 도입과 3가지 논리

스튜어드십 코드와 노동이사제도의 도입을 추진하는 정책은 어디에 뿌리가 있나? 기업의 사회적 책임, 경제민주화 그리고 최근에 회자되는 공공성 강화를 들 수 있다. 이 3가지 모두 예전부터 들어왔고 건강하게 운영되면 환영할 수 있는 논리다. 그러기에 무심코 넘어가기 쉽지만 현실을 들여다보면 이야기가 달라진다. 3가지 모두 한국경제를 위기에 빠뜨린 모순을 내포하고 있고 실제로 그렇게 가고 있다. 한국은 1987년 민주화운동 이후 지난 30년 동안 경제민주화가 정치사회 분위기를 주도해왔다. 그러나 정반대로 경제력격차가 커지고 소득불평등이 악화되었다. 경제민주화의 효용성이 떨어지면서 좌파 지식인과 시민단체는 기업의 사회적 책임을 부각했고 지금은 한 걸음 더 나아가 공공성의 강화를 주장한다. 기업의 사회적 책임은 민주화운동 이전부터 기업 스스로 제기했던 미덕이었지만 시간이 지나면서 기업에 대한 정부의 규제 논리로 왜곡되었다. 공공성의 강화도 소득분배를 중시한 경제성장정책의 한 축으로 강조되었지만 이 또한 좌파의 평등주의 논리로 변질되었다.

헌법 119조2항은 소득분배, 시장지배와 경제력 남용방지, 경제주체간의 조화를 위한 경제민주화와 경제에 대한 규제와 조정을 규정하고 있다. 그러나 이것은 경제민주화라고 말하지 않아도 정부가 당연히 해야 할 고유의 일이다. 이런 이유 때문에 경제민주화의 원조국가라고 할 수 있는 독일과 일본의 헌법에는 아예 별도의 규정이 없다. 한국에서 경제민주화는 노동기본권 확대와 기업의 사회적 책임 강화에 집중되었다. 그 결과 대기업은 노사의 힘의 균형이 깨지고 노사관계가 대립적으로 바뀌었다. 정부와 노동계의 관계도 노동계의 정치적 영향력 확대로 노동정치가 강화되었다. 그러나 정책 무대가 노동계에 기울어지면서 경제민주화는 정반대로 나아갔다. 대기업 노동조합의 고임금과 고용보호는 대기업·중소기업과 정규직·비정규직에 의한 노동시장 이중구조를 만들었다. 대기업 고용비중이 40%에서 10%로 격감한 반면, 저임금 중소기업 고용비중은 90% 정도로 올라가면서 10:90의 사회가 되었다.

외환위기를 거치며 기업의 사회적 책임이 새롭게 부각되었다.

1990년대 말부터 기업의 사회적 책임이 유럽과 미국에서 회자된 것이 계기가 되었다. 유럽은 개발도상국에서 다국적 기업의 아동 노동과 환경 파괴가 반면, 미국은 금융 기업의 회계부정이 기업의 사회적 책임론을 촉발했다. 이러한 분위기는 기업의 지배구조 개선과 스튜어드십 코드 도입 요구로 나타났다. 기업의 사회적 책임은 일반적으로 환경, 인권, 소비자 등 다양한 이해관계자를 위한 기업의 역할을 의미하지만 이해관계의 관점에 따라 해석이 달라진다. 이래서 기업의 사회적 책임 또한 경제민주화처럼 개념이 모호해진다. 이러한 허점 때문에 기업의 사회적 책임은 정치사회운동의 수단으로 이용되면서 코에 걸면 코걸이 귀에 걸면 귀걸이 식의 문제를 보였다. 민주주의 뿌리가 얕은 한국은 더욱 그렇다. 사회적 책임은 경제사회주체의 권리와 의무의 균형에 기반 두는데 경제민주화처럼 기업의 사회적 책임은 정부와 노동계의 기업에 대한 일방적 요구가 되었다.

5) 노동정치와 기울어진 정책 무대

기업의 사회적 책임이나 경제민주화 논리로 국민연금까지 동원해 스튜어드십 코드나 노동이사제도 도입을 밀어붙이기 힘들다. 이를 추진하는 좌파에게는 보다 강력한 논리가 필요했다. 여기에서 공공성의 강화 논리가 등장한다. 공공성은 1970년대 유럽 등에서 기업과 개인의 이익 추구 활동을 억누르는 좌파 정책의 중요한 논리였다. 그러나 공공성 강화 논리는 저성장-고실업-고물가의 문제를 일으키면서 용도 폐기되는 신세가 되었다. 그 이후에도 좌파는 공공성 강화에 매달렸지만 기술혁신이나 세계화의 원리와 맞지 않아 관심을 끌지 못했다. 그러나 한국에서는 이와 달리 좌파가 득세하면서 신자유주의 반대 논리로 공공성의 강화가 각광을 받고 있다. 공공성의 강화는 이론적 취약성에도 불구하고 반자본주의 운동논리로 효용성을 보였다. 골자는 민간 기업이 이윤 추구보다 공공의 이익을 우선하고, 정부는 기업이 공공의 이익에 충실하도록 만들어야할 의무가 있으며, 노동계는 공공성 강화를 주도해야 한다는 것이다.

공공성의 강화는 공공의 이익을 존중하는데 목적이 있지만 현실은 정반대로 가고 있다. 공공성의 강화는 지배구조의 허점을 가지고 있다. 이러한 허점은 특권 계층을 만들고 이들이 사익을 추구하는데 이용된다. 민간 기업이 공공의 이익을 우선하도록 만들고 노동조합이 경영참여를 통해 그 기업을 실제로 지배한다면 공공성의 강화는 고임금과 고용보호 확대의 도구가 된다. 공기업은 설립 목적이 국민의 생명이나 안전 등 공공성에 있는데도 불구하고 공공의 이익보다 구성원의 이익을 우선하는 문제를 경험하고 있다. 금융의 공공성을 강조하는 은행도 마찬가지다. 둘 다 주인이 없다보니 노동조합의 영향력은 커지고 고객의 이익은 무시당한다. 이런 점에서 노동계의 공공성 강화 주장은 자신의 권력을 키우는 노동정치 확대의 일환으로 볼 수 있다. 여기에다 민간 기업에 스튜어드십 코드나 노동이사제도까지 도입하면 노동계에 기울어진 정책무대를 바로잡는 일은 더욱 힘들어진다.

6) 글의 목적과 순서

일반 사람들에게 스튜어드십 코드나 노동이사제도 등은 낯선 제도다. 그러나 이러한 틈은 정부가 국민연금을 동원해 제도를 도입할 가능성을 그만큼 키운다. 노사관계와 노동시장은 물론 자본주의 근간도 흔드는 중대한 정책이지만 정부는 도입 취지를 명확하게 밝히지 않고 있다. 대신 도입을 주장하는 좌파 시민단체의 목소리를 키워주면서 사회분위기를 조성하고 있다. 이러한 점에서 스튜어드십 코드나 노동이사제도의 본질과 이로 인한 부적용을 알아보는 일은 중요하다. 이 글은 노동시장과 노사관계의 관점에서 스튜어드십 코드와 노동이사제도 등의 문제점을 검토한다. 제도 도입의 논리를 제공하는 기업의 사회적 책임, 경제민주화, 공공성의 강화가 어떻게 왜곡·변질되었는지 각각에 대해 알아본다. 겉으로 드러난 논리와 실제 현실과의 차이 그리고 한국과 외국의 경험을 비교함으로써 왜 국민연금을 동원한 스튜어드십 코드와 노동이사제도 도입이 왜 잘못된 것인지 그 이유를 정리한다.

글의 순서는 다음과 같다. 스튜어드십 코드와 노동이사제도의 도입 논리는 한국 경제의 성장 역사에 비추어보면 기업의 사회적 책임, 경제민주화, 공공성의 강화의 순서로 살펴볼 수 있다.

제2절에서는 기업의 사회적 책임을 사회계약 관점에서 검토한다. 사회적 책임을 사회계약의 요소로 보고 권리와 책임의 불균형으로 야기된 사회계약의 왜곡이 노동시장 양극화와 노사관계 불안정에 미친 영향을 살펴본다. 기업의 사회적 책임은 정부와 노동조합의 책무

성 강화로 균형을 잡아야한다는 점을 지적한다.

제3절에서는 경제민주화를 정치경제학 관점에서 논의한다. 경제민주화 논리의 배경을 알아보고 실제로는 정치문제로 왜곡되고 산업의 이중구조 문제를 악화시키게 된 이유, 노동정치가 강화되고 정책무대가 기울어지게 된 이유를 살펴본다. 경제민주화의 원조 국가인 독일 등과의 비교를 통해 경제민주화가 경제우민화로 되지 않기 위한 조건을 지적한다.

제4절에서는 공공성의 강화를 기업의 지배구조와 노동조합 경영참여 관점에서 논의한다. 공공성 강화 논리의 배경을 알아보고 공공성 강화에 대한 요구가 실제로는 구성원의 사적 이익 추구로 변질된 이유를 살펴본다. 공공성을 내세우는 공기업이나 주인 없는 은행 등의 경험을 토대로 공공성 강화의 확립 조건을 지적한다.

2. 혼란을 부추긴 기업의 사회적 책임

1) 기업의 사회적 책임과 정부의 두 얼굴

2016년 삼성전자는 심혈을 기울여 만든 갤럭시노트7을 250만대 전량 리콜했다. 배터리 발화 문제였지만 손해를 감수하면서 배터리 교체가 아닌 제품 회수를 선택했다. 기업의 사회적 책임으로 평가받고 있다. 삼성전자는 올림픽 비인기 종목에 지원하다가 2017년 쑥대밭이 되었다. 문재인 정부가 박근혜 정부의 비리를 캔다면서 불똥이 튄 것이다. 기업의 사회적 책임이 정쟁거리로 되어버렸다. 비슷한 시기인 2016년 서울 지하철 2호선 구의역에서 스크린도어 공사를 하던 비정규직 젊은이가 공사 중에 사고로 생명을 잃었다. 사건의 본질은 서울교통공사의 안전관리 소홀인데도 불구하고 서울시는 노동계의 주장대로 비정규직문제에 탓을 돌리며 책임을 교묘하게 피해갔다. 안전사고의 원인을 외주에 돌리지만 정규직이 위험한 일을 맡지 않으려한다는 점은 말하지 않았다. 2017년 문재인 정부가 노동계 요구대로 공공부문의 비정규직을 정규직으로 전환하면서 서울교통공사노조의 친인척 특혜 비리가 터졌다. 사회적 책임을 강조하는 정부와 노동계의 두 얼굴이다.

국민연금은 노후생활을 위해 국민이 맡긴 돈이다. 정부가 그 돈을 잘 관리하고 수익률도 높여야 한다. 이것이 국민과 정부를 묶는 국민연금 사회계약의 골자이자 정부의 책무다. 급속한 고령화로 국민연금이 고갈할 위험에 처해있기 때문에 국민은 사회계약이 유지될 수 있을지 불안해하고 있다. 연금고갈을 막기 위해 국민의 부담금을 높일 수밖에 없다는 이야기를 하지 않을 수 없는 상황에 와있다. 실제로 정부가 이런 논의를 하고 있다. 그러나 국민연금공단의 관리와 운영이 난맥상이고 국민연금의 수익률은 높지 못하다는 평가가 나온다. 국민연금이 이렇게 위험한 상황인데도 불구하고 정부는 국민연금을 동원해 스튜어드십 코드 즉 기업집사제도를 도입하겠다고 한다. 기업의 사회적 책임을 강화해야한다는 이유를 대고 있는데 흔들리는 국민연금이 기업의 사회적 책임까지 높이는 역할까지 떠맡아야 한다는데 동의하기가 쉽지 않다. 자칫하면 국민연금이 무너지고 정부도 위태로워진다. 정부의 책무성은 보이지 않는다.

2) 국민연금과 기업의 사회적 책임 강화

국민연금의 안정성과 수익률 제고라는 본연의 목표를 도외시하면 정부가 사회계약을 파괴하는 셈이다. 국민연금을 수익률 높은 기업을 찾아 투자하는 일도 쉽지 않다. 그런데 국민연금으로 기업의 사회적 책임을 강화하겠다는 것은 본연의 목표를 무시하는 것이다. 투자 기업의 사회적 책임을 강화하도록 만드는 역할까지 한다는 것은 불필요한 각종 비용만 키우고 국민연금의 부실화를 야기하기 십상이다. 이런 불안감을 잠재우기 위해 정부는 사회적 책임에 충실한 기업일수록 경영 성과가 높다고 주장한다. 그렇다면 사회적 책임은 기업이 필요에 의한 전략적 선택이다. 따라서 국민연금은 사회적 책임을 강화한 기업을 선별해 여기에 투자하는 것이 낫다. 기업이 성과를 높이기 위해 스스로 사회적 책임을 강화하는 상황에서 국민연금까지 동원해 기업이 사회적 책임을 구태여 강화하도록 만드는 것은 득보다 실이 많다. 국민연금은 경영 성과가 좋은 기업에 투자해 수익률을 올리는 것이 정석이다.

기업의 사회적 책임은 기업이 자발적으로 지켜야 할 도덕적 의무다. 정부의 고유 업무는 기업이 사회적 책임을 강화하도록 세제 지원 등으로 환경을 만드는데 있다. 정부가 고유 업무도 제대로 수행하지 못해 정부 실패가 수두룩한 것이 현실이다. 그런데도 불구하고 민간 기업에 대한 정보도 없는 상황에서 경영에 관여한다는 것은 기업을 부실화시키고 국민연금도 부실하게 만들어 정부 실패를 스스로 키운다. 능력도 안 되는 사람이 국민연금을 등에 업고 기업 집사가 되어 멀쩡한 기업에 끼어들면 국민연금이나 투자한 해당 기업 모두에게 손실만 입힌다. 국민연금공단은 추천한 기업 집사가 경영 능력이 있는지 그리고 자기 일처럼 열심히 할지도 모른다. 투자 기업이 주인이 없다면 기업 집사는 주인 노릇하고 집사가 나쁜 마음을 먹으면 기업은 순간에 거들난다. 더군다나 추천한 기업 집사가 정권의 입맛에 맞는 사람이라면 기업 부실의 부메랑으로 정부도 위기에 빠뜨린다.

3) 사회계약의 위기와 책임의 불균형

사회계약은 권리와 책임, 급부와 반대급부가 균형을 잡을 때 유지된다. 대기업과 중소기업, 사용자와 노동조합 등 경제 주체 사이의 책임의 균형이 사회계약의 유지에 필수적이다. 정부는 사회계약을 관리하며 책임의 분담에 영향을 미친다. 대기업과 중소기업정책, 노동조합과 노사관계정책 등에 따라 사회계약의 균형이 달라진다. 좋은 정책은 사회계약의 수준을 높이지만 나쁜 정책은 사회계약을 위험에 빠뜨린다. 선진국은 기업과 노동조합에 대한 정부의 직접 개입을 자제한다. 정부의 개입은 경제 주체들 사이의 불신을 초래한다. 불신은 자유로운 거래관계를 방해하고 경제성과를 떨어뜨림으로써 사회계약을 후퇴하게 만든다. 노사관계는 더욱 그렇다. 정부는 노사 어느 한편에 치우치지 않고 노사가 자율적으로 갈등을 해결하도록 노사자치주의를 중시한다. 기업은 물론 노동계도 정부의 개입을 경계한다. 이런 원리에 비추어보면 국민연금을 동원한 스튜어드십 코드나 노동이사제의 도입은 사회계약의 균형을 깨뜨리고 노사정 모두 상호 불신하게 만들 수 있다.

한국은 대기업에 대해 사회적 책임을 반면, 중소기업에 대해 보호를 강조한다. 중소기업이 경쟁력을 키울 수 있는 환경을 조성하기보다 보호에 치중한다. 노사관계도 사용자에게 의무를 강조하지만 노동조합에게 권리를 강조한다. 기업의 사회적 책임은 사업주뿐 아니라 구성원의 협력이 필요하다. 그러나 노동조합에 기울어진 정책은 노사의 협력과 책임 분담을 어렵게 만든다. 이런 모순 때문에 한국의 노동시장은 저임금 일자리가 많아졌다. 대기업은 노동조합의 파업 위협 때문에 임금인상과 고용보호를 강화하고 그 부담을 협력 중소기업이나 비정규직에게 전가하기 때문이다. 기업의 사회적 책임이 균형의 실패로 노사관계와 노동시장을 왜곡시킨 것이다. 그러나 정부는 노사의 힘의 불균형을 방치했다. 이런 상황에서 국민연금을 동원해 스튜어드십 코드나 노동이사제를 도입하면 기업의 사회적 책임을 더 왜곡하고 노사관계와 노동시장이 더 악화되도록 만들게 된다.

노사관계 뿐 아니라 정치도 대기업의 사회적 책임을 왜곡시켰다. 한국의 정치는 국가적 행사나 대형사고 등이 발생하면 대기업이 사회적 책임차원에서 사회 공헌을 하지 않을 수 없도록 만들었다. 이러한 분위기가 전통처럼 자리 잡으면서 대기업의 사회적 책임은 사회공헌으로 인식되는 경향을 보인다. 그러나 미덕으로만 볼 수 없다.

사회 공헌은 정부의 지원요청을 받으면 대기업이 꼼짝없이 돈을 내야 하는 이른바 준조세가 되었지만 정경유착이나 관경유착의 부패를 야기하는 고리가 되기도 했다. 기업의 사회적 책임을 사회 공헌으로 인식하는 정치 현실 때문에 국민연금을 앞세운 스튜어드십 코드와 노동이사제도 등은 민간 기업에 대한 정부나 정치권의 개입 수단으로 전락할 가능성이 그만큼 커진다. 공기업의 기관장이나 사외 이사가 정권의 전리품이 되어버린 한국의 정치 풍토에 비추어보면 스튜어드십 코드 도 민간 기업을 정권의 전리품으로 만드는데 이용될 가능성이 농후하다.

3. 경제민주화가 경제우민화로

1) 경제민주화의 이상과 현실

한국은 지난 30년 동안 경제민주화에 매달려왔다. 대기업의 사회적 책임 강화나 스튜어드십 코드와 노동이사제도의 도입도 뿌리가 경제민주화에 있다. 그러나 경제민주화의 혜택은 노동계에 돌아갔다. 경제민주화의 핵심이 노동기본권 강화라는 인식에다 사업주에 대한 비판적 분위기가 판을 치면서 노동계의 힘이 커졌기 때문이다. 「경제민주화=대기업의 사회적 책임 강화」라는 인식은 소득불평등과 대·중소기업의 격차 해소 등을 이유로 1987년 민주화운동이후 계속 확산되어 왔다. 게다가 「경제민주화=기업규제 입법」이라고 할 정도로 기업을 규제하는 법으로 경제민주화를 달성하고자 했다. 소득불평등과 대·중소기업의 격차를 야기한 원인인 만든 기술혁신과 세계화 등의 원인에 주목하기보다 입법으로 격차를 해소하는데 매달렸다. 좌파 정치권이 경쟁적으로 기업 규제를 강화함에 따라 입법 발의 건수는 기하급수적으로 증가했다. 국회의 법안 발의는 1980년대 평균 400건에서 경제민주화가 본격적으로 대두된 1990년대는 평균 1,000건으로 그리고 2010년대에는 무려 15,000건이 되었다.

국민연금을 앞세워 스튜어드십과 노동이사제도를 도입하겠다는 것은 경제민주화가 부진하다는 인식에서 출발한다. 그러나 이러한 제도가 소득불평등과 대·중소기업의 격차 해소에 긍정적인 역할을 할 지 아니면 정반대로 격차를 확대시킬지는 미지수다. 결과가 어떻게 될지는 경제민주화 논리를 내세운 정책이 노동시장에 미친 영향을 보면 예상해 볼 수 있다. 문재인 정부는 소득불평등을 개선한다면서 최저임금인상을 2018년 한 해 16%이상 올렸다. 최저임금인상률은 물가상승율의 8배, 경제성장률의 5배를 넘는다. 정부의 호언장담과는 달리 최저임금인상으로 일자리가 아예 없어지거나 근로시간이 줄어든 저임금 근로자가 속출했다. 반면, 갖가지 수당으로 고임금을 받는 근로자는 최저임금인상 덕분에 소득이 올라가 오히려 소득불평등이 커졌다. 경제민주화정책의 모순이 고스란히 들어났다.

대기업과 중소기업의 관계도 마찬가지다. 지난 30년 동안 경제민주화에 따라 역대 정부는 중소기업에 대한 보호와 지원을 강화했다. 특정 업종에 대해서는 대기업의 참여를 금지하고 자금과 인력 지원 등으로 중소기업에 대해 특혜를 주었다. 중소기업 보호와 지원정책은 숫자로 파악하기 어려울 정도로 많아졌다. 그러나 결과는 정반대로 대기업과 중소기업의 격차는 오히려 더 벌어져왔다. 경제민주화를 기업규제 입법으로 달성하려면서 대기업보다 중소기업이 더 힘들어졌기 때문이다. 규제가 중소기업에 대한 보호와 지원의 효과를 상쇄했기 때문에 대기업을 겨냥한 경제민주화가 중소기업의 목을 죄는 모순을 만들었다. 중소기업의 임금수준은 경제민주화를 표방하기 이전에 대기업의 80%수준이었는데 50%수준으로 떨어졌다. 그러나 중소기업은 고용비중이 60%수준에서 90%수준으로 증가한 반면, 대기업은 10%수준으로 찌그러들었다. 결국 저임금 일자리만 늘리고 소득불평등이 커질 수밖에 없는 산업구조로 바뀌었다. 엉터리 경제민주화가 10:90의 사회를 만든 것이다.

2) 경제민주화의 왜곡과 중산층의 몰락

경제민주화의 원조라 불리는 독일과 일본은 경제민주화라는 용어조차 거의 사용하지 않는다. 독일은 중소기업의 경쟁력이 가장 높은데 그렇다고 중소기업을 특별히 보호하는 입법도 찾기 힘들다. 한국은 경제민주화가 인기가 좋아 선거 때가 되면 빠짐없이 단골로 등장한다. 민주화는 정부의 권력 남용을 막고 국민의 권리를 신장하는데 초점을 맞추는 것이 일반적이지만 한국은 대통령 직선제 등 권력구조의 개편에 역점을 두었다. 민주화는 선거에서 이기고 권력을 잡기 위한 정치권의 명분으로 이용된 것이다. 경제민주화도 그 연장선에서 등장하게 되었다. 정치권은 국민의 환심을 사기 위해서 소득불평등을 과장해놓고 경제민주화로 해소한다고 주장했다. 1인 1표의 원리에 입각한 민주주의를 경제에 대해서도 그대로 적용함으로써 경제민주화를 왜곡시켰다. 정치권이 경제민주화를 기회평등이 아닌 결과평등으로 오해하도록 사회 분위기를 만든 것이다.

경제민주화는 더 벌고 싶은 사람의 욕구와 상대적 박탈감에 불을 붙였다. 소득불평등 심리를 더 키운 것이다. 한국은 실제로는 소득불평등이 양호한 국가였다. 대부분의 국가는 경제성장과 함께 소득불평등이 커지는데 비해 한국은 놀랍게도 경제성장과 함께 소득불평등이 떨어졌다. 경제성장으로 대기업의 덩치가 커지면서 노사의 분배가 사업주에게 유리했던 것은 맞지만 사회 전체로 보면 소득불평등이 악화되지 않았다. 대기업의 성장 혜택이 중소기업에게 돌아갔고 대기업과 중소기업의 임금격차도 크지 않아 중산층이 풍부해졌기 때문이다. 중산층의 성장은 민주화에 성공하는 토대가 되었지만 그 이후 중산층은 무너지기 시작했다. 경제민주화가 대기업의 사회적 책임 강화와 노동운동의 논리가 되면서 성장의 혜택은 대기업 정규직에게 돌아가게 되었다. 고학력화로 신중산층이 된 청년은 대기업 취업이 하늘의 별따기처럼 된 반면, 중소기업은 사람을 못 구했다. 취업이 애매해진 사람은 자영업에 매달렸지만 투자 자금만 날렸다. 경제민주화가 중산층을 무너뜨리고 민주주의를 위기에 빠뜨렸다.

독일이나 일본과 달리 한국은 경제민주화를 명문화했지만 오히려 부작용이 많았다. 한국은 경제민주화의 개념이 불분명한데도 불구하고 헌법에 규정함으로써 혼란을 더 키웠다. 경제민주화를 헌법에 명시하려면 경제 주체들의 경제민주화를 위한 권리와 책임에 대한 규정이 필수적이지만 없다. 이렇게 허술하다보니 한국은 경제민주화가 경제의 시스템이 아니라 자본과 노동의 대립문제로 되면서 경제주체의 협력은 사라지고 갈등만 커졌다. 경제민주화는 신뢰를 떨어뜨려 사회관계도 대립적으로 만들었다. 경제민주화가 지닌 논리와 법제도의 허점 때문에 경제민주화는 정치적 필요에 따라 이용되었고 정부의 시장개입 강화를 위한 논리가 되었다. 대기업을 공격하기 위해 기업의 사회적 책임을 강조하는데 활용되었다. 이제는 공공성의 강화를 내세우며 기업의 지배구조 개선을 요구하는데 활용되고 있다. 국민연금을 동원한 스튜어드십 코드의 도입도 결국 경제민주화의 허점에서 나온다고 볼 수 있다.

3) 경제민주화와 노동운동 및 노사관계의 왜곡

수출 의존도가 높고 시장경쟁이 치열하면 대립적 노사관계를 유지하기 힘들다. 노사가 협력하지 않으면 근로자도 손해를 볼 수밖에 없기 때문이다. 그러나 한국은 그렇지 않다. 수출에 의존하는 대기업에서 전투적 노동운동과 노사관계 불안이 지속되는 이유는 경제민주화에 있다. 노동조합은 재벌 체제라는 불투명한 지배구조를 약점 삼아 협상력을 키웠다. 정부는 대기업의 사회적 책임을 이유로 노동조합이 경영권을 침해하더라도 묵인한 반면, 생산성 향상이나 협력 기업에 대한 배려 등 노동조합의 사회적 책무성은 외면했다. 경제민주화가 노동조합의 불법 파업 등에 대해서까지 면죄부를 줌으로써 노사관계를 왜곡시킨 셈이다. 노동조합의 생산현장 장악과 경영참여는 고임금저생산성의 모순을 만들었다. 이를 해소하기 위해 대기업 노사는 인건비 부담을 협력 중소기업이나 비정규직에 전가해 대기업과 중소기업의 격차와 비정규직에 대한 차별 문제를 키웠다. 경제민주화가 이상과 달리 대기업과 중소기업, 정규직과 비정규직으로 나뉘는 노동시장의 이중구조를 야기한 것이다.

기술혁신 등으로 노동운동이 합리적인 노선으로 바뀌는 것이 세계적 흐름이다. 그러나 한국은 경제민주화로 노동운동이 정치주의를 강화했다. 정치적 노동운동은 고임금저생산성에 의한 기업의 부실과 고용불안의 부담을 정부와 사회에 떠넘길 수 있게 만들었다. 그러면서 중소기업의 부실화나 비정규직 증가의 책임을 대기업에 돌리고 노동계는 책임을 피해갔다. 경제민주화에 힘입은 정치적 노동운동은 부실기업으로 인한 부담을 국민에게 전가한 셈이다. 노동조합은 부실기업의 구조조정을 막으면서 부실기업의 생존과 고용유지를 위해 정부의 재정 지원을 요구했다. 결과적으로 경제민주화는 사회적 책임은 고사하고 대기업의 사회적 부담을 야기했다. 정치적 노동운동은 노동계의 정치적 발언권을 키웠지만 아웃사이더 근로자문제를 야기했다. 노동조합에 가입한 조합원은 고용보호 강화로 인사이더가 되고 그렇지 못한 근로자는 고용불안에 시달리는 아웃사이더가 되었다. 경제민주화가 노동시장에서 인사이더와 아웃사이더라는 신분의 문제까지 야기한 것이다.

4) 아웃사이더 만드는 노동정치

선진국은 노동계의 이익을 대변하는 노동정치가 퇴조했다. 그러나 한국은 정반대다. 정치권과 노동계 모두 경제민주화에 매달리면서 노동정치가 판을 쳤다. 정치권은 경영계와 노동계 사이에서 노동계로 기울어졌다. 노동계는 기존의 일자리를 지키는데 치우치고 정부는 노동계의 요구에 부응해야하기 때문에 새로운 일자리를 만드는 정책은 뒤로 밀렸다. 노동정치가 고용기회의 창출을 어렵게 만들어 아웃사이더문제를 악화시킨 셈이다. 정부는 고용이 악화되자 새로운 일자리를 만들어 해결한다고 했지만 빈말이 되었다. 노동정치 때문에 기존의 일자리를 건드리는 혁신을 할 수 없는 함정에 빠지게 된 것이다. 뿐만 아니라 노동정치는 인사이더를 조직화해 정부의 혁신 시도에 맞섰다. 결국 정부는 인사이더의 고용유지를 위해 규제를 강화했고 노동계의 무리한 요구를 들어주기 위해 법치주의와 재산권 보호까지 후퇴했다. 경제민주화가 키운 노동정치의 모습이다.

노동정치에 갇힌 정부는 아웃사이더의 불만을 달래려고 재정지원을 확대했다. 인사이더의 보호를 위한 규제 강화와 아웃사이더에 대해 재정지원 강화로 노동정책이 이원화되었다. 그러나 인사이더 보호는 노동시장의 진입장벽을 높이고 신규 일자리는 줄임으로써 아웃사이더를 증가하게 만들었다. 정부의 재정 지원으로 장벽을 넘을 수 없기에 노동시장의 주변부로 떠밀려 나갔다. 정부가 청년 일자리를 만든다면서 재정을 대거 투입했지만 효과가 없었고 아웃사이더의 덫만 깊어졌다. 아웃사이더 청년이 인사이더보다 새로운 기술과 지식을 더 많이 가지기 때문에 모순은 더 커진다. 또 다른 아웃사이더인 여성도 각종 지원에도 불구하고 일과 가정의 양립을 촉진하기 위한 제도 혁신을 거부하는 노동정치의 벽에 부딪쳤다. 정부는 빈곤의 덫에 빠진 고령층을 공공 아르바이트 일자리로 달랬지만 효과가 없었다. 게다가 인사이더 보호정책은 인사이더마저도 고령화에 대비할 수 있는 능력을 키우기 어렵게 만들어 인사이더의 아웃사이더로의 추락을 방치했다.

5) 경제민주화와 사회적 합의의 함정

사회적 합의는 지난 30년 동안 각광받아왔다. 사회적 합의정책은 90년대 초반 경제민주화의 일환으로 도입되었다. 정부와 노동계의 관계가 밀접한 유럽과 호주 등의 사회적 합의를 이식하려고 한 것이다. 그러나 사회적 합의정책은 기술혁신과 세계화 등에 따라 유용성이 떨어지는 것이 세계적 흐름이다. 또한 전체 근로자에 대한 노동계의 대표성도 떨어지기 때문에 정치권은 노동계와 거리를 두려고 한다. 어느 나라든지 사회적 합의는 노동계와 경영계가 책임을 느끼고 대화를 통해 갈등을 해결하겠다는 의지가 있어야 성공할 수 있다. 반면, 정부가 주도하는 사회적 합의는 실패하기 쉽다. 정부가 주도하면 노동계와 경영계의 자발성이 떨어지기 때문이다. 한국은 이러한 원리와 다르게 정부가 사회적 합의를 주도함으로써 성과는 내지 못하고 부작용을 키웠다. 노동계와 경영계의 의지는 약화되고 정부는 무리수를 두었기 때문이다. 사회적 합의에 노동계를 참여시키기 위해 정부가 노동계의 무리한 요구도 수용했지만 실패로 돌아갔다.

사회적 합의정책은 경제민주화와 모순되는 결과를 초래했다. 노동계와 경영계는 인사이더를 대변하기 때문에 사회적 합의로 아웃사이더 등 노동시장 이중구조문제를 해결하기 어렵다. 사회적 합의는 노동계도 권리를 양보하고 책임을 떠맡는 일이기 때문에 딜레마에 처한다. 뿐만 아니라 기술혁신에 따라 고용형태가 바뀌고 인사이더의 이익도 흔들리기 때문에 노동계의 딜레마는 커진다. 특히 한국은 노동조합이 대기업정규직에 집중되어 있기 때문에 노동계가 이들의 이익에 배치되는 사회적 합의는 더욱 어렵다. 정부가 사회적 합의를 시도라도 하려면 노동계가 요구하는 전제 조건부터 들어주어야 한다. 결국 사회적 합의정책은 노동정치를 강화시키고 노정관계에서 노동계의 협상력은 키우고 정부의 협상력은 약화시켰다. 그럼에도 불구하고 한국에서 사회적 합의에 기대가 큰 이유는 사회적 합의를 선으로 보는 심리적 확증편향이 작용하기 때문이다. 경제민주화는 사회적 합의와 노동계의 협력에 대해 과도한 기대를 하게 만들고 사회적 합의로 아웃사이더문제를 해결하기 어렵다는 현실도 인식하기 어렵게 만든다.

6) 경제민주화인가 경제우민화인가

경제민주화의 환상은 국민연금을 동원한 스튜어드십 코드와 노동이사제의 도입으로 나타난다. 이 또한 소수의 인사이더 이익을 더 강화하는 정책이다. 경제민주화가 변질되어 경제우민화가 될 가능성이 커지고 있다. 노동계의 정치적 영향력이 커지면서 국회나 행정부로 진출한 노동계 인사가 많아졌다. 이런 분위기 때문에 정부는 기업을 무시하고 노동계는 존중했다. 기업에 대한 개입은 많아진 반면, 노동조합에게는 법치주의 적용도 힘들어졌다. 기업에 대해 사회적 책임을 요구하지만 노동계에 대해서는 사회적 책임이라는 말도 꺼내지 못했다. 그 결과는 기업의 일자리 창출 능력은 저하되고 대다수 국민은 손해를 보았다. 경제민주화의 이익은 10%의 대기업정규직에게 돌아가고 청년이나 여성은 기득권의 장벽 때문에 노동시장에 진출하기도 어렵게 만든 것이다. 경제민주화로 정부의 역할이 강화되었지만 국민의 삶의 질은 악화되었다. 경제민주화가 경제우민화로 전락했기 때문이다.

경제민주화가 경제우민화로 전락한 이유는 독일과 일본을 보면 짐작할 수 있다. 독일과 일본은 제2차 세계대전으로 폐허가 된 상태에서 매우 빠른 시간에 부흥에 성공했다. 독일의 부흥은 라인 강의 기적으로, 일본의 부흥은 일본의 기적으로 불렸다. 두 나라 모두 경제성장뿐 아니라 소득분배도 우수했다는 점에서 경제민주화에 성공했다고 볼 수 있다. 반면, 한국은 경제민주화 이후 경제성장이 둔화되고 소득분배도 악화되었다는 점에서 실패했다고 볼 수 있다. 독일과 일본은 경제민주화라는 용어를 달가워하지 않는다. 승전국인 미국 등 연합군은 독일과 일본이 전쟁을 다시 일으키지 못하도록 만드는 일환으로 경제민주화를 요구했다. 게다가 경제민주화가 개념도 혼란스럽고 사회주의 경제체제로 만들 소지가 다분했다. 실제로 경제민주화는 제2차 세계대전 이전에 독일 노동계가 요구했던 것으로 나치의 출현을 가능하게 했던 사회 혼란을 부채질한 경험도 있었다.

독일은 경제민주화를 경제사회주체의 협력과 이해관계 조화를 위한 경제시스템으로 받아들였다. 이에 따라 사회적 시장경제라는 용어로 경제 질서를 정교하게 만들고 중소기업이 홀로 설 수 있도록 경쟁력을 키우는데 주안점을 두었다. 교육과 노동시장의 연계성을 키워 중소기업이 숙련 노동을 확보할 수 있게 하였다. 금융 또한 기술 등 무형 자산의 가치를 존중해 중소기업의 자본조달을 용이하게 만들었다. 기업의 지배구조로 기술공동체 성격이 강한 유한회사를 선택하고 지역 은행은 중소기업의 경영을 지원하도록 만들었다. 지역 상공회의소가 직업훈련은 물론 경영교육 등에 중요한 역할을 하도록 지위를 강화하면서 중소기업의 혁신을 위한 지역 공동체의 지원체제를 구축하는데 중심에 서게 했다. 노동조합은 임금격차 해소와 노사 협력 체제 구축에 중심적인 역할을 했다. 이처럼 독일의 경제민주화는 한국과 전혀 달랐다. 경제사회적 강자를 끌어내리는 것이 아니라 경제사회적 약자를 끌어올리는 철학이 경제민주화를 이끌었다.

4. 공공성 강화의 일그러진 모습

1) 경영참여의 두 얼굴

세계적으로 유명한 벤츠나 BMW 등 독일의 자동차회사는 파업이 거의 없다. 노사 협력은 독일 산업이 높은 경쟁력을 유지하는데 기초가 된다. 현대기아차 등 한국의 자동차회사는 정반대다. 존립의 위기에 몰려있는데도 불구하고 툭하면 파업을 벌인다. 왜 그럴까? 독일 제조업의 경쟁력과 노사관계 안정의 비결로 기업의 중요한 의사결정에 대한 근로자의 참여가 꼽힌다. 이 때문에 독일의 노사공동결정제도와 노동이사제도는 주목을 받아왔고 한국은 독일과 비슷한 근로자 참여제도를 진작 도입했다. 독일의 근로자평의회와 비슷한 노사협의회를 의무적으로 설치하게 되어있어 근로자의 경영참여는 제도화되어 있다. 뿐만 아니라 노사협의회의 근로자대표이기도 한 노동조합은 단체교섭을 통해서도 경영에 참여하고 있다. 한국은 참여의 주체가 노동조합이고 근로자는 참여에서 소외된다. 참여의 방법도 파업권이 보장된 단체교섭이고 노사협의는 백안시한다.

위기에 빠진 현대자동차가 펠리세이드의 인기 때문에 한숨을 돌리는 분위기다. 그러나 생산물량 늘리려면 노동조합과 합의가 필요하기 때문에 두고봐야한다. 2015년 신형 투싼을 출시했을 때도 노사 합의로 단위 공장의 생산물량 불균형을 조정하다보니 주문 적체를 해소하는데 시간이 걸렸다. 노사 합의는 해당 제품을 만드는 근로자에게는 좋지만 다른 근로자는 물론 수요자와 협력 중소기업은 그렇지 않다. 소수의 이익을 보호하기 위한 다수의 희생이 노동조합 경영참여의 실상이다. 노동조합이 경영참여를 한다고 파업을 하지 않는 것도 아니고 파업으로 인해 발생한 손실에도 책임지지 않는다. 노동조합은 경영참여를 하지만 권리만 챙기고 책임은 지지 않기 때문이다. 비정상적인 노동조합의 경영참여로 현대차는 독일과 일본차에

밀리고 해외 공장에 눈을 돌린다. 경영참여가 임금인상과 고용보호를 넘어 작업현장부터 기업의 의사결정까지 좌지우지하는 권력을 노동조합에게 만들어주었기 때문이다.

노동계는 노동조합의 경영참여를 노동계의 경영참여로 확대를 요구하고 있다. 경제민주화가 노동조합의 경영참여를 이끌어내었듯이 노동계의 경영참여를 위한 보다 강력한 논리가 필요하다. 경제민주화가 대기업에 대한 불신을 키우고 이러한 불신이 노동조합의 경영참여 필요성을 만들었듯이 자본주의에 대한 불신을 키우고 그 불신으로 노동계의 경영참여를 제도화하려고 한다. 이를 가능하게 하는 논리로 노동계는 공공성의 강화를 내세운다. 이런 이유 때문에 선진국은 경영참여의 주체를 종업원으로 본다. 노동계의 경영참여는 물론이고 노동조합의 경영참여에 대해서도 부정적으로 본다. 경영참여가 가장 활발한 독일은 물론 중요성을 뒤늦게 인식한 미국도 종업원참여가 핵심이다. 미국은 독일과 일본의 경험에 자극받아 종업원참여에 적극적이다. 종업원 참여는 고성과 작업관행의 핵심을 이루고 있다. 뿐만 아니라 이윤공유제, 주식공유제, 성과공유제로 기업의 가치를 나누는 보상제도로 뒷받침한다. 한국은 미국과 유사한 우리사주제를 도입하고 있지만 관심밖에 놓여있다.

2) 공공성 강화 논리의 실상

공공성이라는 용어가 유행처럼 범람하고 있다. 교육, 금융, 통신 등 곳곳에 공공성이 따라 붙는다. 이러한 분위기를 노동계가 주도하고 있다. 노동계는 공공성의 강화를 내세우며 학교, 은행, 기업 등의 경영에 목소리를 내어왔다. 이제는 정부가 공공성 강화를 제도화하라고 요구하고 있다. 노동계는 공공성을 강화하면 모든 문제가 해결될 듯이 주장하지만 현실은 자신의 기득권을 강화하겠다는 것과 다름없다. 공공성의 강화는 노동조합 경영참여의 새로운 버전이자 노동계의 경영참여 전략이다. 노동조합 경영참여의 자세한 내막은 모르지만 부작용을 아는 일반 사람의 의심을 피해갈 수 있기 때문이다. 노동조합의 경영참여를 확대하자고 대놓고 요구하기가 힘든 상황인데 노동계의 경영참여까지 주장하는 것은 더욱 어렵다. 이점에서 공공성 강화의 속셈은 모르지만 명분에 동조하는 사람은 많다는 점을 파고드는 전략이다.

스튜어드십 코드와 노동이사제의 도입은 노동계의 경영참여 방안이다. 문재인 정부는 노동계의 요구에 따라 일반 사람에게 생소한 스튜어드십 코드 등을 슬그머니 도입하려 한다. 표면적으로는 기업의 공공성 강화를 강조하지만 속으로는 노동계의 경영참여를 확대하려고 한다. 국민연금을 끌어들여 투자 기업에 스튜어드십 코드와 노동이사제도를 도입하고 노동계가 추천하는 사람을 임명하면 이러한 목적을 달성할 수 있다. 이렇게 되면 노동조합의 경영참여는 노동계의 경영참여로 확대되고 노동계 인사나 친 노동계 전문가가 경영참여의 주체가 된다. 경제민주화에 힘입은 노동조합의 경영참여가 공공성의 강화로 공고해지고 주체가 노동계로 확대될 수 있다. 그러나 공공성의 강화는 경제민주화와 노동조합의 경영참여가 그랬듯이 아웃사이더와 노동시장 이중구조를 악화시키기 쉽다. 경제민주화가 허점 때문에 경제우민화로 변질된 것처럼 공공성 강화도 허점 때문에 공공성을 후퇴시키기 십상이다.

공공성이라는 단어는 호감을 끌지만 개념부터 혼란이 많다. 공공의 이익이라고 생각하면 공공성의 강화 요구를 무심코 넘어가기 쉽다. 역사적으로 보면 공공성의 강화는 유럽 등에서 반자본주의 운동 논리이자 사회주의 운동논리였다. 사회주의 실험이 실패로 돌아가면서 쏙 들어갔다가 세계금융위기 이후 신자유주의 반대 논리로 공공성의 강화가 재등장했다. 하지만 공공성 강화는 논리가 허술하다. 주장하는 사람들조차도 분명하게 설명하지 못한다. 그래도 공공성 강화 운동 논리에는 공통분모가 있다. 즉 민간 기업도 이윤추구보다 공공의 이익을 우선하고, 정부는 기업이 공공의 이익에 충실하도록 만들어야할 의무가 있으며, 이를 실현하는데 노동조합이 앞장서야 한다는 것이다. 그러나 이러한 논리는 경제 환경 변화는 물론 사람의 행복 추구 본능과 동떨어져 근로자의 호응 받지 못하고 있다. 기술혁신이나 세계화는 획일적인 노동과 수동적인 노동은 줄이고 다양한 노동과 자율적인 노동을 늘리게 만든다. 이에 따라 근로자도 노동조합을 통한 집단적 이익추구에 한계를 느낀다.

3) 공공성 강화와 민간 기업의 공기업화

문재인 정부는 공정경제를 내세우며 재벌기업의 지배구조개선에 매달리고 있다. 재벌기업의 지배구조개선은 경제민주화 이후 역대 정부가 추진했던 것인데 공공성 강화를 내세우면서 강도를 높인 것이다. 국민연금을 앞세운 스튜어드십 코드와 노동이사제의 도입도 재벌기업을 겨냥하고 있다. 기업의 지배구조를 개선해 공공성을 강화하겠다는 것은 재벌체제의 부작용을 해소하겠다는 것과 차원이 다른 문제다. 또한 노동조합이 단체교섭을 통해서 경영참여를 한다는 것과도 차원이 다른 문제다. 정부가 기업의 의사결정에 관여하겠다는 것이고 노동조합과 노동계가 국민연금을 등에 업고 경영에 참여하겠다는 것이다. 정부가 스튜어드십 코드 도입 이유로 근로자의 건강과 안전관리를 포함시키는데서 알 수 있듯이 어떤 문제라도 터지면 공공성 강화를 내세우며 재벌기업에 책임을 묻고 대신 조합원인 인사이더인의 기득권을 강화하겠다는 의도가 깔려있다.

공공성 강화 논리를 국민연금이 투자한 기업에 적용하면 웬만한 민간 대기업은 공기업처럼 된다. 공기업은 공공재를 생산하고, 생산의 동기가 이유추구에 있지 않고, 소유주는 정부다. 민간 기업도 공공성에 치중하면 이렇게 바뀐다. 결국 자본주의경제는 사회주의경제로 바뀌게 된다. 그러나 공공성 강화는 현실화되기 어렵다. 공공성을 목적으로 설립된 공기업의 부작용이 말해준다. 한국은 유난히 공기업이 많고 시간이 갈수록 공기업이 늘어나는데도 불구하고 오히려 공공성의 결여 문제는 커지고 있다. 관리 소홀과 고임금 등으로 부실 공기업이 늘어나고 공공서비스에서 소외되는 아웃사이더가 증가해 공기업의 역설이 커지고 있다. 뿐만 아니라 민간 기업이라도 부실화되면 공공성을 내세우며 국민이 낸 세금인 공적자금으로 살리려고 한다. 부실기업에서 일하는 소수의 사람을 위해서 다수의 국민이 부담을 지게 되지만 회생도 하지 못한다. 공공성의 강화가 공공의 부담으로 전락하고 경제의 짐이 되어 버린 사례는 숫자를 셀 수 없을 정도로 많다.

4) 공공성을 내세운 공기업의 사적 이익 추구

누구도 책임지지 않는 조직은 도태될 수밖에 없다. 공공성을 내세우는 기업일수록 허점이 많다. 공기업은 공공의 이익을 내세우지만 실제로는 공공성의 실현과 거리가 멀었다. 공기업 구성원이 사적 이익을 우선함으로써 공공성을 훼손해왔다. 우선 정부는 권한 확대나 인사 적체 해소의 편법으로 각 부처마다 산하 기관을 늘리려고 했고 지방자치단체도 여기에 가세했다. 설립 목적부터 공공성이 왜곡됨으로써 공기업은 공공의 이익에 소홀했다. 그러나 이런 문제가 잘 들어나지 않고 문제가 표면화되어도 책임을 묻기가 쉽지 않다. 뿐만 아니라 적자가 생기면 국민이 세금으로 메워준다. 이러한 공기업의 난맥상은 노동조합이 힘을 키울 수 있는 기반이 되었다. 공기업은 원칙에 어긋난 인사나 재정에 대한 불만을 고임금과 고용보호로 달랬다. 뿐만 아니라 정규직이 피하는 귀찮거나 어려운 일은 외주나 비정규직에 맡겨 '위험의 외주화' 문제가 발생하지 않을 수 없는 환경을 만들었다.

공공성을 강화하기 위해 만든 공기업이 공공성을 외면하는 모순에 직면하고 있다. 서울 지하철 2호선 구의역이나 서부발전소 태안 등의 안전사고에서 드러났다. 공기업이 민간 기업보다 안전사고가

적을 것 같은데 그렇지 않다. 민간 기업보다 산업안전에 대한 인식이 오히려 낮은데 이유가 있다. 공기업은 최종적인 사업주가 정부이다 보니 사고가 나면 정치 논리로 책임을 피해나가기 쉽다. 공기업은 민간 기업에 비해 책임소재가 복잡하고 노동조합의 힘은 강하다. 게다가 관리자가 많고 현장에서 안전작업을 수행할 인력이 부족한데다 유해하거나 위험한 일을 외주나 하청을 주는데 노사의 이해관계가 일치한다. KT 아현지사 화재로 인한 통신재난의 경우 복구에 시간이 오래 걸렸던 이유 중의 하나도 여기에 있다. 구의역 사고의 경우 문제의 본질은 안전관리의 소홀에 있지만 '위험의 외주화' 논의로 피해갔다. 서울교통공사 위에 서울시가 있고 노동계 입김이 강한 서울시는 사고를 비정규문제에 비난의 화살을 돌린 것이다.

5) 공적자금을 눈먼 돈으로 만드는 공공성

공기업은 아니지만 주인 없는 민간 기업도 비슷한 문제가 있다. 최근에 산업은행 회장은 KDB생명, 대우조선해양, 대우건설은 애초에 산업은행이 인수하지 말았어야 한다고 주장했다. 이러한 부실기업은 산업은행이 인수한 후에도 회사 경영이 호전되지 못하고 국민의 세금부담과 사회갈등만 키웠다. 주인 없는 민간 기업은 공기업처럼 운영될 수밖에 없어 공적자금 지원이 눈먼 돈으로 되었기 때문이다. 외환위기가 터지는데 결정적인 계기가 되었던 기아차의 부실도 방만한 경영과 강성 노동조합에 있다. 구조조정이 필요한 가아차를 공공성의 논리를 내세우며 국민차로 만들자는 요구에 외국 투자자들은 한국에 등을 돌리게 되었다. 주인 없는 회사였던 기아차는 툭하면 파업하는 노동조합의 등살 때문에 사실상 노조가 임명한 임원도 있었다. 노사가 응당 해야 할 일을 하지 않고 공공성으로 포장해 자신의 이익을 채우는 도덕적 해이가 경영부실을 일으켰던 것이다.

정부는 은행에 대해 소비자 보호 등 금융의 공공성을 요구하고 있다. 민간 은행의 경우 주인이 없다보니 정부가 사사건건 간섭하고 노동조합의 힘이 강하다는 점에서 공공성 강화의 조건을 갖추고 있는데도 불구하고 정부는 항상 이러한 요구를 해왔다. 실제로 은행은 고객보다 내부 구성원의 이익을 앞세웠기 때문이다. 그러면서 은행 등 금융 노조가 공공성의 강화를 주장하는데 앞장서고 있다. 경영개입이라는 이야기를 들을 정도로 노동조합 경영참여에 적극적이다. 최고경영자의 연임 반대나 노동이사제의 도입 요구 등이 그렇다. 이러다보니 은행은 급여가 세계 최상위 수준인데 비해 경쟁력은 최하위 수준으로 평가받는다. 결국 공공성의 논리로 정부가 만든 은행의 독점적 지대는 노동조합의 힘은 키우고 일자리를 줄이며 경쟁력을 떨어뜨리도록 작용한 것이다. 뿐만 아니라 공기업과 함께 은행이 채용비리가 터지는 온상이 되도록 만들었다. 이것이 공공성 강화의 현실이다.

6) 공공성 강화 논리와 87체제의 끝물

국민연금을 동원한 스튜어드십 코드와 노동이사제의 도입 논리가 되는 기업의 사회적 책임, 경제민주화, 공공성의 강화는 지난 30

년 동안 왜곡·변질되어왔다는 공통점이 있다. 3가지 논리는 본질에서 좌우 이념과 관련이 작지만 좌파 지식인과 시민단체가 자본주의 반대 논리로 활용해왔다. 시기와 배경을 달리하지만 좌파운동의 논리로서 서로 연결되어있다. 기업의 사회적 책임은 1987년 민주화운동 이전에도 중시되어왔던 미덕이었다. 기업 스스로 사회적 책임을 선언하고 떠맡는 도의적인 책무였지만 민주화운동 이후 헌법에 경제민주화라는 용어가 규정된 이후 달라졌다. 기업의 사회적 책임은 기업에 요구하는 의무가 되었고 기업을 옥죄는 논리로 이용되었다. 경제민주화도 정치 논리가 되면서 변질되었다. 경제민주화가 추구하는 경제력의 격차 해소는 개별 기업이 해결할 수 있는 문제가 아닌데도 불구하고 책임을 개별 기업에게 돌리는 논리로 변질되었다. 또한 노동조합의 힘은 키우고 사업주의 힘은 약화시키는 논리로 왜곡되었다.

최근에는 공공성 강화 논리가 경제민주화를 대신하는 분위기다. 이점에서 공공성 강화가 국민연금을 동원한 스튜어드십 코드와 노동이사제의 도입에 보다 직접 영향을 미쳤다고 볼 수 있다. 경제민주화가 87체제의 산물이라면 공공성 강화는 좌파가 꿈꾸는 포스트 87 체제의 논리로 볼 수 있다. 공공성 강화가 경제민주화보다 훨씬 공격적인 소득재분배 논리로 이용되고 있다. 그러나 공공성 강화는 경제민주화보다 실패할 가능성이 훨씬 크다. 경제민주화가 야기했던 문제에다 새로운 문제까지 일으키기 십상이다. 노동시장 이중구조와 소득불평등을 악화시키고 저소득 계층을 양산하는데다 공공성을 앞세운 사적 이익의 추구, 기업의 부실화, 정부의 책임 전가, 사회 혼란 등을 야기하기 쉽기 때문이다. 뿐만 아니라 기술혁신이 소득결정의 원리를 바꾸기 때문에 공공성 강화 논리는 근로자에게도 지지를 받기 어렵다. 인적자본이 자신의 소득을 좌우하는 반면, 소득결정에 정부의 역할은 줄어들어 공공성 강화 논리에 의한 소득재분배는 설득력이 떨어지고 있기 때문이다. 공공성 강화 논리는 87체제의 끝물이다.

7) 건강한 포스트 87체제

국민연금을 동원한 스튜어드십 코드와 노동이사제의 도입은 중단해야 한다. 기업의 사회적 책임, 경제민주화, 공공성의 강화는 본래의 취지에 충실해야 한다. 좌파의 정치 논리로 왜곡·변질됨에 따라 발생한 87체제의 혼란을 끝내야 한다. 대신 87체제를 극복할 수 있는 새로운 경제시스템을 만들어야 한다. 기업의 사회적 책임은 사용자와 노동조합의 책임 분담 그리고 이를 위한 노사와 공공의 이익 조화를 위한 정부의 책무성 강화로 개념을 재정립해야 한다. 경제민주화는 대기업과 중소기업 그리고 정규직과 비정규직에 의한 노동시장 이중구조와 청년 등 아웃사이더 문제의 해소를 위한 경제주체의 협력과 노동운동의 재정립에 역점을 두어야 한다. 공공성의 강화가 사적 이익 추구에 이용되지 못하도록 정부의 책무성을 강화하고 공기업을 비롯한 공공부문 노사 당사자의 사명감을 높이며 부실기업에 대한 공적자금 지원의 원칙을 확립하는데 힘을 쏟아야 한다. 기업의 사회적 책임, 경제민주화, 공공성의 강화가 본연의 취지에 충실하도록 만드는 일이 포스트 87체제의 핵심이다.

포스트 87체제의 목표는 잘 나가는 기업(사람) 끌어내리기가 아닌 뒤처진 기업(사람) 끌어올리기가 되어야 한다. 한국은 슘페트가 주장했던 대로 자본주의가 쇠퇴하고 사회주의가 득세하고 있다. 이런 현상은 문재인 정부 등장 이후 뚜렷해졌다. 자본주의의 핵심인 기업을 때리는데 혈안이 되고 있다. 소수의 성공한 기업에 대한 심리적 박탈감을 이용해 다수의 뒤처진 대중에게 질투를 불러일으키고 있다. 1인1표의 민주주의제도는 잘 나가는 기업(사람)을 움츠리게 만들고 이들은 재산권을 뺏길 수 있다는 두려움 때문에 당하고 있다. 좌파 지식인들은 낙오한 대중에게 불평등과 격차를 강조한다. 이들은 비판과 선동으로 자신의 존재 가치와 영향력을 키우고 있는 것이다. 그러나 역사는 말한다. 사회주의는 잘 나가는 기업을 몰락시키고 낙오한 대중이 아예 일어설 수도 없는 비극만 만들었을 뿐이다. 건강한 사회를 만드는 포스트 87체제의 구축이 한국이 해야 할 당면 과제다.

〈참고문헌〉

김태기, "노동시장 이중구조의 정치경제학: 사회적 자본 이론의 활용", 『산업관계연구』, 28(1), pp.1-28, 2018

------,"한국 공유자본주의의 성공 조건: 국제비교", 『기업경영연구』, 23(4), pp.219-238, 2016

------,"중소기업의 저생산성과 인적자원개발정책", 『노동정책연구』, 16(4), pp,96-127, 2016

보건복지부·국민연금공단 "국민연금 스튜어드십 코드 도입방안(안) 발표자료, 2018. 7. 17

양금승, 『규제개혁과제의 입법 효율성 분석 및 경제 활력 제고 방안』, KERI Column (2016-04-06), 2016

황인학, 『기관투자자의 책임에 관한 스튜어드십 코드의 본질과 쟁점』, 2016

Aghion, P., Y. Algan, and P. Cahuc, and A., Shleifer(2010), "Regulation and Distrust", *Quarterly Journal of Economics,* Vol.125, No.3, pp. 1015-1049.

Algan, Y., and P. Cahuc(2014), "Trust, Institutions, and Well-Being: New Evidence and Policy Implications" *Handbook of Economic Growth,* Vol. 2, pp. 49-120.

Bénabou, R.(2000), "Unequal Societies: Income Distribution and the Social Contract", *The American Economic Review,* Vol.90, No.1, pp. 96-129.

Borghaus, L., B. Ter Weel, and B. A. Weinberg(2006), "People People: Social Capital and the Labor Market Outcomes of Underrepresented Groups", *NBER Working Paper*(No. 11985).

Choi, J. W.(2013), "Public perceptions of Income Inequality and Popular Distributive Justice Sentiments in Korea", *International Journal of Applied Sociology,* Vol.3, No.3, pp. 42-58.

Jarley, P.(2005), "Unions as Social Capital: Renewal through a return to the Logic of Mutual Aid?", *Labor Studies Journal,* Vol. 29, No. 24, pp. 1-26.

Jung, Y-D and Y. S. Seo(2012), "The Public's Declining Trust in Government in Korea", *Meiji Journal of Political Science and Economics,* Vol. 1, pp. 36-48.

Kang, W-J.(2015), "Inequality, the welfare system and satisfaction with democracy in South Korea", *International Political Science Review*, Vol.36, No.5, pp. 493-509.

Kim, K. M.(2010), "Changes in Korean Labor Market Regimes", *Seoul Journal of Korean Studies*, Vol.23, No.2, pp. 247-269.

Kim, S. H.(2015), "Trust and Labor Market Participation", *The Comparative Economic Reviews*, Vol.22, No.1, pp. 105-139.

Lane, R. E.(1986), "Market Justice, Political Justice", *The American Political Science Review*, Vol.80, No.2, pp. 383-402.

Rueda, D.(2006), "Social Democracy and Active Labor Market Policies: Insiders, Outsiders and the Politics of Employment Protection", *British Journal of Political Science*, Vol.36, pp. 385-406.

Yun, S., and H. Min(2012), "Democracy in South Korea: consolidated but in deficit", *Korea Observer*, Vol.43, No.1, pp. 145-174.

제 8 장

한진KAL 사례로 본 연금사회주의 쟁점과 파장

1. 문제제기
2. 사회적 비난, 법적 처벌, 주총 아젠더의 혼돈(混沌)
3. 국민연금의 취약한 '경영권 개입' 논거
4. '연금사회주의'와 주주행동주의
5. 스튜어드십 코드 도입 및 시행 비판
6. 에필로그

[요 약]

2019년 2월 1일 국민연금 기금운영위원회는 한진칼(KAL)에 대해 최소한의 '적극적 주주권 행사'를 대한항공에 대해 '비(非)경영 참여적' 주주권 행사를 의결했다. 나비의 날개 짓은 폭풍우를 가져올 수 있다. '연금사회주의'가 그것이다.

국민연금의 한진그룹에 대한 의결권 행사의 뿌리는 조현아의 '땅콩회항' 사건이다. 재벌 3세의 신중하지도 사려 깊지도 않은 행동에 대한 징벌은 도덕적 비난과 대한항공의 이미지 실추일 것이다. 국민연금의 '적극적 주주권 행사'는 층위(層位)가 다른 문제이다. 도덕적 비난과 법적 처벌은 '공적 영역'이지만 주주총회는 이해관계자의 '사적자치' 영역이다. 이해관계자인 주주 이외의 '제 3자 관여'는 범주의 오류를 범하는 것이다.

기업의 탈법과 위법이 있으면 '법의 잣대'를 대면된다. '국민이 맡긴 주주의 소임을 다하겠다'는 문대통령의 발상은 대단히 위험하다. 국민은 국민연금에게 기업에 대해 의결권을 행사해 달라고 위임한 적이 없다. 그랬다면 국민은 수탁자인 국민연금에게 위임내용을 제한·변경하거나 수탁자를 해임할 수 있어야 한다. 스튜어드십 코드 도입은 국민연금의 사회적·경제적 영향력을 극대화시키기 위해 스스로 역할을 자임한 '셀프 도입'이다.

스튜어드십 코드의 원조는 2010년 7월에 발표한 '영국 SC(The UK Stewardship Code)'이다. 스튜어드십 코드 제정은 금융위기 발발을 막지 못하고 일조(一助)한데 대한 기관투자자의 '반성'에서 출발했다. 금융감독 당국의 강력한 제재를 피하기 위해 기관투자자들이 책임투자자로서의 자율규범을 만든 것이다. 영국에서의 스튜어드십 코드 도입은 공적 연·기금을 1차적 대상으로 삼지 않았다. 그럼에도 우리나라는 공적연·기금의 행동규율로 인지·해석하고 있다. 이런 아전인수는 없다.

우리나라 자본시장에서 가장 '큰 손'은 국민연금이다. 국민연금의 국내주식투자 규모는 2017년 현재 131조원으로 전체 비중은 6.96%이다. 5% 이상 지분을 보유한 기업이 276개에 이른다. 국민연금의 의결권행사 강화가 반(反)재벌정서와 결합하면 재벌개혁 등을 위한 정치적 목적의 관치 수단으로 변질·타락할 수 있다.

좌파들은 '오너 일가의 갑질에 의한 기업가치 하락'을 논리적으로 특정하지 못하고 있다. 갑질이 기업가치를 떨어뜨린다는 주장은 논거가 결여된 '그렇게 믿고 싶은 예단'인 것이다. 국민연금의 주주권 행사는 해당기업의 주주가치를 제고시키는 필요조건도 되지 못한다. '인과관계'는 더더욱 존재하지 않는다. 오히려 불확실성을 제고시켜 기업가치를 떨어뜨릴 수 있다.

2018년 국민연금 운영수익률은 마이너스 1.5%이지만 누구도 책임지려하지 않는다. 기금운용위원회 구성부터 그렇다. 최고의사결정기구인 기금운용위원회 위원장이 복지부장관이다. 국민연금은 단순한 기관투자가가 아닌 주주로 위장한 이해관계자이다. 일본의 국민연금 격인 일본 공적연기금은 주식 운용과 의결권 행사를 100% 민간 위탁하고 있다. 국민연금의 존재이유는 국민의 노후생활안정이다. 우리 정치권은 국민연금을 국가의 쌈지 돈으로 크게 착각하고 있다. 정부 손에 칼을 쥐어 준 셈이다.

국민연금 한진KAL 적극적 의결권 행사의 쟁점과 파장

조동근

1. 문제 제기

문재인 대통령은 2019년 1월 23일 청와대에서 주재한 공정경제 추진전략 회의에서 “공정경제를 위해서는 대기업의 책임 있는 자세가 중요하다”며 “앞으로 정부는 대기업 대주주의 중대한 탈법과 위법에 대해서는 국민연금의 스튜어드십 코드(수탁자 책임에 관한 원칙)를 적극 행사해 국민이 맡긴 주주의 소임을 충실하게 수행하겠다”고 말했다.

기업의 탈법과 위법이 있으면 ‘법의 잣대’를 대야 한다. 거기까지다. 이것이 ‘법치’이다. ‘국민이 맡긴 주주의 소임을 다하겠다’는 언명은 위험한 발상이다. 국민은 국민연금에게 기업에 대해 의결권을 행사해 달라고 위임한 적이 없다. 그랬다면 국민은 수탁자인 국민연금에게 위임 내용을 제한·변경하거나 수탁자의 장(長)을 해임할 수 있어야 한다. 진실은 정부가 스튜어드십 코드를 도입해 의결권을 행사하겠다고 '자임'한 것이다. 기업경영은 이해당사자, 즉 주주의 '사적 자치' 영역이다. 따라서 정부의 의결권 행사는 엄밀한 의미에서 '사적자치'에 반(反)하는 것이다. 국민연금이 주요 대기업의 주주인 것은 사실이지만 이는 국민의 노후자금을 관리하는 차원에서 주식을 보유한 것에 지나지 않는다. 국가권력의 주주권 행사는 신중해야 한다. 그동안 국민연금이 관행적으로 '중립적으로' 의결권을 행사(shadow voting)한 데는 그만한 이유가 있다.

〈그림 1〉 국민연금 대한항공 보유지분 추이

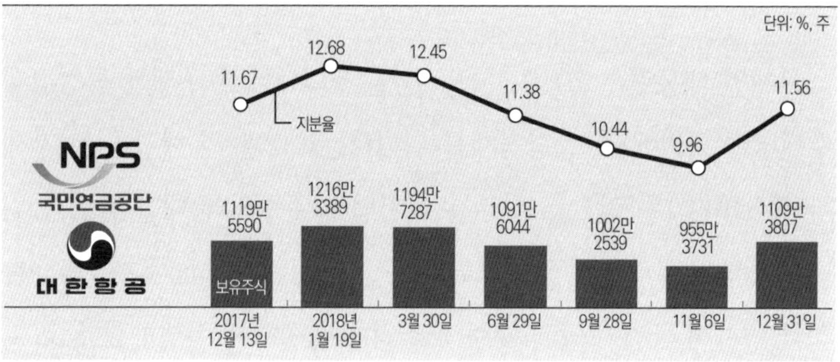

자료: 금융감독원

1) 의결권 행사를 통한 지배구조개선

대통령이 특정 기업을 사실상 지목하면서 '국민연금의 주주권을 적극 행사 하겠다'는 것은 스튜디오십 코드 도입의 숨은 목적이 '지배주주' 견제라는 것을 여과 없이 드러낸 것이다. 정치변수가 개입되면 '국민연금의 정치화'를 피할 수 없다. 〈그림 1〉에서 보듯이 국민연금은 최근 대한항공의 지분을 늘렸다. 2018년 12월 31일 공시 기준 국민연금이 보유한 대한항공 주식은 1109만3807주로 지분율은 11.56%다. 같은 해 11월 6일 대비 1.6%포인트 증가한 수준이다. 정부의 추가 지분매입은 대한항공에 대한 적극적인 경영개입 의지를 나타낸 것이다.

2019년 2월 1일 국민연금 기금운용위원회는 전체회의를 열고 한진칼(KAL)에는 '최소한의 적극적 주주권 행사'를 대한항공에 대해서는 '비(非)경영 참여적' 주주권 행사를 의결했다. 비경영 참여적 주주권 행사는 대한항공을 '중점관리'기업으로 지정하겠다는 것이다. '땅콩 회항, 물컵 갑질, 횡령·배임 등 경영진 일가의 일탈 행위로 주주가치가 크게 훼손됐기에' 경영참여 주주권 행사를 통해 '오너 리스크를 해소하고 주주가치를 제고할 필요가 있다'는 것이 기금운용위원회의 판단인 것이다.

〈그림 2〉 한진칼과 대한항공의 지분구조

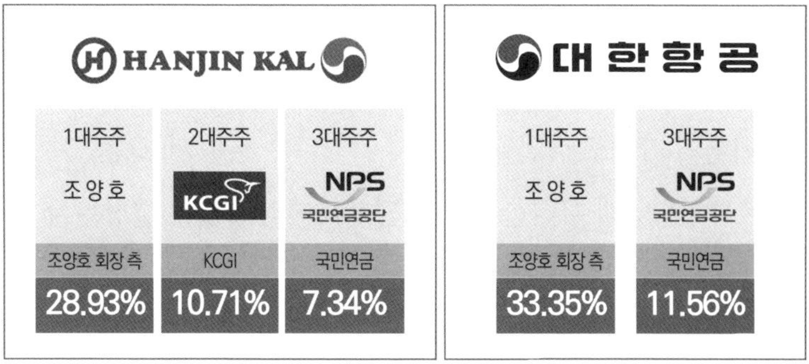

대한항공의 지주회사인 한진칼(KAL)에 대한 국민연금의 최소한의 '적극적 주주권 행사' 목적은 조양호 한진그룹 회장의 사내이사 연임을 막겠다는 것이다. '정관변경을 위한 주주제안'을 하겠다는 것이다. 정관 변경은 "횡령·배임으로 회사에 손해를 끼친 경우 금고 이상의 형이 확정됐을 때 이사에서 결원된 것으로 본다"는 것이다. 따라서 '정관변경이 이뤄지고 조양호 회장의 혐의가 확정되면' 조 회장은 이사직에서 물러나야 한다.

기금운영위원회가 대한항공에 대해서 최소한의 '경영참여 주주권 행사'를 하지 않은 것은 '10% 룰' 때문인 것으로 전언(傳言)되고 있다. 10% 룰은 회사 지분을 10% 이상 가진 투자자가 지분보유 목적을 단순투자에서 경영참여로 전환하면, 전환일을 기준으로 6개월 이전까지의 단기매매차익을 반환해야 하고 지분 변동분을 공시해야 한다. 국민연금 입장에서 지분보유 목적의 경영참여로의 변경은 연금 수익성에 부담을 주게 된다. 매매차익에 대한 반환 의무가 없었다면 국민연금은 대한항공에 대해서도 '적극적 주주권 행사'를 했을 것이다.[1)]

2019년 2월 1일 한진칼에 대해 적극적 주주권 행사를 의결한 뒤, 박능후 보건복지부 장관은 기자와의 질의·응답에서 자신의 속내를 내비쳤다. "한진칼에 대한 적극적인 주주권 행사가 향후 스튜어드십 코드 이행의 가이드 라인이 되는 게 아니냐는 질문"에 그는 "다른 기업에서 대한항공과 유사한 상황이 발생하더라도 같은 결정은 내려지

1) 국민연금은 대한항공에 대해 '10% 룰'을 예외로 인정받을 수 있는지를 금융위원회에 질의한 바 있다. 금융위는 '10% 룰' 예외인정을 거부했다.

지는 않을 것"이라고 답변했다. 그리고 "그 기업의 상황에 따라서 그에 맞는 스튜어드십 코드를 발동할 것"이라고 부연했다.[2) "다른 기업에 대한항공과 유사한 상황이 발생하면 유사한 결정을 내리는 것"이 정책 일관성을 유지하는 것이다. 그럼에도 그는 "그 기업 상황에 맞는 정책을 펴겠다"고 답변했다. 이는 같은 상황이라도 정부의 대응은 '그때그때 다를 수 있다'는 것을 시사한 것이다. 정책은 '원칙'의 문제이지 '편의'의 문제가 아니다. 많은 사람들이 '스튜어드십 코드 도입에 숨은 목적이 있는 것'은 아닌가 의심하는 데는 그만한 이유가 있다.

〈그림 2〉는 한진그룹의 지주회사인 한진칼과 대한항공의 지분구조를 표시한 것이다. 국민연금이 '최소한의 적극적 주주권 행사'를 결정한 한진칼의 경우, 사적 지배구조개선펀드인 'KCGI'가 2대 주주인 만큼 조양호 일가와 국민연금은 예측불허의 표 대결을 벌일 것으로 예측된다.

이 글은 목적은 '국민연금의 경영권 개입'의 쟁점과 파장을 비판적으로 고찰하는 데 있다. 2절에서는 '도덕적 비난과 법적 처벌 그리고 주총 아젠더'를 혼돈하는 현실을 비판한다. 그리고 '오너의 갑질이 주주가치를 떨어드린다'는 좌파의 주장을 반(反)비판한다. 3절에서는 '국민이 국민연금에게 의결권 행사를 위임한 적이 있는가'라는 근본적인 질문을 던짐으로써 국민연금의 경영권 개입의 부당성을 강조한다. 4절에서는 연금사회주의와 주주행동주의에 대해, 5절에서는 스

2) 이데일리, "국민연금 한진칼만 경영참여", 2019. 2. 1 박정수기자

튜어드십 코드 개념과 탄생의 연원에 대해, 그리고 스튜어드십 코드 도입에 따른 예상되는 부작용을 설명하고, 6절에서 결론을 맺는다.

2. 사회적 비난, 법적 처벌, 주총 아젠더의 혼돈(混沌)

문제의 뿌리를 찾아가 보자. 조현아 당시 부사장의 소위 '땅콩회항' 사건이 발단이었다. 조현아 부사장은 땅콩회항 사건으로 1심에서 징역 1년형을 선고 받고 복역 중 항소심에서 집행유예(2015. 5.22)로 구속된 지 143일 만에 풀려났다.

항소심에서의 쟁점은 '항로변경'에 대한 해석이었다. 항로변경에는 벌금형이 없다. 그만큼 항로변경은 위중한 범죄이다. 항로변경은 일종의 비행기 탈취를 의미하기 때문이다. 그렇다면 항로변경을 '좁게' 해석해야 한다. "활주로에 들어선 비행기나 이륙한 비행기의 항로를 바꾸게 했다면" 그 자체가 범죄다. 하지만 "자동차로 치면 후진에 비견되는 계류장에서의 리턴"을 항로변경으로 간주해 인신을 구속하고 징역을 살게 하는 것은 문제가 있다.

도덕과 법은 다른 척도다. 도덕적으로 비난 받을 짓을 했다고 그리고 눈살 찌푸리는 행동을 했다고 그 사람을 감옥에 가둘 수는 없다. 땅콩 회황의 피해자는 강제로 시간을 지체 당한 승객이다. 동(同)사건이 승객의 고발에 의해 형사사건화된 것이 아니라면 계류장으로의 이동을 이유로 신체를 구속하는 것은 과다처벌이다. 재벌 3세의 신중하지도 사려 깊지도 않은 행동에 대한 도덕적 비난과 대한항공의 이미지 실추가 그녀의 행동에 대한 징벌일 것이다.

그 후 조양호 회장 일가는 연이어 사회적 물의를 일으켰다. 조현민의 '물 컵 투척'이 그것이다. 사회적 물의가 현행법을 위반한 것이라면 그에 합당한 처벌을 하면 된다. 우리는 "사회적 비난, 법적 처벌, 주총 아젠더"를 혼돈(混沌)하고 있다. 오너 일가의 갑질에 대한 사회적 비난과 법적 처벌이 미흡했다고 여겨졌을 수도 있다. 그렇다고 주총을 통해 조양호 일가를 다시 응징하는 것이 맞는가. 이것은 층위(層位)가 다른 문제이다. 사회적 비난과 법적 처벌은 '공적 영역'이다. 하지만 주주총회는 이해관계자의 '사적자치' 영역이다. 따라서 이해관계자인 주주 이외의 '제 3자 관여'는 범주의 오류를 범하는 것이다. 조양호 일가에 대한 응징은 사회적 비난이든 법적 처벌이든 '공적영역'에 국한되어야 한다.

조양호 회장이 지배해 온 한진그룹의 경영성과가 경쟁업체에 비해 낮고 그것이 조양호 회장의 경영판단 실수에서 온 것이 아니라면 주총에서, 공권력인 보건복지부(국민연금)가 조양호 회장과 다투는 것 자체가 어불성설인 것이다. 이 같은 다툼은 대한민국 헌법 제126조에 반(反)할 소지가 크다. 헌법 126조는 "국방상 또는 국민경제상 긴절한 필요로 인하여 법률이 정하는 경우를 제외하고는, 사영기업을 국유 또는 공유로 이전하거나 그 경영을 통제 또는 관리할 수 없다"라고 기록하고 있다. 주총에서 조양호 회장의 연임을 막기 위해 정관을 변경하는 것이 '국방상 또는 국민경제상 긴절한 필요'에 따른 것인지를 냉철하게 성찰해야 한다.

1) '오너 리스크'와 주주가치 하락

'오너(owner) 리스크'는 재벌 공격의 선봉에 나선 좌파의 전가(傳家)의 보도(寶刀)다. 오너 리스크가 있다면 오너의 장점도 있기 마련이다. 하지만 좌파에게 균형 잡힌 시각을 요구하는 것은 무리이다. 2019년 1월 16일 국회의원 회관에서 열린 '대한항공 정상화를 위한 국민연금의 역할' 토론회에서 민변 소속 김남근 변호사는 "대한항공 이미지뿐 아니라 기업가치를 추락시킨 조 회장 일가와 그들을 견제·감독하지 않은 대한항공·한진칼 이사들에 대해 재선임 반대 및 해임 등으로 경영상의 책임을 물어야 한다"고 주장했다, 좌파들은 '오너 갑질이 기업가치와 주주가치를 추락시켰다'고 입을 모은다. 주장은 있되 논거는 없다. 좌파들은 '무오류의 함정'에 빠져있다.

조현아 땅콩 회항은 2014년 12월 5일에 발생했다. 〈그림 3〉은 2014. 12, 5일을 사건(event)일로 땅콩회항 이후 대한항공, 한진칼의 주가 추이를 나타낸 것이다. 〈그림 3〉은 2014년 거래개시일 주가를 100으로 표준화해 표시했다. 그림에서 사건일 이후 대한항공 주가는 떨어지는 것으로 나타났다. 좌파들의 주장이 맞는 것이 아닌가 생각이 들 수 있다. 그럼 한진그룹의 지주회사인 '한진칼'의 주가를 보자. 오너 리스크가 작동했다면 한진그룹 지주회사 주가는 폭락했어야 맞다. 하지만 그림에서 보듯이 '한진칼'의 주가는 2015. 5월까지 오히려 상승했다. 주가 또는 시가총액을 주주가치의 대리변수로 본다면, 좌파주장은 너무 거칠다. 주가를 결정하는 수없이 많은 변수를 차치하고 '오너의 갑질이 주주가치를 떨어뜨렸다'는 주장은 너무나

무딘 칼(刀)이 아닐 수 없다.

〈그림 3〉 땅콩회항 이후 대한항공, 한진칼의 주가 추이

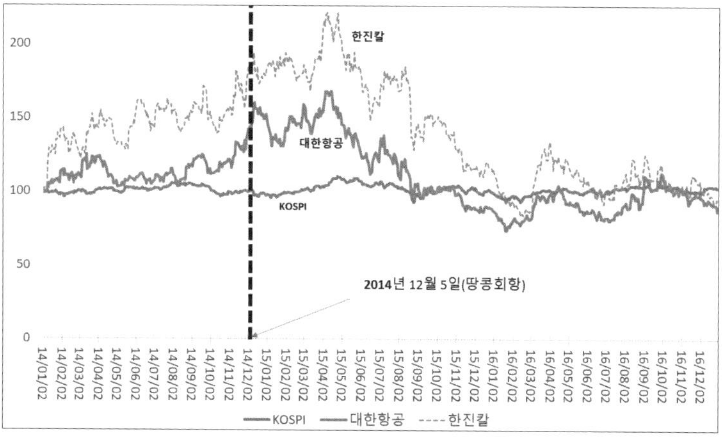

주: 2014년 거래개시일 주가=100.0 자료: 코스피 이하 같음

이번에는 땅콩회항 이후 대한항공과 아시아나항공의 주가 추이를 보자. 대한항공 오너 일가의 갑질이 경쟁사인 아시아나 항공사에 반사이익을 가져왔는가를 살펴보자. 〈그림 4〉에서 보듯이 2014년 12월 5일을 기점으로 대한항공의 주가는 내려오고 아시아나항공의 주가는 올라갔다. 아시아나항공의 주가 상승이 대한항공 오너 갑질에서 비롯된 것이라면 아시아나항공 주가는 계속 고공행진을 해야 한다. 하지만 그렇지 않다. 아시아나항공이 지속적으로 반사이익을 얻지 못했다면 '오너 갑질에 의한 기업가치 훼손' 주장은 설득적이지 않다.

〈그림 4〉 땅콩회항 이후 대한항공, 아시아나항공 주가추이

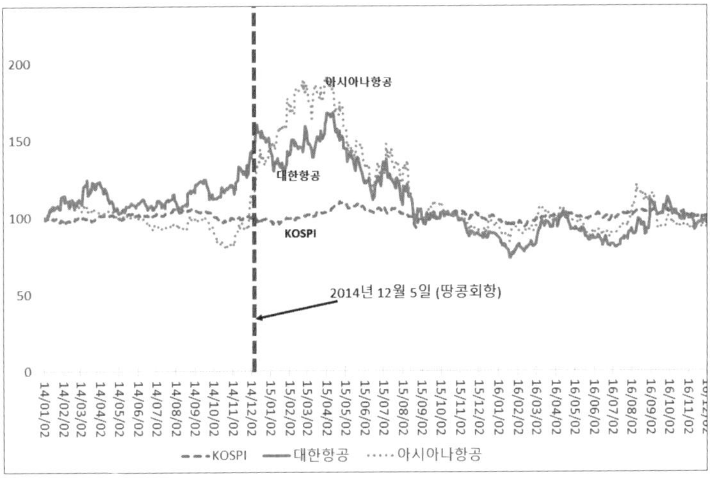

〈그림 5〉 오너 갑질, 대한항공, 한진칼, 아시아나항공 주가추이

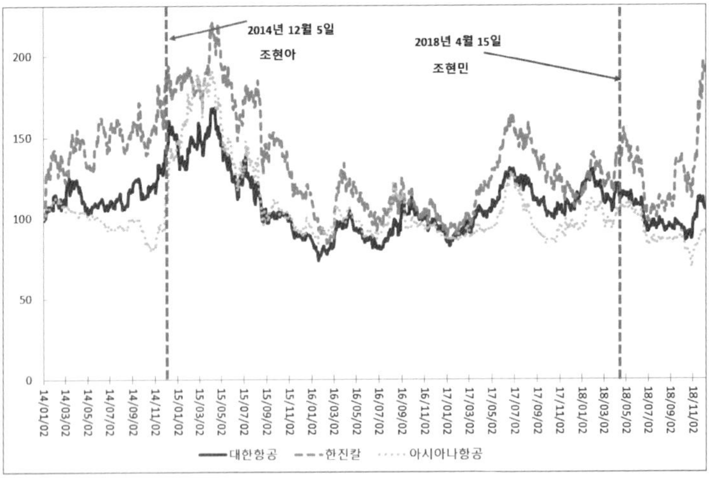

〈그림 5〉는 코스피 지수를 빼고, 조현아 땅콩회항, 조현민 물컵 투척을 기준일로 대한항공과 한진칼 그리고 아시아나항공 주가 추이를

표시한 것이다. 〈그림 5〉에서 보듯이 조현민 물컵 투척(2018. 4.15)을 기준일로 한진칼과 대한항공의 주가는 하락했다. 그렇다면 경쟁사인 아시아나항공의 주가는 상승해야 한다. 하지만 아시아나항공의 주가도 동반하락했다. 오너의 갑질이 주주가치를 하락시킨 것이 아니라는 또 다른 반증이다.

〈그림 6〉은 대한항공, 한진칼, 아사아나항공의 주가를 표준화하지 하지 않고 '원래의 주가'를 그대로 표시한 것이다. 〈그림 6〉에서 보듯이 대한항공과 아시아나항공의 주가는 비슷한 등락 패턴을 보이고 있다. 두 항공사 공히 2015년 1/4분기, 2017년 2/4분기 이후, 2018년 2/4분기 직전에 높은 주가를 실현하고 있다. 이는 두 항공사의 주가를 결정하는 요인이 크게 다르지 않다는 것을 의미한다. '오너 일가의 갑질이 기업가치를 떨어뜨렸다'는 주장은 논거를 갖추지 못한 그렇게 믿고 싶은 '상투적 주장(cheap talk)'에 지나지 않는다.

〈그림 6〉 대한항공, 한진칼, 아시아나항공 주가 추이(원계열)

〈표 1〉 항공사간 재무지표(수익성) 비교

구분	2016.1 (IFRS 연결)		2017.12 (IFRS 연결)		2018.12(e) (IFRS 연결)	
항공사	대한항공	아시아나	대한항공	아시아나	대한항공	아시아나
매출액총이익률	19.58	14.82	17.38	14.23	16.10	13.34
영업이익률	9.55	4.45	7.77	4.43	5.86	3.67
ROE	-27.24	5.72	29.37	24.66	-2.26	0.61
ROA	-2.31	0.60	3.30	2.96	-0.31	0.13

자료: comp.wisereport.co.kr

〈표 1〉은 대한항공과 아이사아항공 간 수익성을 비교한 것이다. 대한항공의 시가총액이 아시아나에 비해 크게 차이가 남에도 불구하고 IFRS연결기준으로 2016년, 2017년, 2018년 3년간 대한항공의 매출액총이익률과 영업이익률이 아시아나항공에 비해 유의미하게 높음을 알 수 있다. 재무적 변수가 반영된 ROE(return on equity)와 ROA(return on asset)를 기준으로하면 대한항공의 성과가 아시아나항공보다 반듯이 좋다고 할 수는 없다. 매출총이익률과 영업이익률은 그 기업의 '실물경쟁력'을 나타내는 지표로 기업가치(주가)를 결정하는 가장 중요한 요인이다.

대한항공에 이해중립적인 외국인 기관투자자에게 "〈표-1〉로 요약되는 성적표를 가지고 조양호 회장의 경영을 불신임하겠냐"고 묻는다면 어떤 대답이 나올까. 최소한 불신임하겠다는 답은 나오지 않을 것이다. 민변 또는 참여연대에 비친 대한항공과 한진칼의 이미지가 절대적일 수는 없다. 조양호 회장의 진퇴여부는 조양호 회장의 경영성과에 기초해 이해당사자인 주주들이 자율적으로 판단하도록 놔두어야 한다. 국가권력의 대리인인 국민연금이 개입하는 것은 현명한 처사가 아니다. 개인의 일탈과 그 개인이 속한 기업의 성과는 별개이어야 한다. 양자가 별개임을 받아들일 때 기업환경의 불확실성은 그만큼 줄어들 것이다. 그 길이 문 정권이 말하는 '공정경제'를 실현하는 길이기도 하다. 현재 조양호 회장의 배임·횡령 혐의에 대한 재판이 진행 중이다. 이 같은 상황에서 "조양호 회장이 금고이상의 형이 확정되면 이사직을 박탈한다는 정관변경"의 주주제안은 재판에 영향을 미칠 수도 있다. 조양호 회장이 재판이 확정된 후 정관변경을 해도 늦지 않다. 또 그렇게 하는 것이 상식이고 정석이다.

3. 국민연금의 취약한 '경영권 개입' 논거

문재인 대통령은 2019년 1월 23일 청와대에서 주재한 공정경제 추진전략 회의에서 정부(국민연금)는 대기업 대주주의 중대한 탈법과 위법에 대해서 '국민이 맡긴 주주의 소임'을 충실하게 수행하겠다고 말했다. 하지만 전술(前述)한 바와 같이 국민은 국민연금에 경영권 개입(주주권 행사)을 위임하지 않았다. 국민연금의 경영권 개입의 논거는 국민연금법 어디에서도 찾을 수 없다.

국민연금법 제1 조는 '목적'으로, "이 법은 국민의 노령, 장애 또는 사망에 대하여 연금급여를 실시함으로써 국민의 생활 안정과 복지 증진에 이바지하는 것을 목적으로 한다"로 기록하고 있다. 제3조의2는 '국가의 책무' 조항으로, "국가는 이 법에 따른 연금급여가 안정적·지속적으로 지급되도록 필요한 시책을 수립·시행하여야 한다"고 되어 있다. 제102조는 '기금의 관리 및 운용'에 관한 조항으로, "보건복지부 장관은 국민연금 재정의 장기적인 안정을 유지하기 위하여 그 수익을 최대로 증대시킬 수 있도록 국민연금 기금운용위원회에서 의결한 바에 따라 기금을 관리 · 운용하되… (중략)…국민연금 재정의 안정을 해치지 아니하는 범위에서 하여야 한다"고 적고 있다. 국민연금법 어디를 보더라도 경영 개입을 위한 의결권행사를 '명시적'으로 주문한 조항을 찾을 수 없다. 결국 스튜어드십 코드 도입은 국민연금의 사회적·경제적 영향력을 극대화시키기 위해 스스로 역할을 자임(自任)한 것에 지나지 않는다. '셀프 도입'은 일종의 자가발전(自家發電)인 것이다.

2018년 7월 23일 국민연금은 '기금운용위원회'를 열어 스튜어드십 코드 도입을 결정했다. 하지만 기금운용위원회의 결정으로 스튜어드십 코드를 도입한 것이 정당성을 갖춘 것인지에 대해서는 다툼의 여지가 있다. '국민연금 기금운용위원회'를 규정한 국민연금법 제102조를 보자. 제102조 1항은 "기금의 운용에 관한 다음 각 호(號)의 사항을 심의·의결하기 위하여 보건복지부에 국민연금 기금운용위원회를 둔다"고 규정하고 있다. 1항에서 정하고 있는 호(號)는 5개로 구성되어 있는 바, 딱히 '스튜디오십 코드 도입 여부'를 결정하는 호를 발견할 수 없다. 결국 1호인 '기금운용지침에 관한 사항' 3호인 '기금운용계획에 관한 사항' 5호인 '기금 운용에 관한 중요 사항으로 운용위원회 위원장이 회의에 부치는 사항'에 근거를 두었을 것으로 추측된다. 하지만 어느 호도 기금운용위원회가 정확하게 '스튜어드십 코드 도입' 여부를 결정해야 한다고 규정하지는 않는다. 이는 소관부서인 기금운용위원회가 결정했으니 '스튜어드십 코드 도입은 정당하다'고 주장한 것이나 마찬가지다. 그렇다면 '내가 선택한 것은 정당하다'가 된다. 정책 독선이 아닐 수 없다.

국민연금은 국민의 노후자금을 관리하는 대리인이기 때문에 국민연금의 주인은 국민이다. 그럼에도 국민은 자신의 돈을 관리하는 수탁자를 통제할 수 없다. 국민연금 같이 수탁자를 통제할 수 없다면 수탁자의 '도덕적 해이'는 불가피하다. 그렇기 때문에 수탁자의 '재량범위'를 좁혀야 한다. 국민이 국민연금에 경영권 개입을 위임하지 않은 이상, 국민연금의 의결권 행사를 통한 경영개입은 '엄밀한 의미'에서 위법이다. 국민연금이 가지는 주주권은 재무적 중립 투자자로서 '그림자 주주권(shadow vote)'이어야 한다.

1) 국민연금 의결권 행사 지배구조: 기울어진 운동장

국민연금 기금운용위원회는 경영권에 관해 구체적 협의를 할 수 있는 구조로 구성되어 있지도 않다. 국민연금법 제 103조에 따른 기금운용위원회 구성은 〈표 2〉와 같다. 〈표 2〉에서 보듯이 기금운용위원회는 대표성에 중점을 둔 '정치위원회' 성격을 갖고 있다. 당연직 위원과 직능대표가 많기 때문에 기금운용위원회는 태생적으로 전문성과 독립성을 갖기 어렵다. 그런 위원회가 합리적 근거에 기초해 주주로서의 의결권을 행사할 것으로 기대한다면 그 자체가 연목구어(緣木求魚)다.

<표 2> 국민연금법 제103조에 따른 연금기금운용위원회 구성

직 책	위 원
위원장	보건복지부 장관
당연직 위원 (5인)	기획재정부차관, 농림축산식품부차관, 산업통상자원부차관, 고용노동부차관, 공단이사장
위원장이 추천하는 인사 (14명)	사용자 대표 3인, 근로자 대표 3인 농어업인 단체 추천 2명 자영업 관련 단체 추천 2명 소비자 및 시민단체 추천 2인 관계전문가 2명

2018년 10월에 '국민연금 수탁자책임전문위원회'가 구성되었다. 수탁자책임위는 기존의 국민연금 의결권행사를 자문하던 '의결권행사전문위원회'를 확대·개편한 것으로, 국민연금이 스튜어드십 코드를 도입하면서 만든 조직이다. 동(同)위원회는 국민연금의 주주권행사 및 책임투자 관련 주요사항을 검토하고 결정하는 핵심 역할을 수행한다. 따라서 위원회 구성이 그만큼 중요하다. 하지만 동(同) 위원회는 14명 위원 중 9명이 정부와 산하 연구기관 추천이거나 노동계 인사로 구성돼 있다. 14명 중 9명이 찬성하면 모든 의안은 통과된다. 국민연금의 의사결정 지배구조가 이미 '기울어진 운동장'이다. 국민연금의 경영권 개입을 허용하면 '연금사회주의' 우려가 현실로 나타날 수밖에 없다.

2) 국민연금 운영 수익률

〈그림 7〉 최근 5년간 국민연금 운영수익률

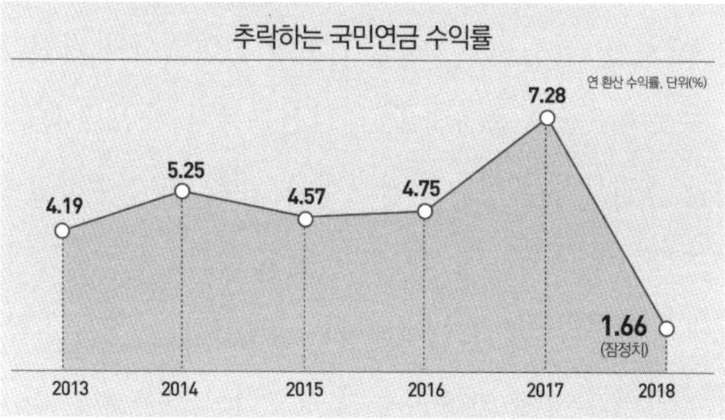

자료: 국민연금관리공단

〈그림 7〉은 최근 5년간 국민연금의 운영수익률을 나타낸 것이다. 〈그림 7〉에서 2018년 수익률 잠정치 1.66%는 마이너스 1.5%로 확정되었다. 기금 손실액은 15조원이다. 2018년도에 마이너스 수익률을 기록한 것은 10월에 큰 투자 손실을 입었기 때문이다. 2018년 10월 말 기준 국민연금 기금은 9월 말 653조6300억원보다 17조원 감소한 637조360억원이다. 기금 운용수익률이 마이너스를 기록한 것은 2008년 글로벌 금융 위기 이후 처음이다. 국민연금이 아닌 민간 연·기금에서 이런 정도의 원금손실을 기록했다면 어떤 일이 벌어졌을까. 기금운용책임자는 책임을 추궁당하고 자신의 자리를 보존하지 못했을 것이다. 하지만 국민연금은 이런 손실을 내고도 미동(微動)도 하지 않았다. 국민 돈을 잘못 관리한 데 대해 누구하나 책임지고 물러났다는 소리를 듣지 못했다. 글로벌 금융위기 이후 초유의 마이너스 운영수익률을 기록할 때 국민연금은 스튜어드십 코드 도입에 모든 것(all-in)을 걸었다.

〈그림 8〉은 스튜어드십 코드 참여 기관투자자를 정리한 것이다. 2018년 12월 말 현재 총 79개의 기관이 참여의사를 밝혔다. 〈그림 8〉에서 보듯이 자산운용사와 PEF 자산운용사 가입은 충분히 납득이 가지만 증권사와 은행은 각각 2개사, 1개사만 참여하고 있다. 영향력 있는 기관투자자의 참여가 부진한 것은, 그만큼 스튜어드십 코드 도입에 공감하지 않는다는 반증이다. 참여기관 중 제일 앞에 있는 기관이 '국민연금'이다. 난쟁이 틈에 쭈그리고 앉은 거인 격이다. 스튜어드십 코드 도입이 국민연금의 운영수익률 제고에 얼마나 기여할 수 있을지 의문이다. 기관투자자가 집사(스튜어드)란 완장차고 '기업에 관여'하면 기업가치가 올라가고 기업의 수익이 개선되어 국민연금의 운영수익률이 제고 될 것인가. 단언하기 어렵다. 국민연금은 스튜어드십 코드 도입이 모든 것을 해결해주는 요술지팡이로 착각하는 듯하다.

〈그림 8〉 스튜어드십 코드 참여기관투자자(2018.12현재)

합 계	연기금	보험사	자산 운용사	PEF 운용사	증권사	투자 자문사	서비스 기관	은행	기타
79	1	2	29	28	2	2	4	1	10

자료: 한국기업지배구조원

4. '연금사회주의'와 주주행동주의

국민연금의 스튜어드십 코드 도입으로 '연금사회주의' 우려가 현실화될 수 있다. '연금사회주의'란 민간기업의 주요 주주가 된 공적 연·기금이 정치권의 영향을 받아 경영에 관여하게 되는 현상을 말한다. 피터 드러커(Peter Drucker)가 '연금사회주의'라는 용어를 최초로 사용했다. 그는 1976년 『보이지 않는 혁명: 연금기금주의는 어떻게 미국에 왔는가』에서 "사회주의를 노동자에 의한 생산수단의 소유로 정의한다면 미국이 지구상에서 최초의 진정한 사회주의 국가"가 될 것이라고 일갈(一喝)했다. 그는 미국의 연금 중에서 가장 규모가 큰 연금이 기업퇴직연금인데, 퇴직연금기금이 대부분 주식에 상당 부분 투자를 하고 있다는 사실에 착안하였다. 즉 기업연금의 가입자는 근로자들이므로 미국 기업들의 지분은 상당 부분 근로자에 의해 간접적으로 소유되고 있다는 사실을 들어 '연금사회주의' 개념을 제시했다.

우리나라 국민연금은 그 규모가 매우 크고 독점적으로 운영되고 있다. 미국의 기업연금기금 운용 펀드는 다양화 되어 '경쟁적 구도'를 갖는 데 비해, 우리는 국민연금이 독점적으로 관리하고 있다. 이 같은 상황에서 기금에 대해 절대적 영향력을 가지는 정부는 자신이 추구하려는 목표를 기금을 통해 실행하려는 '유혹'에 빠질 수 있다. 기업 오너의 갑질을 응징하겠다는 주주권 행사도 같은 맥락이다. 투자유형별 전반적인 성과가 완벽하게 확인되지 않은 '환경(E), 사회책임(S), 지배구조(G)' 관련 사회적 책임 투자를 공적 연기금인 국민연금이 주도하게 되면 민간 기업에 대한 정부의 영향력은 임계치를 훌쩍 뛰어 넘을 수 있다. 한국적 현실에서, '국민의 삶을 책임지는 국가'란 정치 슬로건을 내건 문 정부에서 연금사회주의는 결코 기우가 아니다.

〈표 3〉 2013~2017년 국민연금 국내주식 투자 추이

구 분	`13 (A)	`14	`15	`16	`17 (B)	`13년 대비 (B-A)
국내주식 투자규모(조원)	83.9	83.9	94.9	102.4	131.5	47.6 (+)
전체 주식시장 중 비중(%)	6.43	6.29	6.57	6.78	6.96	0.53%p (+)
지분율 5%(10%) 이상 기업(개)	253(44)	252(57)	271(79)	265(74)	276(96)	23(52) (+)

자료: 국민연금기금 스튜어드십 코드 도입방안 발표자료(2018.7.17.)

국민연금 적립금이 커지면서 국민연금의 국민경제적 비중이 커지고 있다. 2018년 4월 현재 국민연금 적립금 규모는 635조원으로 일본 노르웨이에 이어 세계 3대 기금에 랭크되고 있다. 〈표 3〉은 2013~2017년간 국민연금의 국내주식투자 추이를 정리한 것이다. 국내주식투자 규모는 2017년 현재 131조원이며 전체주식투자 비중은 6.96%이다. 그리고 지분률 10% 이상 보유한 기업은 96개에 이른다. 5% 이상 지분을 보유한 기업은 276개이다. 2018년 6월을 기준으로 하면 동(同) 기준의 기업은 299개로 증가한다. 〈표 3〉에서 보듯이 주식시장에서 최고의 '큰 손'은 국민연금이다.

우리나라의 경우 국민연금의 의사결정구조가 정부나 정치권에 휘둘리기 쉬운 상황이라는 점에서 연금사회주의 우려는 더욱 더 증폭되고 있다. 현재 국민연금공단은 복지부장관이 최고의사결정기구인 기금운용위원회 위원장을 맡고, 국민연금공단 이사장을 임명한다. 최고투자책임자(CIO)인 기금운용본부장도 청와대가 검증하는 구조다. 이런 상황에서 국민연금의 스튜어드십코드 도입은 정부에게 기업경영을 쥐락펴락할 수 있는 수단을 제공해 주는 것이다. 국민연금

의 의결권 행사 강화가 반(反)재벌정서와 결합하면 재벌개혁 등의 관치 수단으로 변질될 수 있다.

스튜어드십 코드 도입과 관련해 주목해야 할 또 다른 이슈는 '주주행동주의'이다. 주식투자의 기본 전략은 저평가된 주식을 선별해 매집하고 주식 가격이 오를 때까지 기다리는 것이다. 예상대로 주가가 오르면 적정한 시점에서 이를 팔아 매매차익을 실현한다. '월스트리트 룰(wall street rule)'로 불리는 고전적 투자전략이다. 이러한 일반적 관행을 탈피하면서 나타난 것이 '주주행동주의'이다. 이 전략은 주식을 사들이되 가다리지만 말고 기업 경영에 개입해 주가를 올리자는 것이다. 주주행동주의는 숙명적으로 '먹튀'로 끝나게 된다.

주주행동주의의 투자행태는 상당 정도 정형화되어 있다. 우선 자신의 펀드를 포함해 우호적 펀드를 동원해 목표 주식에 대해 무시할 수 없는 지분을 확보하는 것으로 시작한다. 공격목표는 대개 자산이 많고 현금이 많은 기업들인데 일단 주식을 매입하고 나면 즉시 경영진에게 압력을 넣는다. 주주제안 등을 통해 '유휴자산 매각, 고율배당, 자사주 매입' 등을 요구한다. '주가는 올라갔지만' 기업가치가 제고된 것은 아니다. 주주행동주의는 지배주주가 없는 전문경영체제에서 극성을 부릴 수 있다. GE는 실적 부진을 겪는 상황에서도 2014~2016년 자사주 매입에 490억 달러를 지출했다. 2015년 GE 주식 1.5%를 사들인 행동주의 투자자 트라이언펀드에 코를 끼웠기 때문이다. 주주행동주의는 주식시장이 가진 단기적 속성을 극대화해 원하는 목적을 달성해 주가를 끌어올린 후 주식을 즉시 팔고 떠난다.

주주행동주의 순기능을 부정할 수는 없지만 역작용에 대해 경계를 풀어서는 안 된다. 스튜어드십 코드 도입은 해외투기자본에 날개를 달아줄 수 있다. 안정적인 균형추로서의 역할을 수행해야 할 국민연금이 스튜어드십 코드 운운하는 것은 자본시장을 교란시킬 뿐이다.

5. 스튜어드십 코드 도입 및 시행 비판

스튜어드십 코드(Stewardship Code)는 기관투자자의 책임과 역할에 대한 원칙을 의미한다. 스튜어드십 코드는 자산의 수탁자로서 연기금·은행·보험사·자산운용사 등 기관투자자가 투자 대상기업에 대해 의결권을 행사할 때 기업 가치의 제고 또는 위탁고객의 이익을 증가시키는 방향으로 의결권을 행사해야 한다는 지침이다.

1) 스튜어드십 코드 개념과 도입 배경

기관투자자 책임에 관한 스튜어드십 코드의 원조는 영국 재무보고위원회(FRC: Financial Reporting Council)가 2010년 7월에 발표한 '영국 SC(The UK Stewardship Code)'이다. 이러한 운동이 영국에서 어떻게 처음 시작 되었는지를 살필 필요가 있다. 스튜어드십 코드가 제정된 2010년은 2008년 미국발 금융위기가 발발한 직후이다. OECD 기업지배구조위원회(Steering Group on Corporate Governance)는 글로벌 금융회사의 지배구조에 내재된 문제점들이 글로벌 금융위기의 단초가 되었다는 인식을 갖고 있었다. 영국도 OECD와 인식을 공유했다. 영국 금융회사에 부실이 누적된 것은 기관투자가들이 주주로서의 제 역할을 하지 못했기 때문이라는 것이다. 영국의 상장회사들은 '주인 없는 회사(ownerless corporation)' 처럼 경영했고 기관투자가들은 단기 이익에 집중함으로써 사태가 악화되는 것을 방관했다는 것이다.

기관투자가에 대한 이러한 문제인식은 2009년 7월 12일자 영국 신문, 'The Observer'에 실린 다음의 기사에서 엿볼 수 있다. "영국의 신용 위기는 소유권 공백의 시스템 결함이 큰 원인이었다. 은행 및 일반 회사 경영자들이 무모한 결정으로 파멸에 이르는 길로 가도 대규모 펀드를 운용하는 기관투자가들은 책임 있는 주주로서의 역할을 하지 않고 수수방관했다."[3)]

영국에서 연기금 등 기관투자자의 역할과 책임을 제고하는 방안이 모색됐고 영국 정부는 자율규제 방안을 마련할 것을 주문했다. 대책반 책임자로 모건 스탠리 회장을 역임했던 데이비드 워커 경(卿, Sir David Walker)이 선임되었다. 워커 보고서는 영국 회사들의 소유권 공백과 단기주의 문제를 치유하기 위해서는 기관투자가들이 '수수방관(hands-off approach)'적인 태도를 버리고 기관투자자가 경영에 관여하는 '개입주의(hands-on approach)' 태도로 전환할 것을 권고했다. 이에 영국 자본시장의 민간협의체인 ISC(Institutional Shareholder

3) One of the systemic flaws laid in the credit crunch is an ownership vacuum: the big institutional holders of shares - pension and insurance funds, investing on behalf of their members - failed to act as responsible, engaged owners, but stood by while executives at banks and other companies embarked on a journey of reckless destruction.(R. Sutherland, Observer, 12 July 2009)

Committee)는 2009년에 '기관투자자 책임에 관한 자율규범'을 제정하였고 워커 경은 이를 스튜어드십 코드로 변경할 것을 권고했다. 이에 2010년 7월 재무보고위원회(FRC, financial reporting council)는 워커 경의 권고를 수용해 '영국 스튜어드십 코드 (The UK Stewardship Code)'를 확정·발표했다. 이것이 스튜어드십 도입 경위이다.

영국의 스튜어드십 코드 제정은 금융위기 발발을 막지 못하고 일조(一助)한데 대한 기관투자자의 '반성문'에서 출발한 것이다. 그리고 민간 기관투자자들이 자율규범을 만든 것은 정부의 제재를 피하기 위한 '선제적 대응'의 성격이 짙다. 기관투자자들이 자신의 전문성과 도덕성을 높이기 위한 자율규범을 만들지 않으면 금융감독 당국의 강력한 법규가 쏟아질 것이 예상되었기 때문이다. 반성문을 쓴 민간 기관투자자의 '자발적·선제적' 대응이 스튜어드십 코드 제정의 이면의 논리(story)인 셈이다. 여기서 분명히 해야 할 것은, 영국에서의 스튜어드십 코드 도입은 결코 공적 연·기금을 1차 대상으로 삼은 것이 아니라는 사실이다. 우리나라의 정치권은 이를 오해하고 있다. 공적 연기금의 행동규율로 스튜어드십 코드를 오인(誤認)하고 있다.

한국의 스튜어드십 코드 도입은 영국을 벤치마킹(bench marking)한 것이다. 하지만 영국과 한국은 상황이 다르기 때문에 단순 벤치마킹은 오류를 범할 수 있다. 영국의 경우는 전술한 바와 같이 기관투자자들이 '주인 없는' 회사의 경영진을 압박하여 경영진이 휘둘린 결과 금융위기가 왔다는 것이다. 따라서 영국의 스튜어드십 코드는 기관투자자에게 투자대상 기업에 책임 있는 투자자로서 행동 하라는 것이다. 이는 민간 기관투자자에게 '지배주주의 역할'을 의제(擬制)시킨 것이다. 하지만 한국은 대규모 기업집단에 속하는 상장회사를 비롯하여 다수의 기업에 들이 지배주주가 있기 때문에 영국과는 상황이 다르다. 우리에게 필요한 것은 '청지기(집사)'가 아닌 금융시장의 정상적인 작동이다. 이하에서는 스튜어드십 코드 도입과 시행을 비판하고자 한다.

2) '집사'는 선(善)하고 이타적 인가

복잡다기한 상업세계에서 '이타적 인간'은 존재하지 않는다. 존재하더라고 '이기적 인간'을 상정하고 정책을 설계해야 실패를 최소화할 수 있다. "내 돈 내고 남의 도움 없이 내 능력으로 직접 내 사업을 경영할 수 있다면" 최선일 것이다. 그러면 최소한 속고 속이는 일은 없다. 하지만 구멍가게 밖에 할 수 없다. 남의 돈에 의존하고 남의 지식에 의존해야하기 때문에, 상업세계의 계약에는 필연적으로 '주인-대리인' 관계가 발생하는 것이다.

지배구조에 관한 대리인 이론(agency theory)은 '비대칭적 정보'와 '이해의 불일치'를 전제한다. '주인'은 '대리인'에 비해 열등한 존재이다. 대리인은 정보 우위를 이용해 주인의 이익에 반(反)해 행동할 충분한 유인을 갖고 있다. 주주와 경영자를 '주인-대리인' 관계로 보면 대리인의 일탈을 막기 위한 계약설계가 중요하다. 한편으로 '보상'하고 다른 한편으로 '통제'한다. 경영자에게 부여한 스톡옵션도 실은 대리인을 효율적으로 감독할 수 없기 때문에 나온 고육지책이다. 소유와 경영이 분리된 전문경영인 체제 하에서 이사회는 주주를 대신해서 경영자를 감독하고 통제하는 역할을 수행한다. 이사회의 과반수를 사외이사로 구성하고 이사회 의장과 CEO를 분리하는 것 등은 모두 통제장치인 것이다.

〈그림 9〉는 미국 기관투자자 비중 및 평균주식 보유기간 변화 추이를 나타낸 것이다. 그림에서 보는 바와 같이 주식시장에서 기관투자가의 비중은 크게 늘어난 반면에 이들의 주식보유기간은 갈수록 단기화 되고 있다. 기관투자가의 비중은 1975년 35%에서 2000년 53%, 2009년 70%로 확대되었다. 한편 기관투자자들의 평균적인 주식보유기간은 1980년 57.1개월에서 2000년 15.4개월로 줄었고, 2009년에는 4.8개월로 갈수록 급감했다. 기관투자자의 비중이 커지고 있다는 것은 개인이 직접투자하지 않고 간접투자하고 있다는 것을 의미한다. 〈그림 9〉는 미국의 이야기지만 큰 틀에서 보면 한국의 사정도 크게 다르지 않다.

〈그림 9〉 미국 기관투자가 비중 및 평균 주식보유기간의 변화

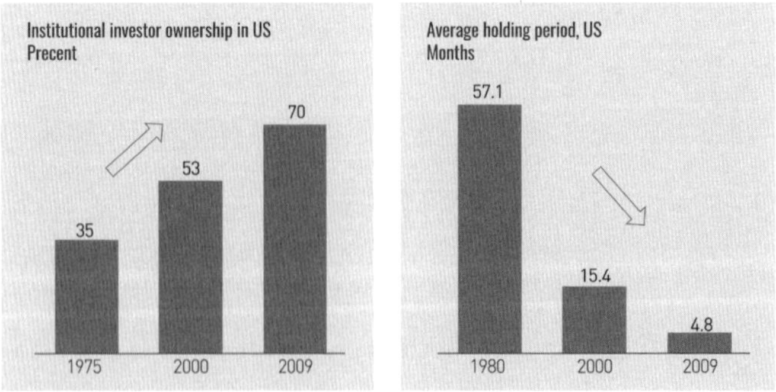

자료: Simon Wong(2010), 'Why Stewardship Is Proving Still Illusive for Institutional Investors?', Butterworths Journal of International Banking and Financial Law,

기관투자자가 들어오면 기관투자자를 가운데 두고 기업의 지배구조는 2단계로 확장된다. '최종 투자자 ⇔ 기관투자가 ⇔ 상장회사 경영자'로 한 단계 더 확장된다. 이때 기관투자자는 민간기관투자자와 공적연·기금일 수 있다. 예컨대 가계가 민간신탁회사에 여유자금을 맡기고 신탁회사가 모인 돈을 기업에 투자하면 전자(前者)이고, 국민이 공적연금에 가입하고 공적연금이 갹출한 기여금을 기업에 투자하면 후자(後者)가 된다. 여기서 중요한 판단을 내려야 한다. 2중 계약구조에서 기관투자자는 최종 투자자(가계)의 관점에서 볼 때 '또 다른 대리인'일까 아니면 청지기(집사)일까?

스튜어드십 코드 이론(SC 이론)은 첫 번째(최종 투자자 ⇔ 기관투자가) 관계에서 기관투자가에게 집사의 지위를 부여하고 두 번째(기관투자가 ⇔ 회사 경영자) 관계에서는 경영자를 대리인으로 본다. SC이론은 최종 투자자와 기관투자가 사이에는 '집사 이론'을 기관투자가와 회사 경영자 사이에는 '대리인 이론'을 차등 적용하고 있다. 하지만 이는 정확한 설정일 수 없다. 기관투자가는 개인 또는 법인들의 여유자금을 주로 유가증권에 투자해서 수익을 내는 법인형태의 투자자이다. 따라서 사적 목표를 가진 기관투자자가 청지기란 보장은 없다. 오히려 복(複)대리인 관계로 볼 여지가 충분하다.

오히려 기관투자가는 단기이익 실현에 주력하면서 기업의 장기가치 지향 투자를 저해하고, '분기 자본주의(quarterly capitalism)'를 확산시키는 주범으로 지목되기도 한다. 그리고 고객에 대해서 수탁자의 책임을 충실하게 이행하지 않는다는 비판을 받기도 한다. 기관투자가 자체의 대리인 문제가 심각하다는 얘기다. 기관투자가의 지배구조와 자산운용에 대한 투명성 요구가 논의되기도 한다.

SC이론은 이에 대한 언급 없이 기관투자가의 위상을 대리인에서 집사로 격상시켰다. '왜 기관투자자가 청지기인지에 대한' 설득과 논증이 결여되어 있다. '기관투자가에게 집사라는 완장을 채워줄 터이니' 대리인을 더 면밀하게 감독하고 간섭하라는 식이다. 하지만 "기관투자자가 왜 청지기로 여겨지는가"에 대해 논리적 답변이 있을 수 없다. 공권력일 수 있는 공적연·기금이 기관투자자로 여겨졌기 때문이다. 민간기관투자자는 무임승차를 한 셈이다. 하지만 공적 연기금이 반드시 '청지기'일 수는 없다.

민간기관투자자는 계약해지라는 견제장치가 있지만 공적연·기금은 그런 장치가 없다. 한국의 국민연금은 모든 국민이 강제로 들어야 하는 노후 개보험(皆保險)이고 국가독점이다. 국민연금의 SC도입은 '나는 배신할 리 없으니 나를 믿어 달라'는 식이다. 문제는 거기에 그치지 않고 '남을 감독하겠다는 것'이다. 집사가 사적 이익을 추구하면 치명적인 결과가 초래될 수밖에 없다. 여기에는 공적 연·기금도 예외일 수 없다.

3) '집사'는 전지(全知)한가

SC 이론에 의하면 기관투자자는 보유주식에 대해 의결권을 행사함으로써 당해 기업의 경영이나 지배구조 개선에 적극적으로 관여해야 할 책임이 있다. 그렇다면 기관투자자들은 과연 기업의 지배구조를 조언할 '능력'이 있는가. 더 중요한 질문은 기관투자자 입장에서 그럴만한 '유인'이 있는가이다.

특정 기업이 수익성이 없다고 판단되면 주식을 매각하고 떠나면 그만이다. 잘 알려진 'wall street rule'이다. 그럼에도 주식을 팔지 않고 해당 기업의 지배구조를 개선하는 노력을 기울이는 것이 '기관투자자의 입장에서 합리적인 선택인가'라는 질문을 던질 수 있다. 기관투자자가 주식을 팔고 그 기업을 떠나는 것도 하나의 선택지(選擇肢)다. 투자했다는 이유만으로 지배구조 개선 등을 책임지게 할 이유는 없다. 스튜어드십 코드를 도입하여 의결권 행사에 소극적인 기관투자자를 압박해 기업 지배구조를 개혁하라고 주문하는 것은 일종의 강요다. 어떤 사람을 만났는데 마음에 들지 않으면 헤어진다. 그 사람을 개조하겠다면 어리석은 짓이다.

기관투자자들은 다수의 기업에서 주요주주 또는 최대주주의 지위에 있지만 기업의 지배구조 개선을 위한 역할 수행에 소극적인 데는 그만한 이유가 있다. 기관투자자들이 투자한 기업의 지배구조까지 개선하면서 투자를 유지하려면 지나치게 장기간이 소요되어 기회비용이 커진다. 차라리 그 기업의 주식을 매각하고 더 높은 기업가치를 가진 기업에 투자하는 것이 더 낫다. 〈그림 9〉에서 기관투자자의 주식보유기간이 점차 감소하는 것도 이러한 사정을 반영한 것이다.

기관투자가가 SC 지침에 따라 의결권을 행사하려면 기업과 협의 채널을 확보해야 하며 주총의 아젠더의 타당성을 충분히 분석해야 한다. 하지만 이는 기관투자자들에게는 번거롭고 귀찮은 의무와 책임일 뿐이다. SC 지침이 없다면 기업의 재무적 경영성과만 분석하면 충분했으나 이제는 전략, 지배구조, 기업문화 전반을 추가로 파악해야 한다. 중요한 것은 대부분의 기관투자자들에게 그러한 능력이 없다는 것이다. 설령 그런 능력이 있다손 치더라도 기회비용이 편익보다 클 수 있다는 것이다. 따라서 기관투자자는 '자체생산(self make) 또는 시장구매(market buy)' 중에서 '후자'를 선택한다는 것이다. 주식보유기간이 길지 않은 상태에서 지배구조 개선의 효과가 즉시 나타나지 않는다면 더욱 후자를 선택할 것이다. SC 지침은 '의결권 자문사' 서비스에 대한 수요를 폭발적으로 증가시키게 된다. 그러한 상황에서 기관투자자들은 전문성이나 경험이 부족한 국내 자문사보다는 ISS, 글래스 루이스(Glass Lewis) 등 글로벌 의결권 자문사를 더 많이 활용하려 할 것이다. SC의 도입과 실행은 뜻하지 않게 외국계 의결권자문사의 배만 불릴 수 있다.

하지만 과연 해외 의결권 자문사들에게 전문성, 공정성은 충분히 있을까. 해외 자문사들의 경우 한국 사정을 제대로 모른 채 외국인 투자가의 이해관계를 대변할 우려가 있다. 의결권 행사에 절대적 영향력을 미치는 자문 서비스가 부실할 경우 주주가치의 훼손은 물론이고 기업의 장기적 발전도 저해될 것이다. 지불하는 자문서비스료는 기관투자자를 통해 최종 투자자가 부담하게 된다.

그렇다면 기관투자자를 선한 청지기로 의제해 투자대상회사의 지배구조에 대한 관여를 촉구할 것이 아니라, 기관투자자를 또 다른 대리인으로 인식하고 기관투자자가 설정하는 펀드의 목적과 철학, 투자기준, 수수료, 펀드 매니저에 대한 보상 구조 등에 관한 정보를 공개하도록 할 필요가 있다. 청지기 간의 경쟁을 통해 최종투자자의 선택을 받은 기관투자자가 살아남도록 해야 한다. 그렇게 해서 최종투자자의 선택의 폭을 넓혀줄 필요가 있다.

4) 공적연·기금의 집사 참칭(僭稱): 의결권 행사를 통한 재벌개혁

국민연금이 보유한 주식은 갑 속에 든 칼이어야 한다. 재벌의 지배구조를 개선한다는 명분으로 칼을 휘둘러서는 안 된다. 좌파경제학자들의 일관된 반(反)재벌정서의 뿌리는 "고객 돈으로 재벌체제를 공고히 했다"는 것이다. 이는 '고객 돈의 재벌 사(私)금고화'라는 악마의 단어로 주조(coining) 되었다. 엄격한 '금산분리'도 바로 이러한 재벌의 사금고화를 막는 제도적 장치인 것이다. 하지만 금산분리는 한국경제의 활력을 떨어뜨리는 자충수로 작용하고 있다. 여기서 금산분리에 대해 상론할 겨를은 없다.

'고객 돈의 재벌 사금고화' 논리를 SC 이론에 적용하면, '국민 쌈지 돈을 재원으로 한 민간기업 경영간섭', 즉 '국민 돈의 정치 금고화'이다. 국민연금의 1차적 목표는 '국민의 노후 생활안정'이다. 국민연금을 통해 기업의 지배구조를 바꾸는 것을 비록 '부차적인 목표'로 삼았더라도, 국민연금의 목적을 망각한 것이다. 굳이 기업의 지배구조를 바꾸겠다면 상법, 회사법, 공정거래법 등 제도적으로 접근해야 한다.

좌파들의 한국 재벌체제에 대한 평가는 지극히 인색하다. 사라져야 할 비정형적 조직으로 인식되고 있다. 과연 그런가. 반대 사례를 찾아보자. 미국의 '제너럴 일렉트릭(GE)'은 토마스 에디슨에 의해 1878년에 설립된 장수기업이다. GE는 다우존스지수에 1907년 11월 편입됐다. 미국 제조업의 아이콘이었던 GE가 다우존스에서 2018년 6월 퇴출됐다. 유수한 기업이 쇠몰(衰沒)하는 데에는 그만한 이유가 있다. '업(業)의 본질' 망각과 위험관리(RM) 실패가 GE몰락을 불렀다.[4] GE 쇠몰(衰沒)은 소유경영이 아닌 전문경영 체제의 한계일 수도 있다. 좌파의 시각에서 보면 GE 지배구조는 그 자체가 전범(典範)이다. 순환출자도 없고 가공자본도 없고 지주회사로 출자 흐름도 투명하다. 그런 GE가 쇠몰한 것이다.

좌파학자들은 미국의 '사업부제'를 칭송해왔다. 한국의 계열구조가 '쥐꼬리만한 지분으로 경영전권을 휘두르게' 한다는 것이 주요 논거였다. 하지만 계열사는 회계적으로 독립된 법인이기 때문에 무임승차가 불가능하다. GE캐피털이 GE그룹 이익의 절반을 벌어드릴 때 다른 사업부서는 GE캐피털에 편승해 안주했다. 무임승차하다보니 구조조정에 실기(失機)한 것이다. 사업부제를 채택하면, 구조조정을 할 때 특정사업부문을 '분사화' 해야 한다. 하지만 분사화는 그 자체로서 많은 '거래비용'을 지불해야 한다. 반면 계열조직은 이미 하

4) GE는 '1, 2등을 하지 못하면 매각한다'라는 원칙하에 '제조기업'으로서의 정체성을 상실했다. 그리고 장기간병보험(long term care) 판매에 따른 위험관리에 실패했다. LTC 대형 손실은 주로 90년대에 판매한 기존계약에서 발생한 것이다. GE는 2004년 LTC 보험을 판매했던 Genworth사를 GE캐피털에서 분사해 매각했으나, 과거 부실계약 부분은 매각처를 찾지 못해 GE캐피털이 그대로 안아야 했다.

나의 독립된 법인격을 갖기 때문에 분사화할 필요가 없다. 한국의 재벌이 글로벌 기업으로 성장한 것은 나름의 이유가 있다.

GE의 쇠몰은 '주주행동주의'에 시사하는 바가 크다. GE는 실적 부진을 겪는 상황에서도 2014~2016년 자사주 매입에 490억 달러를 지출했다. 2015년 GE주식 1.5%를 사들인 행동주의 투자자 트라이언펀드는 채권 발행을 통해 더 많은 자사주를 매입할 것을 요구했다. 기관투자가로부터 주가부양 압박을 받는 경영진 입장에서 자사주 매입은 마다할 이유가 없는 선택지다. 하지만 실적이 뒷받침되지 못한 주가가 지속적으로 상승할 수는 없다. 이멜트 회장 17년 임기 동안 GE주가는 8% 오르는 데 그쳤다. 하지만 같은 기간 S&P500지수는 214% 상승했다. 전문경영, 주주행동주의 예찬론자가 GE 쇠몰에 대해 답 할 차례다.

기업지배구조에는 정답이 없다. 모범지배구조를 찾거나 설계하려 하지 말고, 높은 수익성을 올리고 장수하는 기업의 지배구조를 거꾸로 벤치마킹하는 정책적 겸손함이 필요하다. 국민연금의 SC 도입 및 시행은 기업지배구조개선이라는 명분으로 기업에게 맞지 않는 옷을 강요하는 오류를 범하는 통로가 될 수 있다.

6. 에필로그

제도 설계를 통해 현실을 개조할 수 있다고 믿으면 위험하다. 자유주의 관점에 따르면, 경쟁과정을 통해 진화된 현실을 사후적으로 제도라는 그릇에 담는 것이 안전하다.

스튜어드십 코드는 획기적인 제도적 고안물인가. 아니다. 영국 스튜어드십 코드는 기관투자자에게 부과되는 기존의 신인의무(fiduciary duty)와 구분하기 위해 '스튜어드십 책임'이라는 새로운 개념을 채택했을 뿐 종래의 기관투자자에게 요구했던 '신인의무'와 본질적인 차이가 있는 것은 아니다. 스튜어드십 코드는 요술지팡이가 아니다.

스튜어드십 코드는 글로벌 금융위기를 방치 내지 조장한 기관투자자들의 '자기반성'에서 비롯된 것이다. 따라서 SC 도입은 취지상 공적연·기금 보다 민간 기관투자자에 우선 적용되는 것이 맞다. 기관투자자의 청지기 역할에 초점을 맞추더라도 민간 기관투자자부터 시작하는 것이 자연스럽다. 기관투자자로서 '행동주의' 펀드를 백안시 할 이유는 없다. 행동주의 펀드는 전(全)국민이 강제 가입하는 것도 아니고 어느 기업을 타겟으로 삼아도 주주의 권리로 행동할 뿐, 그 배후에 국가권력은 존재하지 않는다. 하지만 공적 연·기금으로서의 국민연금은 다르다 그 뒤에는 권력을 행사할 수 있는 정부가 존재하기 때문이다. 국민연금의 의결권 행사는 '중립적'으로 이뤄져야 한다. 국민연금의 한진KAL을 대상으로 한 적극적 주주권 행사는 결코 좋은 선례가 될 수 없다. 국민연금의 의결권은 오히려 자제되어야 한다. 국민연금이 기업 경영에 관여하면 민간 기업의 경영 자율성은 크게 훼손된다. 의결권 행사를 빌미로 기업을 괴롭혀 기업가치를 더 떨어뜨리고 있는 것은 아닌지 깊이 성찰해야 한다. 국민연금의 적극적 의결권 행사는 '연금사회주의에 이르는 길'이다.

국민연금은 스스로를 '청지기'로 자임하고 있다. 그렇다면 국민으로부터 노후자금의 관리를 위임받은 선한 '금고지기'로서 집사 노릇에 충실해야 한다. 국민연금은 기금 운영수익률을 제고시키기 위해 민간 자산운용사와 경쟁하고 그 성과에 대해 책임을 져야한다. 수탁자산의 안정적 관리와 운영수익률 제고 그 이상의 기금운영 원칙은 없다.

SC 도입은 의결권 자문사에 대한 수요를 폭발적으로 증가시킨다. 의결권 자문사란 기관투자자들을 상대로 주주총회 의안에 대해 분석하고 의결권행사 찬반 권고서비스 등을 제공하고 보수를 받는 기업을 의미한다. 스튜어드십 코드의 이행국면에서 다수 기업의 주식을 보유한 기관투자자가 단기간 내에 많은 기업의 의결권 행사를 소화하기에는 자체 분석 능력이 크게 부족할 수밖에 없다. 따라서 의결권 자문서비스를 이용하게 될 개연성이 높다. 의결권 행사에 절대적 영향력을 미치는 자문 서비스가 부실할 경우 주주가치의 훼손은 물론이고 기업의 장기적 발전도 저해될 수 있다. 국적 의결권자문사가 부족해 해외 자문사에 의존하면 외국인 투자자의 이해관계를 대변할 우려마저 있다.

의결권자문사의 이해충돌도 피해야 한다. 코드 제정에 참여한 단체는 의결권자문사 또는 기관투자자가 되어서는 안 된다. 코드를 제정하는 데 참여한 '지배구조연구원'이 현재 의결권자문업을 영위하고 있다. 이는 자신이 코드를 만들고 코드 이행을 감시하면서 자신의 서비스를 유료로 받으라고 하는 것으로 이해충돌방지 원칙에 위배되는 것이다.

〈그림 10〉 한진그룹 주주친화정책과 대한항공 주가추이

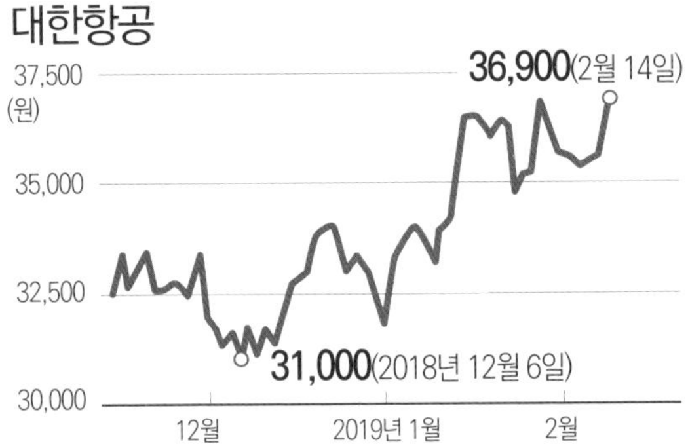

끝으로 확인할 것이 남아있다. 국민연금의 의결권 행사가 당해 기업의 기업가치를 끌어올릴 수 있겠냐는 것이다. 국민연금의 '한진칼에 대한 적극적 주주권 행사' 결정이 내려지자 한진그룹은 대응차원에서 주주친화정책을 내 놓는다. 〈그림 10〉은 주주친화정책이 공개되고 나서의 대한항공의 주가흐름을 표시한 것이다. 한진그룹은 '장래사업·경영계획 공시'를 통해 앞으로 영업이익을 매년 17%씩 늘리고 2023년에는 배당성향을 50%까지 확대하겠다고 했다. 그리고 초미의 관심 대상인 대한항공 소유의 송현동 부지 매각 의사를 밝혔다. 대한항공 주가는 2. 14일 현재 3.7만 원을 눈앞에 두고 있다.

증권시장은 '주가상승' 형태로 한진그룹의 경영개선 방안에 화답했다. 주주친화정책이 주주가치를 올린 것은 사실이지만 '기업가치'

를 올렸는가는 별개의 문제이다. 배당을 늘리고 유휴자산을 매각해 현금흐름을 개선시키면 주가는 당연히 오른다. 그 혜택은 현재의 주주에게 돌아간다. 미래의 자원을 미리 끌어다 주가를 올렸다면 미래의 주주에게 돌아갈 몫은 없다. 한진칼을 압박해 대한항공 주가를 끌어올렸다면, 국민연금은 '주주행동주의'자가 된 것이다. '주주행동주의'는 자본시장 규율을 위해 필요하다. 하지만 국민연금이 주주행동주의의 선봉에 서서는 안 된다.

국민연금의 적극적 주주권행사가 해당기업의 기업 가치를 제고시키는 충분조건인가. 필요조건도 아닐 수 있다. 국민연금의 적극적 경영권 개입과 투자대상 기업의 기업가치 제고 간에 체계적인 '인과관계'가 존재할 수 없다. 그렇다고 믿었다면 이는 순진한 발상이거나 정책오만이다. 국민연금의 빈번한 경영권 개입은 오히려 투자기업의 불확실성을 증폭시켜 기업가치를 하락시킬 수도 있다.

경제민주화법에는 민간기업의 의결권을 제한하는 조치가 많이 들어와 있다. 감사를 선임할 때 지배주주의 의결권을 3%로 제한하는 것이 그 사례이다. 국민 연금이 적극적 의결권 행사의 물꼬를 튼 이상 정부의 국민연금을 통한 민간기업 경영 개입을 제어하기 위해서 '국민연금의 의결권'을 제한하는 것을 심도 있게 논의할 필요가 있다. 의결권 행사 한도를 5%로 제한하는 것이 대안이 될 수 있다.

〈참고문헌〉

'업의 본질' 망각과 위험관리(RM) 실패가 GE몰락 불렀다, 조동근 컬럼, 펜앤마이크, 2018. 3

'국민연금기금 스튜어드십 도입방안(안) 발표자료,' 보건복지부·국민연금공단, 2018.7.17.

Simon Wong, 'Why Stewardship Is Proving Still Illusive for Institutional Investors?', Butterworths Journal of International Banking and Financial Law, July/August 2010.

집필진(가나다 順)

김원식(金元植)

저자 김원식은 서강대학교 경제학과 및 동대학원 졸업, 미국 Texas A&M 대학교 경제학 박사. 현재 건국대학교 경제통상학부 교수. 한국사회보장학회장, 한국연금학회 초대회장, 한국재정학회 회장, 노사정위원회세대간상생위원회 위원장, 고용보험평가전문위원회 위원장 등 역임. 주요 저서로 『통일복지, 무엇을 어떻게 할 것인가?』, 『지속가능한 국민건강보장시스템의 구축』, 『지속가능한 평생복지사회의 구축』, 『재정학과 시장경제』(역), 『개인연금제도의 정착을 위한 정책방안 연구』, 『통일독일의 사회경제적 변화』, 『외국의 고용보험제도』등이 있음.

김정호(金正浩)

저자 김정호는 연세대학교 경제학과 졸업, 미국 일리노이대 경제학 박사, 숭실대 법학박사. 한국경제연구원 연구위원, 자유기업원장, 연세대 경제대학원 특임교수 등 역임. 주요 저서로 『대한민국 기업의 탄생』, 『땅은 사유재산이다』, 『왜 우리는 비싼 땅에서 비좁게 살까』, 『사유재산권과 토지공개념』, 『다시 경제를 생각한다.』, 『짝퉁 시장경제는 가라』, 『법, 경제를 만나다』, 『K-POP, 세계를 춤추게 하다』, 『통하는 시장경제』, 『자유민주주의와 시장경제』(공저), 『블라디보스토크의 해운대행 버스』, 『누가 소비자를 가두는가』등이 있음.

김태기(金兌基)

저자 김태기는 서울대학교 경제학과 졸업, 미국 아이오와대학 경제학 박사. 현재 단국대학교 경제학과 교수. 한국노동경제학회 회장, 서울시 노사정위원회 위원장, 대통령 자문 경제사회발전 노사정위원회 근로시간임금제도개선위원회 위원장, 대통령 자문 정책기획위원회 위원, 대통령 자문 노사관계개혁위원회 수석전문위원, 중앙노동위원회 공익위원, 한국노동연구원 동향분석실장 등 역임. 주요 저서로 『경쟁력과 노사관계』, 『근로시간제도 개선방안 연구』, 『중소제조업의 노사관계와 인적자원개발』, 『분쟁과 협상』, 『협상의 원칙: 대한민국 협상론의 새로운 모색』, 『페어 소사이어티』(공저) 등이 있음.

전삼현(全三鉉)

저자 전삼현은 숭실대학교 법학과 졸업, 동 대학원 법학석사, 독일 프랑크푸르트대학교 법학박사. 숭실대학교 법학과 교수 및 숭실대학교 대학원 IT정책경영학과 교수. 기업소송연구회 회장, 한국 훔볼트회 부회장, 한국 아데나워학술교류회 부회장, 바른사회시민회의 사무총장. 저서로 『자본시장법개론』, 『4차산업시대 성공적 창업, 『흔들리는 디케의 저울』, 『기업 형사소송 매뉴얼』, 『독일의 감사회와 근로자경영참여』 등이 있음.

조동근(趙東根)

저자 조동근은 서울대학교 건축공학과 졸업, 서울대 경제학과 석사, 미국 신시내티대학교 경제학 박사. 명지대학교 경제학과 교수 역임 후 현재 명예교수. 한국재정정책학회 회장, 한국하이에크 소사이어티 회장, 시장경제제도연구소 이사장을 역임했으며 현재 바른사회시민회의 공동대표. 저서로 『IMF개혁정책의 평가와 한국경제의 신(新)패러다임』, 『혼란과 좌절, 그 4년의 기록: 참여정부 4년 평가』(공저), 『주한미군의 경제적가치 추정』, 『기업 소유지배구조와 기업가치 간의 관계: IMF외환위기 이후 한국의 경험』, 『퓰리즘의 덫: 세상에 공짜는 없다』(공저) 등이 있음.

최 광(崔洸)

저자 최광은 서울대학교 경영학과 졸업, 메릴랜드대학교 경제학박사. 와이오밍대학교 교수, 한국외국어대학교 교수 역임 후 현재 성균관대학교 초빙교수. 한국재정학회 회장, 한국조세학회 회장, 한국조세연구원 원장, 국회예산정책처 처장, 국민연금공단 이사장, 보건복지부장관 등 역임. 주요 저서로 『한국의 지하경제에 관한 연구』, 『경제 원리와 정책』, 『자본주의 시장경제와 정부』, 『한국재정 40년사』, 『한국의 조세정책 50년』, 『Theories of Comparative Economic Growth』, 『Fiscal and Public Policies in Korea』등이 있음.

최준선(崔埈璿)

저자 최준선은 성균관대 법학과 및 동 대학원 졸업, 독일 마르부르크대학교에서 법학박사, 전북대학교 조교수와 부교수를 거쳐 성균관대 법학전문대학원 교수를 역임하고, 현재 명예교수로 활동하고 있음. 한국기업법학회장, 한국국제거래법학회 회장, 한국해법학회 회장, 한국상사법학회장 역임. (현) 한국항공우주정책법학회장, 한국기업법연구소 이사장. 주요 저서로 『회사법』, 『상법총칙·상행위법』, 『어음 · 수표법』, 『보험·해상·항공운송법』, 『주식회사의 경영과 법률』 등이 있음.

황인학(黃仁鶴)

저자 황인학은 연세대 경제학과 졸업, 미국 워싱턴 대학교 경제학 박사. SERI 수석연구원, 한국경제연구원 선임연구위원/연구조정실장, 배재대 겸임교수, 전경련 경제/산업본부장 역임 후 현재 한국기업법연구소 수석연구위원. 주요 저서로 『인포그래픽 한국경제 100』, 『기관투자자의 책임에 관한 스튜어드십 코드의 본질과 쟁점』, 『제도와 경제성장』, 『기업가 정신의 실상과 과제』, 『시장구조와 경쟁효율』, 『재벌 다각화와 경제력집중』, 『한국기업 지배구조의 현재와 미래(공저), 『자본주의 오해와 진실(공저) 등이 있음.